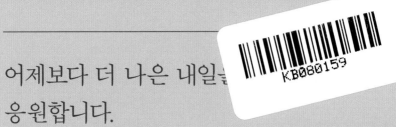

어제보다 더 나은 내일을
응원합니다.

스태그플레이션
2024년 경제전망

스태그플레이션
2024년 경제전망

2024년을
결정지을
20대
경제트렌드

경제읽어주는남자

김광석 지음

2024
Stagflation

상흔점,
인플레와 고금리의 상처는 낫지만
스태그플레이션의 흉터가 남는다

EDEN
HOUSE

프롤로그

오르막 올라와 또 오르막이다.

다 온 줄 알았는데, 또 남았다.

힘겹게 올라온 오르막에, 무겁게 내딛는 발걸음.

여기까지 올라왔지만, 다음 발걸음을 내딛기 어렵다.

쉽게 끝나지 않을 것이라는 불안감 때문이다.

어렵게 지냈던 2023년이 가도, 더 어렵게 지내야 할 것 같은 2024년이 온다. 이쯤 되면 끝일 줄 알았는데, 아직도 한참 남았다. '고물가'라는 숙제가 끝날 줄 알았는데, 숙제를 끝내지 못한 채 2024년을 지내야 한다. '고물가'가 장기화하니, '고금리'도 지속할 수밖에 없다. 인플레이션 잡으려 시작한 기준금리 인상, 즉 긴축정책도 계속되니, 경기침체도 긴 꼬리처럼 연장될 수밖에 없다. 2024년은 고물가와 저성장이 동반하는 스태그플레이션 경제다.

"구름 가득한 하늘 아래 별빛을 따라 나아가고 있다(We are navigating by the stars under cloudy skies.)." 2023년 잭슨홀 미팅에서 파월 연준 의장이 남긴 말이다. 맑은 하늘이면 별이 잘 보일 것이다. 안개 자욱한 거리에 앞이 잘 안 보이듯, 불확실성이 높다 보니 한 걸음 나아가기가 더 어렵다. 속도를 줄이고, 주변을 살피며 신중히 나아가야 하는 시점이다.

2024년은 2023년보다 더 어렵다. 2023년 경제도 지독하게 어려 웠는데, 그 어려움이 오래가다 보니 2024년은 지칠 대로 지칠 수밖 에. 전서『그레이트 리세션 2023년 경제전망』은 2023년 경제를 '내 핍점(Point of austerity)'에 비유했다. 궁핍함을 인내해야 할 만큼 어 려운 경제로 전망했다. 본서『스태그플레이션 2024년 경제전망』은 2024년 경제를 '상흔점(Point of scarring)'으로 규명했다. 상처는 나 을지 몰라도 상흔, 즉 상처의 흔적이 남는다.

내려가도 내려가는 것이 아니요, 올라가도 올라가는 것이 아 니다. 물가상승률이 떨어져도, 여전히 물가는 오른다. 통장에 찍히 는 소득(명목소득)이 늘어도 물가는 더 오르니, 살 수 있는 물건의 개수는 줄어든다. 즉 명목소득이 올라가도, 실질소득은 내려간다. 2020년 팬데믹 경제위기와 2022년 러시아-우크라이나 전쟁이라는 상처는 스태그플레이션이라는 상흔을 남긴다.

뉴 레짐(new regime)의 시대다. '고물가-고금리-저성장'이 장기 화하다 보니, 새로운 체제로 받아들이기 시작한다. 세계적인 작가 앤드류 매튜스(Andrew Matthews)는 "모든 변화는 저항을 받는다. 특히 시작할 때는 더욱더 그렇다"라고 말했다. 41년 만의 이례적인 물가를 만나며 경악했고, 자이언트 스텝이라는 무시무시한 금리 인상을 경험하며 공포를 느꼈다. 이제 고물가와 고금리가 고착화되니, 더 이상 경악하거나 공포감을 느끼지 않는다. 좋든 싫든 순응하게 된다.

경기침체는 경제위기가 아니다. 경기침체는 (잠재성장률을 밑돌며) 성장 속도가 크게 둔화하는 것을 말하며, 역성장하는 것을 뜻하지 않는다. 어깨가 축 처지듯, L자형으로 지지부진한 경기 흐름을 보이는 것이다. 경제위기는 달리던 주자가 주저앉듯 V자형으로 역성장하는 것을 의미한다. 만났던 많은 독자들이, 2023년부터 경기침체가 시작된다는 전망을 제시해도 경제위기가 온다고 받아들이거나, 또한 독자들로부터 "언제 터지죠?" 하는 질문을 받다 보니 프롤로그에서부터 명시적으로 설명을 제시하고 싶었다. 다만 저성장을 받아들이는 경기침체 국면에서 벗어나지 못하면, 장기침체로 이어질 수 있음이 우려된다. 저성장임을 인정하다 보니, 기업은 신사업 진출을 꺼리고, 가계는 소비할 수 없어진다. 역동성을 잃고, 저성장의 굴레에서 빠져나오기 쉽지 않다.

경기침체는 주가침체나 부동산침체가 아니다. 실물경제는 기업의 투자, 가계의 소비, 대외국으로의 수출, 정부의 지출 등으로 운영된다. 다시 한번 강조하지만, 경기침체는 실물경제의 성장 속도가 둔화한다는 것이지, 경제규모가 감소하는 것이 아니다. 여전히 경제규모는 커지는 것이다. 돈의 흐름이 자산시장을 결정한다. 고금리 시대에 은행으로 돈이 이동했다면, 금리 인하에 대한 기대감만으로도 자산시장으로 돈이 다시 이동한다. 더욱이 뉴 레짐의 시대라고 강조했듯, 0.5%에서 3.5%로 기준금리를 인상할 때는 공포를 느꼈지만, 3.5% 기준금리가 오래가다 보니 그게 그렇게 두렵지 않다. 심지어 '고금리가 아니다'라는 생각이 저변에 깔린다. 과거 역사적으로도 그랬지만, 2024년 경기침체 국면에도 자산시장은 침체가 아닐 수 있다.

"변화에 투자하라.""변화를 보고, 변화에 대응하라." 이 글을 읽는 모든 독자에게 강조하고 싶은 말이다. 가계, 기업, 정부 3대 경제주체는 경제를 먼저 들여다보고, '준비된 나'를 만들어야 한다. 가계는 변화하는 국면에 맞게 자산을 관리하고 지켜야 한다. 성장을 고민하는 기업도 변화를 꾀해야 한다. 존 메이너드 케인스는 "변화에서 가장 힘든 것은 새로운 것을 생각해내는 것이 아니라 이전에 가지고 있던 틀에서 벗어나는 것이다"라고 말했다. 변화를 지켜보는 연습이 된 기업만이 기존의 틀에서 벗어날 수 있다. 위협요소라고 해서 모두에게 위협이 되지 않고, 기회요소라고 해서 모두에게 기회가 되지 않는다. 준비된 자에게는 위협이 위협이 아니고, 준비되지 않은 자에게는 기회가 기회가 아니다. 정부는 가계와 기업이 뉴 레짐의 시대를 안전하게 건너갈 수 있도록, 스스로 변화하는 일을 게을리해서는 안 된다. 2024년에 펼쳐질 거대한 변화를 먼저 들여다봐야 한다.

"경제를 모르고 투자하는 것은 눈을 감고 운전하는 것과 같다."

『경제 읽어주는 남자』를 통해 처음 남겼고, 매년 경제전망서에서 재인용하는 문구다. 이 말은 반드시 재테크만을 이야기하는 것이 아니다. '나'에 대한 투자는 물론, 기업들의 신사업 투자와 정부의 공공 투자도 포함된다. 어떤 경제환경에 놓이게 되고, 어떤 위협요인이 있으며, 또 어떤 기회요인이 있을지를 기민하게 살펴봐야 한다. 눈을 감고 운전하는 일이 없어야 하겠다.

본서는 '먼저 읽어보기'로 시작한다. 왜 '경제전망'을 읽어야 하는지, 2024년 경제를 왜 '상흔점'이라고 규명했는지를 설명한다. 이어서 2024년을 결정지을 20대 경제 트렌드를 기술한다. 20대 경제 트렌드는 크게 3가지 영역으로 구분된다. 세계 경제의 주요 트렌드 7가지, 한국 경제의 주요 트렌드 7가지, 그리고 산업·기술 관점에서의 트렌드 6가지로 구성된다. 한국 경제의 7가지 트렌드 중에는 부동산시장 전망이 포함된다. 끝으로 세계 경제와 한국 경제가 어떠한 흐름으로 전개될지를 분석한 경제전망을 담고, 가계·기업·정부가 각각 어떻게 대응해야 할지를 요약적으로 제안했다.

사람들은 보고 싶은 것을 보고, 듣고 싶은 것을 듣고자 한다. 많은 사람이 '말'을 보고, '말'을 듣고 싶어 한다. '말'이라고 말하면 많은 지지를 받을 수 있을지 모른다. 그럼에도 불구하고, '사슴'을 가리켜 '말'이라고 말하지 않겠다. '사슴'이 보인다면, '사슴'이라고 말하겠다. 지록위마(指鹿爲馬)하지 않겠다. 특정 이해관계자 입장에서, 정치적 입장에서 경제를 보지 않겠다. 경제를 경제로서 보겠다.

그동안 '경제전망 시리즈'에 보내주신 독자들의 관심이 저자를 성장시키게 한 것 같다. 많은 질문을 만나면서 더 깊게 고민해보게 되었고, 수많은 다양한 입장에서 경제를 해석하고 더 나은 제안을 담기 위해 생각하게 되었다. 본서『스태그플레이션 2024년 경제전망』을 통해 그 관심과 사랑에 보답하고, 매년 경제전망 도서를 발간하겠다는 약속을 지킬 수 있게 되었다.

　　한 해를 또 지나니, 장석주 시인의 「대추 한 알」이라는 시가 더 큰 울림을 주는 것 같다. "저게 저절로 붉어질 리는 없다. 저 안에 태풍 몇 개, 저 안에 천둥 몇 개, 저 안에 벼락 몇 개." 책상머리에서만 고민했다면 대추가 익을 리 없었다. 비싼 물건을 손에 짚다가 내려놓고, 아이에게 저렴한 음식을 사줄 수밖에 없는 엄마의 설움이 이 책에 담겼다. 학업을 하고 싶어도 당장 학비가 없어 아르바이트해야 하는 청년의 처진 어깨가 이 책에 담겼다. 전기세 오르고, 가스비 오르는데 국밥 가격을 올리자니 단골손님 놓칠까 고민하는 식당 할머니의 한숨이 이 책에 담겼다. 방송 토론에서 마주한 연구자들의 날카로운 반론은 나를 한쪽으로 치우치지 않게 도와주었고, '경제 읽어주는 남자' 유튜브 구독자들의 질문들이 거시경제가 개개인의 '삶의 경제'에 녹아들 수 있도록 묵상하게 해주었다. 기업 강연에서 만난 경영자들의 고심은 죽은 교과서가 아닌 살아 있는 조언을 제안하기 위해 고민하게 해주었고, 정부 자문회의에서 만나 정책 방향을 함께 논의한 각계 전문가들은 미처 보지 못했던 중요한 부문을 놓치지 않게 해주었다. 사랑하는 가족들의 배려와 동료 연구자들의 도움이 없었다면 발간될 수 없는 책이었다. 수많은 태풍과 천둥과 벼락을 담아 본서를 발간하고자 한다.

"앞으로 경제가 어떨까요?"라는 일반 대중 여러분들의 질문에 다가가 대답해드리고자 한다. 연구자들만의 언어가 아닌, 대중 여러분들께 쉬운 언어로 전달해드리고자 한다. 경제 읽어주는 남자 김광석은 매년 경제전망 도서를 발간할 계획이다. 본서는 그 여섯 번째 도서다. 여러분들께서 갖고 계신 "앞으로 경제가 어떨까요?"라는 질문에 본서와 함께 다가가 대답을 드리고자 한다.

2024년
주요 경제 트렌드의 선정

—————— 상흔점(Point of scarring), 2024년 ——————

2020년 들어 세계 경제는 두 번의 큰 상처를 입었다.

2020년 팬데믹은 세계 경제를 멈춰 세워놓다시피 만들었다. 엄청나게 많은 사상자가 발생하고, 세계는 공포에 떨었다. 여행, 항공, 숙박, 음식점업 등의 대면 서비스업이 붕괴되었고, 공급망 대란과 같은 경제적 상처(Economic Scarring)를 주었다.

2022년 세계는 다시 공포에 휩싸였다. 러시아의 우크라이나 침공은 많은 사상자를 발생시켰고, 세계대전으로 확전될 두려움을 증폭시켰다. 러시아에 대한 경제제재 이후 에너지, 식료품 원자재 공급망이 무너졌다. 원자재 가격이 급등하면서 41년 만의 인플레이션이 찾아왔고, 세계 각국은 강도 높은 긴축(기준금리 인상)을 단행

2020년 팬데믹 경제위기

자료: The Economist(2020.3)

2022년 러-우 전쟁

자료: The Economist(2022.3)

해야만 했다. 또다시 세계 경제에 경제적 상처를 남겼다.

2023년을 '내핍'의 시대라고 명명했다. 전서 『그레이트 리세션 2023년 경제전망』를 통해 내핍(austerity, 耐乏), 즉 가난한 상황을 인내해야 하는 상황임을 강조했다. 세계 경제는 고물가와 고금리에 따른 상처의 골이 깊어지는 국면이었다. 미국과 유럽의 주요 은행들이 흔들리고, 중국의 대형 부동산 개발업체들이 부실해졌다. 한국 경제도 부동산PF 금융부실 문제가 증폭되는 등 살얼음판을 걷는 기분이었다.

2024년은 '상흔'의 시대다. 상처는 치유될지 모르지만, 상처의 흔적, 즉 흉터가 남는다. 상흔효과(scarring effect)가 나타난다. 상처의 흔적은 스태그플레이션이 될 전망이다. 고물가가 해결되지 못한

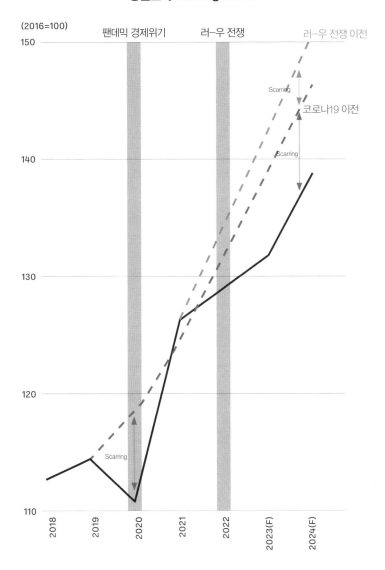

상흔효과(Scarring Effect)

(2016=100)

팬데믹 경제위기 · 러-우 전쟁 · 러-우 전쟁 이전

코로나19 이전

자료: IMF World Economic Outlook 데이터를 이용하여 저자가 추정함.
주1: 세계 실질GDP를 지수화(2016=100)하여 분석함.
주2: 코로나19 이전의 트렌드(초록색)는 2019년 10월 기준, 러-우 전쟁 이전의 트렌드(파란색)는 2021년 10월 기준,
실적치(검정색)는 2023년 7월 기준의 IMF World Economic Outlook 데이터를 활용함.

채 경기침체를 만나는 경제가 될 것이다. 2023년까지 고물가라는 숙제를 해결하기 위해 고금리를 도입했지만, 2024년까지도 숙제를 해결하지 못한다. 오늘의 숙제를 다 하지 못했으니, 내일은 숙제가 누적된다. 2023년도 어려웠지만, 2024년은 더 어려울 것이다.

───────────── **2024년 경제를 먼저 들여다보라** ─────────────

아래 그림은 무엇을 의미할까? 4명의 시각장애인이 누군가에 의해 길을 안내받고 있다. 그리고 그 길을 안내하는 자도 시각장애인이다.

우리는 항상 경제는 어떻게 흐르고 있는지, 나는 어느 지점에

자료: Bruegel, Pieter the Elder(1568), The Parable of the Blind Leading the Blind

와 있는지, 나는 어디로 갈 것인지를 확인해야 한다. 눈을 감고 있으면 안 된다. 내가 눈을 감고 있으면, 누구의 말을 들어야 할지도 판단이 안 선다. 나를 잘못된 방향으로 안내하는 사람의 말을 들을 수도 있다. 2024년 경제를 먼저 들여다보고, 어떻게 대응해야 할지를 고민해보자. '준비된 나'를 만들어보자.

매년 경제전망서를 내면서 그해를 하나의 점으로 표현하고 있다. 점을 이으면 하나의 선이 되듯, 본서를 통해 그 흐름과 추세를 들여다보았으면 하는 마음에서다. 『한 권으로 먼저 보는 2019년 경제전망』은 2019년을 '결정점(Deciding Point)'으로 표현했고, 미중 무역전쟁이 격화하면서 경제주체의 의사결정이 중요하다는 것을 설명했다. 『한 권으로 먼저 보는 2020년 경제전망』은 2020년을 '대전환점(Point of a great transition)'이라고 명명했고, 경제구조와 산업 전반에 걸쳐 거대한 전환이 시작됨을 강조했다. 『포스트 코로나 2021년 경제전망』은 2021년을 '이탈점(Point of exit)'으로 표현했고, 2020년의 경제충격으로부터 점차 빠져나오는 시점이라고 내다봤다. 『위드 코로나 2022년 경제전망』은 2022년을 '회귀점(Point of turning back)'으로 표현했고, 팬데믹 위기 이전 수준으로 돌아오는 시점이라고 정의했다. 『그레이트 리세션 2023년 경제전망』은 2023년을 '내핍점(Point of austerity)'이라고 칭했다. 2023년 경제가 녹록지 않고, 경제주체는 그 어려운 경제를 인내해야 함을 강조했다.

2024년은 '상흔점(Point of scarring)'이다. 2024년 경제는 2023년보다 더 어려울 것이다. 2023년 한 해 당면한 숙제들을 해결한 건 하나도 없다. 그동안 인플레이션과 싸우면서 고강도 긴축 정책을 펼쳤지만, 2024년까지도 인플레이션이 해결되지 못할 것으로 전망한다. 많은 가계가 '어렵다' 말할 것이다. 각국 중앙은행은 2024년 한 해 기준금리를 서서히 인하할 수 있겠지만, 여전히 기업에는 제약적인 수준일 것이다. 마음 놓고 신규 투자를 늘리거나, 신사업에 진출하기는 어려울 것이다. 정부도 재정을 확장적으로 투입하기 어려울 것이다. 2020~2023년 동안 코로나19와 러-우 전쟁의 상처를 치유하는 데 과다한 부채에 의존해 많은 재정을 투입했기 때문에 재정건전성을 살펴야 한다. 저성장도 힘들고 고물가도 힘든데, 저성장과 고물가가 함께 찾아오니 어찌 힘들지 않을 수 있을까? 고물가-고금리-저성장의 스태그플레이션 시대다. 가계, 기업, 정부 3대 경제주체는 단단히 준비해야만 한다.

"경제를 모르고 투자하는 것은, 눈을 감고 운전하는 것과 같다." 필자가 『경제 읽어주는 남자』를 통해 처음 남겼고, 매년 경제전망서에 재인용하는 말이다. 가계는 경제 흐름에 맞는 현명한 자산관리를 해야 한다. 물가, 금리, 환율 등의 거시경제 변수들은 주식, 부동산, 채권 등의 자산시장과 톱니바퀴 굴러가듯 연결되어 있다. 거시경제 변수들의 움직임에 따라 돈의 움직임이 있다. 특히 금리가 올라갈 때 돈은 은행으로 몰리고, 금리가 내려갈 때 돈은 주식, 부동산시장으로 이동한다. 돈이 어디서 어디로 이동하는지를 관찰해야 한다. 투자 대상의 가치는 경제와 연동되어 있기 때문에 경제전망을 통해 어떤 자산에 올라타야 할지를 결정해야 한다.

기업도 기민하게 대응해야 한다. 낭떠러지가 있다고 모두가 떨어지는 것이 아니다. 낭떠러지가 있는 줄 모르고 가는 사람이 떨어질 것이다. 낭떠러지가 있는 줄 알면 조심하고, 피해 갈 것이다. 경제전망이 필요한 이유다. 기업은 경제환경에 둘러싸여 있는데, 향후 경제가 어떻게 전개될지 가늠하지 않은 채 경영할 수 없다. 위협적인 요소가 있다면 피해 갈 수 있도록 준비해야 한다. 어떠한 산업 패러다임의 변화가 전개될지, 유망산업은 무엇이고, 유망 신흥국은 어디일지를 고려해 경영전략을 계획해야 하겠다.

정부라고 예외일 수 없다. 가계와 기업이 각자의 역할을 원활히 수행해낼 수 있도록 안정적인 환경을 마련해야 한다. 한국 경제가 장기침체에 진입할 가능성이 크다는 경고음이 많이 퍼지고 있다. 장기침체를 받아들이는 것이 아니라, 막아서야 한다. 유망산업과 유망기술을 포착하고, 기업을 안내해야 한다. 유망한 분야에서 필요로 하는 기술과 역량을 갖출 수 있도록 교육·훈련하는 것은 정부가 해야 하는 중요한 일이다. 고물가-고금리-저성장 국면에서는 경제적 약자를 살피는 일도 게을리해서는 안 된다. 대외 위협요소가 국내로 전이되지 않도록 대외환경을 면밀히 모니터링하고, 적절한 위기 대응 체제를 갖추어야 한다. 가계와 기업이 안전하게 '상흔의 시대'

를 건널 수 있도록 경제전망에 기초한 안전판을 마련해야 한다.

2024년을 결정지을 20대 경제 트렌드

2024년 경제가 좋지 못하다고 해서, 모두가 어려움에 직면하는 것이 아니다. 존 메이너드 케인스는 이렇게 말했다. "일은 항상 예기치 못할 때 일어난다." 위협적인 일이 닥쳐도 이를 지각하지 못할 때 당하는 법이다.

2024년을 결정지을 20대 경제 트렌드를 살펴보자. (1) 세계 경제, (2) 한국경제, (3) 산업·기술 관점에서 주요한 트렌드들을 도출했다. 트렌드들 중에는 위협적인 것도 있고, 기회가 되는 것도 있다. 각각의 트렌드는 어떻게 나에게 영향을 줄 것인지, 나는 무엇을 준비해야 하는지 생각할 시간을 줄 것이다. 위협요소들을 피해 가고, 기회요소들을 포착할 수 있어야 한다.

먼저, 2024년 세계 경제의 주요한 트렌드는 다음과 같이 7가지로 선정했다. 첫째, 뉴 레짐(new regime)의 시대가 온다. 고물가-고금리-저성장이 장기화하면서, 새로운 체제에 놓이게 된다. 둘째, 2023년 중국 부동산 사태가 나타났고, 그 위험이 정리되지 않은 채 2024년 경제가 시작된다. 중국 부동산 개발업체의 부실 문제는 여전하고, 그것이 경제에 부정적으로 작용할 것이다. 셋째, 고성장하던 중국의 성장 속도가 주춤해진다. 더욱이 인구감소나 미중 패권전쟁과 같은 구조적인 변화가 중국 경제의 상당한 짐으로 작용할 것으로 보인다. 넷째, '세계의 공장'이 중국을 떠나 인도로 이동한다. 다섯째, 중국은 위안화를 기축통화로 위상을 올려놓기 위한 행보를 하고, 이는 미국과의 통화 패권전쟁의 형태로 소리 없이 전개될 것이다. 여섯째, 중국의 부동산 리스크처럼 미국의 은행부실 사태가 완전히 해결되지 않아, 2024년 경제에 상당한 부담으로 작용할 것이다. 일곱째, 슈퍼 엘니뇨가 찾아와 식량위기로 전개되거나, 인플레이션을 자극하는 위협요소가 될 우려가 증폭된다.

2024년 한국의 경제 트렌드들은 크게 7가지로 선정했다. 첫째, 한국 경제는 스태그플레이션의 늪에 빠지게 될 전망이다. 둘째, 2023~2024년의 일시적 경기침체가 아닌, 장기침체에 놓이게 될 우려가 고조될 것이다. 셋째, 윤석열 정부 임기의 절반 지점이 찾아오고, 그동안을 회고하고 향후 정책 방향을 점검하게 될 것이다. 특히 스태그플레이션의 늪에서 빠져나올 수 있도록 하는 정책들이 발표될 것으로 판단된다. 넷째, 국가의 성장동력을 확보하기 위한 신성장 4.0 전략이 속도를 높여 추진될 것이다. 다섯째, 최저 수준의 출산율이 한국 경제의 가장 큰 근심거리로 주목될 것이고, 저출산 현상을 막는 방향보다 어떻게 적응할 것인지에 대한 고민이 중심이 될 전망이다. 여섯째, 국민연금 개혁에 대한 논의가 재점화할 것이다. 일곱째, 부동산시장은 수도권과 비수도권 간의 '비대칭화

(desymmetrization)'가 전개될 전망이다.

2024년 산업·기술적 관점에서 6가지 이슈를 선정했다. 첫째, 전기차 보급이 가속하고, 세계 주요 기업들은 배터리 시장을 놓고 시장 장악을 위한 경쟁이 고조될 것이다. 둘째, 글로벌 주요 반도체 강국들이 반도체산업을 확대 구축하기 위한 움직임을 벌일 것이다. 셋째, 금융산업은 가상은행(Virtual Bank), 인슈어테크(InsureTech), 지급결제 서비스의 혁신, 사이버 보안(Cyber Security)과 같은 디지털 그 이상으로의 혁신이 전개될 것이다. 넷째, 물류로봇, 서빙로봇, 의료로봇, 청소로봇, 농업로봇, 점검로봇과 같은 6대 서비스로봇(service robot)이 일상에서 체감할 수준으로 확대 보급될 전망이다. 다섯째, 기후변화 문제가 고조되고, 이에 대응하기 위한 움직임으로 산업의 패러다임 변화가 일 것이다. 여섯째, 기후 문제의 일환으로 세계 물 부족 현상이 곳곳에서 나타나고, 수처리나 첨단필터 등과 같은 물산업이 크게 부상할 전망이다.

2024년을 결정지을 20대 경제 트렌드

구분	20대 경제 트렌드 도출	경제 트렌드별 주요 내용
세계	① 뉴 레짐(new regime)의 시대	'고물가–고금리–저성장' 고착화
	② 흔들리는 중국 부동산, 중국발 금융위기 오는가?	중국 부동산 개발업체 도미노 부실의 부작용
	③ 꼬꾸라지는 중국 경제, '잃어버린 30년' 오는가?	인구감소와 미중 패권전쟁 등의 구조적 변화에 당면한 중국 경제
	④ 글로벌 공급망 재편, 미래의 생산기지 인도	'세계의 공장', 중국에서 인도로 이동
	⑤ 달러 패권에 도전하는 위안화의 야심	기축통화로서 자리매김하기 위해 움직이는 위안화 행보
	⑥ 뱅크데믹(Bankdemic), 고금리의 역습	2023년에 시작된 은행부실이 2024년 세계 경제에 주는 부담
	⑦ 엘니뇨의 복수, 기후와 경제 리스크 점증	슈퍼 엘니뇨가 시작될 때 찾아오는 경제 리스크
한국	① 스태그플레이션의 늪에 빠지다	고물가의 숙제를 해결하지 못한 채, 2024년 저성장에 직면한 한국
	② 장기침체의 서막인가?	일시적 침체가 아닌, 장기침체가 시작될 우려 고조
	③ 윤석열 정부 2주년 회고와 3년의 과제	스태그플레이션의 늪에서 탈출하기 위한 정책적 고민이 필요하다
	④ 신성장 4.0 전략, 경기침체 구원투수 될까?	신기술–신일상–신시장의 미래산업 중심 성장, 어떻게?
	⑤ 아이 낳지 않는 나라	최저 수준의 저출산 국가, 그 문제와 대응책
	⑥ 국민연금, 내면 받을 수 있나	인구구조 변화에 따른 국민연금의 고갈
	⑦ 2024년 부동산시장 전망: '비대칭화(desymmetrization)'	신도시, 공공주택지구 등의 수도권과 인구소멸의 지방의 엇갈림
산업·기술	① 전기차로의 거대한 이동과 배터리 전쟁	전기차 보급의 가속화 배터리 시장을 놓고 벌이는 각축전
	② 반도체 전쟁과 초격차 전략	글로벌 반도체 전쟁 속 초격차 전략
	③ 비욘드 디지털(Beyond Digital), 금융서비스 제2의 진화	가상은행, 인슈어테크, 지급결제 서비스의 혁신 등 금융의 진화
	④ 일상 속으로 들어온 로봇	물류로봇, 서빙로봇, 의료로봇, 청소로봇, 농업로봇, 점검로봇 확산
	⑤ 지구의 복수, 산업의 지각변동	기후변화에 대응하기 위한 움직임으로 산업의 패러다임이 변화
	⑥ 물 부족 위기와 물산업 기회	세계 물 부족 현상과 '블루 골드' 물산업의 부상

차례

1부

2024년
세계 경제의 주요 이슈

01

뉴 레짐(new regime)의 시대, '고물가-고금리-저성장' 고착화

어제의 공식이 오늘의 구식이 된다. 어제의 낡은 공식으로는 오늘의 숙제를 해결할 수 없다. 어제의 숙제는 그 공식으로 해결할 수 있었지만, 숙제가 달라진 오늘은 새로운 공식을 이용해야만 한다.

뉴 레짐(new regime)의 시대다. 저물가 시대를 겪어온 우리는 고물가라는 '이상한' 과제를 맞이했고, 저금리 시대를 경험한 우리는 고금리라는 '이례적인' 부담을 견뎌야 하게 되었다. 2024년에는 고물가와 고금리가 지속하다 보니, 이 현상이 '이상하고', '이례적인' 일이 아니라 새로운 체제가 되어버리고 만다. 경제주체는 좋든 싫든 뉴 레짐에 익숙해지고, 이를 점차 받아들이게 된다. 뉴 레짐은 고물가-고금리-저성장의 고착화이고, 이는 다시 말해 스태그플레이션이다. 즉 2024년은 스태그플레이션이라는 새로운 체제에 놓이게된다.

고물가의 고착화

"인플레이션이 다소 완화되었다(Inflation has eased somewhat)." 2023년 2월 FOMC 회의록을 통해 제시한 미국 연준의 물가에 관한 판단이다. 인플레이션을 경계만 해왔던 연준의 태도가 상당한 수준으로 바뀐 것이다. 물가 상승세가 다소 완화하는 것을 뜻하는 이른바 디스인플레이션(Disinflation)의 시대가 시작되었다.

"인플레 압력이 낮아지는 데 시간이 걸릴 것으로 보인다." 2023년 8월 잭슨홀 미팅의 기조연설에서 제롬 파월 연준 의장이 한 발언이다. (잭슨홀 미팅에 관한 기초적인 설명과 파월의 연설 전문은 하단부에서 확인이 가능하다.) 즉 인플레이션이 다소 완화되긴 했지만, 끈적끈적하게 완전히 해결되지 않은 상태가 지속할 것으로 보인다.

디스인플레이션은 물가가 잡혔다는 뜻이 아니다. 인플레이션이 정점을 찍었을 뿐이지, 여전히 목표하는 물가를 상회하는 수준이다. 2022년 6월 미국 소비자물가(CPI)상승률은 9.1%를 기록한 후 2023년 8월 3%대까지 떨어졌고, 개인소비지출(PCE) 물가상승률도 같은 기간 7.0%에서 3%대로 하락했다. 그럼에도 불구하고 미국 연준이 목표하는 수준인 2%에 부합하지 않는 여전히 높은 수준의 물가 흐름인 것이다.

연준은 근원물가에 집중하고 있다. 근원물가는 주변 환경에 민감하지 않은 품목들을 기준으로 산출하는 물가를 말한다. 물가는 크게 식료품, 에너지, 근원물가로 구분된다. 채소류 등과 같은 식료품은 계절적인 요인에 따라 급등락하고, 전쟁 등과 같은 일시적 충격으로 에너지 가격은 요동치기도 한다. 따라서 기조적으로 물가가 안정화되었는지를 판단할 때는 식료품과 에너지를 제외한 근원물가를 기준으로 한다. 최근 소비자물가상승률(headline inflation)이

미국 PCE 물가상승률 추이

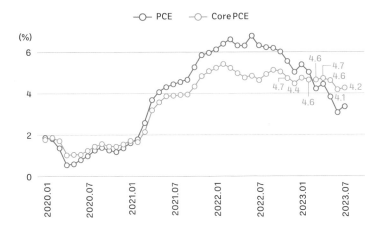

자료: U.S. Department of Commerce

상당한 수준으로 떨어진 것은 맞지만, 에너지 가격과 식료품 가격의 영향이지 이를 제외해놓고 보면 근원물가(core inflation)는 잡히지 않았다. 근원물가상승률은 헤드라인 물가상승률보다 오히려 높은 4%대에서 내려오지 못하고 있다.

2024년에도 고물가라는 숙제를 해결하지 못한 채 한 해를 보내야 하는 상황이 되었다. 미국뿐만 아니라 세계적으로 고물가 기조가 고착화할 것으로 전망된다. OECD는 세계 주요국들이 2022~2023년에 찾아온 인플레이션 현상이 2024년에는 다소 완화되지만, 주요국의 목표물가 수준인 2%에 부합하게 떨어지는 데 제약이 있을 것으로 판단했다.

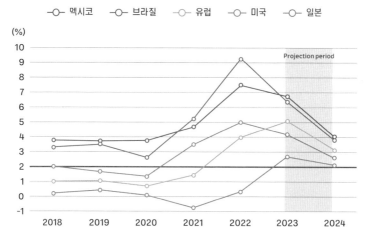

OECD의 주요국별 근원물가상승률 전망

자료: OECD(2023.9), OECD Economic Outlook

2023년 하반기부터 물가상승 압력으로 작용하는 각종 변수가 등장하면서, 물가 불안이 다시 고조되고 있다. 사우디아라비아와 러시아를 비롯한 OPEC+ 산유국들은 원유를 지속해서 감산하고 있고, 슈퍼 엘니뇨가 찾아올 것이라는 기상과학자들의 관측은 밀, 대두, 옥수수 등과 같은 주요 식료품 원자재 가격을 들썩이게 하고 있다. 더 구체적인 내용은 〈1부 7. 엘니뇨의 복수, 기후와 경제 리스크 점증〉을 통해 확인하길 바란다. 더욱이 2023년 하반기에 미국, 영국 등지에서 일고 있는 파업은 임금인상 및 생산 차질에 따른 공급 부족 현상으로 전개되어, 물가상승 압력으로 작용할 것으로 보인다. 대표적으로 총 14만 6,000여 명의 자동차 산업 노동자가 속한 전미자동차노조(UAW)의 파업으로 이러한 물가상승 압력이 현실화하고 있다.

고금리의 고착화

2022~2023년은 긴축의 시대다. 물가를 잡기 위해 시작한 미국의 통화정책 기조는 0.25%였던 기준금리를 짧은 시간 내에 5.5%로 올려놓았다. 전서 『그레이트 리세션 2023년 경제전망』에서도 "물가상승률이 2022~2023년 동안 2% 이하로 떨어지기 어려운 국면이기 때문에 긴축적 통화정책의 행보는 지속될 것으로 전망한다. (중

략) 한국도 2023년까지 추가적인 기준금리 인상을 단행할 것으로
전망한다. 미국의 금리 인상 속도를 따라가긴 어렵겠지만, (중략) 한
미 간의 기준금리를 수용한 채 통화정책을 운용할 것으로 판단된
다(p.54)"라고 기술했다.

자연스럽게 관심은 향후 금리에 쏠린다. 2023년 하반기는 '기
준금리 인상의 종료'가 시작되는 변곡점에 해당된다. 2024년 미국
의 기준금리 인하가 있을 것인지, 있다면 언제 있을 것인지가 최
대 관심사다. 기준금리 인하의 시점은 곧 '물가가 안정되었다는
확신이 들 때'가 될 것이다. 영국의 경제전문지《파이낸셜타임즈
(Financail Times)》는 2023년 9월 'Higher for longer'라는 문구를
표지에 걸었다. 2024년 상반기까지는 목표하는 물가 수준에 부합하
지 않을 것이기 때문에, 기준금리 인하를 기대하기 어렵겠다. 최근
의 통화정책 기조를 반영한 명확한 표현은 'Higher for longer'다.
당분간은 높은 기준금리를 상당 기간 유지할 것이다. 2024년 하반
기에 물가지표가 '확실히' 안정화될 경우, 1~2차례 기준금리 인하
를 단행할 것으로 전망한다.

연준 입장에서는 향후 물가에만 더 집중할 수 있는 환경이 조성
되었다. 2023년 연초까지만 해도 경기침체 혹은 시스템 리스크가
고조되면서, 오직 물가목표만을 달성하기 위해 강한 긴축을 단행하
기 어려웠던 상황이었다. 다행히도 미국 경제가 강한 경기침체에 대
한 우려를 덜 수 있는 상황이다. Fed(연방준비제도)는 9월 FOMC 후

경제전망(SEP, Summary of Economic Projections)을 통해 2023년과 2024년 미국 경제성장률 전망치를 종전의 1.0%, 1.1%에서 2.1%, 1.5%로 각각 상향 조정했다. 즉 극심한 경기침체를 우려해 기준금리를 조절할 필요가 없어진 것이다. 연준은 향후 발표되는 미국의 물가지표에 집중해서 기준금리를 결정할 것이다.

물론 시장과 연준이 같은 것을 보면서 다른 것을 생각하게 될 것이다. 동상이몽이다. 물컵에 물이 반이 남아 있다. 시장은 "물이 반 밖에 안 남았다"라고 말하고, 연준은 "반이나 남았다"라고 말한다. 시장은 이 정도 기준금리면 충분히 물가 안정화를 유도할 수 있다고 믿고 있다. 다만 기준금리는 투자은행들이 결정하지 않는다.

OECD의 주요국별 기준금리 전망

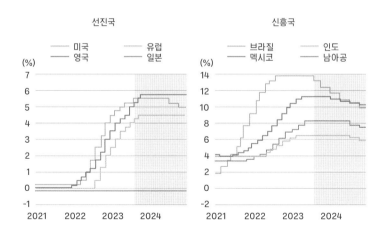

자료: OECD(2023.9), OECD Economic Outlook

연준이 결정한다. 2024년 중반까지는 동상이몽이 계속될 것으로 보인다. 글로벌 투자은행(IB)들은 물가는 자연스럽게 안정화되는 경로에 놓여 있으므로, 기준금리 인하가 곧 시작될 것이라고 판단할 것이다. 그때마다 파월은 "물가안정은 연준의 책무이고, 2%라는 목표물가에 부합할 때까지 기준금리 인상을 지속(ongoing increase in the target range)하겠다"고 단언할 것이다.

2020∼2023년 통화정책의 역사(팬데믹, 러-우 전쟁 그리고 통화정책)

2020년 완화의 시대, 2022년 긴축의 시대

2020년 팬데믹 경제위기에 대응하기 위해 유례없는 수준으로 기준금리를 인하하고, 유동성을 공급했다. 2021년 들어 세계 경제가 뚜렷한 회복세를 보이기 시작했고, 이제 고물가(인플레이션), 자산 버블, 부채 누증 등과 같은 다른 경제문제들을 마주하게 되었다. 2021년부터 세계는 금리를 인상하는 방향으로 통화정책 기조를 전환해나갔다. 세계 경제가 코로나19 이전 수준으로 회귀하는 새로운 국면이었고, 새로운 국면으로 전환하는 만큼 행동의 전환, 즉 통화정책의 전환이 있을 수밖에 없었다.

2022년은 이전과 완전히 달라진 국면이었다. 2020년은 한 번도 경험해보지 못한 수준의 세계 경제의 충격이 작용했던 해였고, 막대한 돈이 풀렸던 시대였다. 2022년에는 돈이 거둬지는 시대로의 전환이 시작되었다. 즉 완화의 시대에서 긴축의 시대로의 전환이 시작된 것이다. 한국은 코로나19에 잘 대응한 국가로서, 먼저 제로금리 시대의 막을 내렸다. 2021년 상반기까지는 경기회복을 위해 제로금리가 필요했다면, 하반기 이후에는 물가를 잡기 위해 기준금리 인상이 필요해졌다. 2021년 8월과 11월 두 차례 기준금리를 인상했고, 1.00% 기준금리 시대로 돌아왔다. 이미 2021년부터 기준금리를 인상하기 시작했고, 미국도 테이퍼링을 시작함으로써 완화의 시대를 벗어나는 행보를 보여나갔다.

경기회복과 함께 나타난 글로벌 인플레이션은 세계 주요국들의 기준금리 인상을 부추겼다. 러시아의 우크라이나 침공이 있기 이전부터, 공급망 병목현상이라는 숙제를 풀지 못해 인플레이션 압력이라는 벌을 받고 있었다. 원자재와 부품 가격이 치솟고, 이는 수입물가, 생산자물가 상승에 이어 소비자물가를 자극하고 있다. '인플레이션과의 전쟁(Inflation fighting)'을 선언하는 많은 국가가 기준금리 인상을 가속화하고 있다. 러시아, 브라질, 헝가리가 이미 기준금리 인상을 여섯 차례 이상 단행했고, 체코를 비롯한 유럽이나 중남미 국가들도 긴축의 시대라는 결승점을 놓고 경주하듯 움직여왔다.

미국의 경제성장률과 기준금리 추이

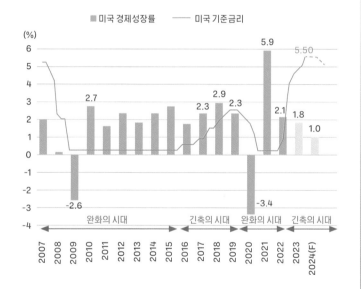

자료: IMF, Fed
주: 2023년과 2024년 미국 경제성장률은 IMF의 2023년 7월 기준 전망치임.

러-우 전쟁과 인플레이션 쇼크

2022년 우크라이나 사태 이후, 긴축의 시계가 이례적인 수준으로 빨라졌다. 우크라이나 사태는 공급망 문제를 더욱 악화시키고, 이는 인플레이션 압력을 가중시켰다. 국제유가뿐만 아니라 에너지 대전환의 주요 원자재인 구리와 알루미늄 등의 가격이 급등할 수밖에 없었다. 러시아는 세계 원유시장 점유율 2위 국가이고, 세계 최대 알루미늄 회사 루살(RUSAL)이 러시아 기업이다. 미국-유럽 동맹국과 러시아 동맹국 간의 긴장감이 장기화하면서 무역 거래량이 줄고, 경제제재가 가해짐에 따라 공급망 대란으로 인한 인플레이션 현상을 격화시켰다.

세계 Top 10 원유 생산국별 생산량과 비중

자료: Trading Economics
주: 검색 시점은 2022년 2월 19일, 국별 자료는 최근 시점(2021년 10월~2022년 1월) 기준임.

고물가의 공격이 시작됐다. 시멘트나 철근과 같은 건축 자재값이 치솟아 공사가 중단되는 일이 벌어지고 있다. 국제 펄프 가격이 급등해 출판계가 비상이다. 사룟값이 올라 축산농가의 시름이 깊어지고 있다. 식자재값이 다 올라도 메뉴 가격을 올리면 손님이 줄까 고심하는 자영업자의 고충은 헤아릴 수도 없다.

글로벌 인플레이션 쇼크가 이어지고 있다. 미국이 41년 만에 최고치를 기록하더니, 영국도 40년 만에 최고 수준인 10%를 상회했다. 장기 디플레의 늪에 빠졌던 일본마저 7년 만에 가장 큰 폭의 물가 상승세를 기록했다.

물가는 사실상 충격적인 수준이다. 이토록 미국 물가지표에 주목했었던 적이 있던가? 미국 물가상승률이 9.1%(2022년 6월)를 기록했다. 41년 만의 최고치다. 이것이 얼마나 충격적인 물가인지를 글로는 아무리 설명해도 실감하기 어렵다. 적어도 만

41세 이하의 세계인구는 이런 물가상승률을 처음 경험했다고 할 수밖에. 한국의 7월 물가상승률인 6.3%와 비교해도 절대적으로 높지만, '저성장-저물가'의 경제 대국에서 9%대 물가는 한국 경제에 비유하면 두 배인 18% 이상에 해당할지 모른다.

미국 물가상승률(CPI) 추이

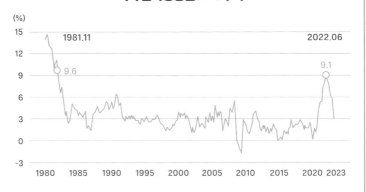

자료: 미국 노동통계국(U.S. Bureau of Labor Statistics)

'이례적' 긴축의 시대

2022년 하반기 역사가 새로 쓰였다. 이례적인 물가의 충격은 이례적인 금리 인상 행보를 유인했다. 미국 연준의 0.75%p의 기준금리 인상은 28년 만인 매우 보기 드문 거인의 행보, 즉 '자이언트 스텝'이었다. 미국의 움직임이 예사롭지 않았다. 통화정책 기조의 전환을 천천히 함으로써 시장에 부작용을 최소화하기 위한 약속 '베이비 스텝 룰(Baby Step rule)'도 잊은 듯하다. 빅 스텝에 이어 자이언트 스텝을 연거푸 단행한 이례적인 기준금리 인상이다.

치솟는 물가만큼이나 물가 잡기 행보도 장기화되었다. 2022년 하반기 동안 빅 스텝과 자이언트 스텝을 지속하는 큰 폭의 기준금리 인상 속도를 유지했다. 2023년 들어 물가 상승세가 어느 정도 진정되면서 베이비 스텝(0.25%p 인상) 정도로 금리 인상 속도가 완만해졌다. 미국 기준금리는 2022년 0.25%에서 2023년 5.5%로 치솟았고, 이례적인 속도로 긴축적 통화정책을 단행하는 긴축의 시대가 왔다.

고물가-고금리의 압력은 저성장을 더 고착화한다. 고물가-고금리는 경제성장에 제약을 가하기 마련이다. OECD는 경제전망 보고서를 통해 세계 경제성장률이 2022년 3.3%, 2023년 3.0%, 2024년 2.7%로 하락할 것으로 전망했다. 세계 경제성장률이 잠재성장률 3.8~3.9% 수준을 밑돌아 경기침체 국면이 장기화할 것으로 판단했다.

고물가-고금리 상황에서 기업이 어렵지 않을 수 없다. 원자재와 부품값이 오르니 수익이 악화된다. 기업의 자본은 자기자본과 타인자본으로 구성되는데, 타인자본, 즉 빌린 돈의 대가(이자)가 높으니 적극적으로 신산업에 진출하기가 쉽지 않다. 역동적으로 경제가 성장할 수 없는 이유다.

고물가-고금리 상황에서 가계도 어렵지 않을 수 없다. 미국과 영국 등지에서 대규모 파업이 일고 있는 이유도 이 때문이다. 가뜩이나 고금리 상황에 이자상환 부담이 가중되어 처분가능소득*이 줄어들고 있는데, 물가는 한없이 비싸니 소비할 수 없다. 고물가 기조가 유지되는 한 실질소득은 더 줄어들 수밖에 없다. '텅장'이라는 표현이 많은 것을 설명해준다. 통장이 월급이 들어와도, 이자나 공

—————

* 처분가능소득(disposable income)은 개인의 소득에서 세금, 사회보장분담금, 이자비용 등의 비소비성 지출을 뺀 것을 의미한다. 즉 소득에서 실제 소비지출할 수 있는 규모를 뜻한다.

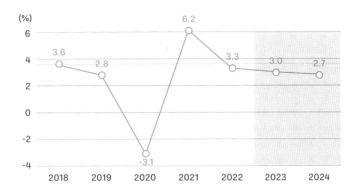

OECD의 세계 경제성장률 전망

자료: OECD(2023.9), OECD Economic Outlook

과금 등이 빠져나가면 텅텅 빈다는 의미다.

가계와 기업이 쪼들리니, 정부도 예산지출을 확장적으로 펼칠 수가 없다. 기업의 경영활동에서 나오는 게 법인세이고, 가계의 노동 및 소비활동에서 나오는 게 소득세와 부가가치세 아닌가? 경제주체의 경제활동 수준이 수축되는 국면이기 때문에, 세수가 많이 걷힐 수도 없고 세출을 많이 늘릴 수도 없다. 2020년 팬데믹 이후 세계 각국은 경기부양을 위해 재정을 확장적으로 사용했고, 2024년은 재정건전성을 살펴야 하는 시점이기도 해서 긴축재정을 계획할 수밖에 없다. 여러모로 정부지출도 쪼그라들기 때문에, 경제가 확장되기에는 한계가 있다.

뉴 레짐의 시대, 어떻게 대응해야 할까?

2024년의 새로운 체제, 즉 뉴 레짐은 스태그플레이션이다. 고물가-고금리-저성장 기조를 한마디로 스태그플레이션이라고 정의할 수 있다. 세계 경제는 고물가라는 숙제를 해결하지 못한 채 2024년을 시작하게 되고, 저성장이라는 상흔(scarring, 상처의 흔적)이 남는다. 본서『스태그플레이션 2024년 경제전망』을 통해 2024년을 '상흔점(Point of scarring)'으로 규명한 이유다.

스태그플레이션이라는 뉴 레짐에 적절한 대응이 필요하다. 경제주체는 물가 상황에 관한 올바른 인식이 필요하다. 물가상승률이 정점을 찍고 떨어지는 것은 맞지만, '물가 아직 안 잡혔다'라는 점을 강조하고자 한다. 중앙은행의 통화정책은 물가안정목표제하에 있다. 한국이나 미국 등과 같은 선진국들이 채택하고 있는 목표물가는 2%다. 한국 소비자물가상승률도 정점을 이미 통과했고, 미국도 하향 안정화하고 있는 것은 사실이지만 아직 2%라는 목표물가에 부합하는 수준으로 떨어진 것은 아니다. 소비자물가상승률이 2024년 상반기까지 2% 수준으로 떨어지는 데 제약이 많을 것으로 판단된다.

한편 '물가상승률'이 떨어지는 것이지, '물가'가 떨어지는 것은 아니다. 물가상승률이 떨어지는 것과 물가가 떨어지는 것은 엄연히 다르다. 물건 가격이 100원→200원→300원으로 올랐다고 가정해보자. 가격은 각각 100원씩 올랐지만, 상승률은 100%에서 50%로 떨어졌다. 즉 상승률이 떨어져도 가격은 같은 폭으로 올랐음을 이해해볼 수 있다. 2024년 물가상승률이 다소 안정화하는 흐름을 보일 것이지만, 소비자들은 2023년에 경험한 비싼 물건 가격보다 약 3% 정도 더 높은 물가를 경험하게 될 것이다.

투자자로서는 시장을 균형되게 판독해내는 게 중요할 것이다. 시장의 과도한 기대감에 편승하는 것도 주의하고, 연준의 강한 경계감도 이해해야 한다. 글자가 아닌 행간을 읽어내야 한다. 한쪽에 치우치기보다 시장과 연준의 입장 차를 판독해야 한다. 시장의 기대만으로도 자본시장에 자금이 유입될 수 있고, 주식은 심리지표이며, 시장에 선행하는 것이니 말이다. 2024년 중반기에는 '미국 기준금리가 곧 인하할 것'이라는 기대감이 형성될 것이고, 이 시점에 자본시장으로 돈이 강하게 유입될 가능성이 있다. '기준금리 인하'와 '기준금리 인하에 대한 기대감'을 모두 읽어내야 한다.

정부는 인플레이션에 대응하기 위한 노력을 집중해야 한다. 첫째, 고물가-고금리는 기업의 신규 투자를 억누르는 환경적 요인으로 작용할 것이기 때문에, 기업들의 사업 의지를 고취하는 생태계를 조성해야 한다. 둘째, 한파나 폭설과 같은 계절적 요인과 설 수요가 맞물려 식료품 물가가 급능할 우려에 선제적으로 대응해야 한다. 셋째, 고물가는 유독 저소득층의 삶의 질을 실추시킬 수 있으므로 재정정책의 초점이 취약계층을 보호하는 장치를 확충하는 데 맞추어져야 할 것이다.

정부는 저성장에도 대응해야 한다. 첫째, 재정 운용의 미를 살려야 한다. 예산을 긴축적으로 계획할지라도 어떤 분야에 예산을 집중함으로써 경제가 효율적으로 순환할 수 있을지를 고민하고, 한 단위의 예산이 수십, 수백 단위의 경제활동을 이끌 수 있도록 방책을 마련해야 한다. 재정정책에 관한 제안은 〈2부 2. 장기침체의 서막인가?〉에 구체적으로 제시되어 있다. 둘째, 세계 주요국들이 경기침체의 국면에 처해 있는 것이 사실이지만, 나름의 성장세를 이어가는 나라들이 있다. 베트남, 인도, 인도네시아, 필리핀과 같은 주요 신흥국들과 파트너십을 확대하고, 교역을 늘려나가야 한다. 셋째, 저성장의 고리에서 탈피하기 위해 기업들이 신시장-신기술-신사업에 도전할 수 있는 경영환경을 조성해야 한다. 선제적 규제 완화는 물론이고, 기업이 신규 투자를 단행할 수 있는 유인책을 마련해야 한다. 오늘을 고민하는 것이 아니라, 내일을 고민해야 한다.

2023년 잭슨홀 미팅, 제롬 파월 연준 의장 연설 전문

Inflation: Progress and the Path Ahead

Good morning. At last year's Jackson Hole symposium, I delivered a brief, direct message. My remarks this year will be a bit longer, but the message is the same: It is the Fed's job to bring inflation down to our 2 percent goal, and we will do so. We have tightened policy significantly over the past year. Although inflation has moved down from its peak—a welcome development—it remains too high. We are prepared to raise rates further if appropriate, and intend to hold policy at a restrictive level until we are confident that inflation is moving sustainably down toward our objective.

Today I will review our progress so far and discuss the outlook and the uncertainties we face as we pursue our dual mandate goals. I will conclude with a summary of what this means for policy. Given how far we have come, at upcoming meetings we are in a position to proceed carefully as we assess the incoming data and the evolving outlook and risks.

The Decline in Inflation So Far

The ongoing episode of high inflation initially emerged from a collision between very strong demand and pandemic–constrained supply. By the time the Federal Open Market Committee raised the policy rate in March 2022, it was clear that bringing down inflation would depend on both the unwinding of the unprecedented pandemic–related demand and supply distortions and on our tightening of monetary policy, which would slow the growth of aggregate demand, allowing supply time to catch up. While these two forces are now working together to bring down inflation, the process still has a long way to go, even with the more favorable recent readings.

On a 12–month basis, U.S. total, or "headline," PCE (personal consumption expenditures) inflation peaked at 7 percent in June 2022 and declined to 3.3 percent as of July, following a trajectory roughly in line with global trends. The effects of Russia's war against Ukraine have been a primary driver of the changes in headline inflation around the world since early 2022. Headline inflation is what households and businesses experience most directly, so this decline is very good news. But food and energy prices are influenced by global factors that remain volatile, and can provide a misleading signal of where inflation is headed. In my remaining comments, I will focus on core PCE inflation, which omits the food and energy components.

On a 12-month basis, core PCE inflation peaked at 5.4 percent in February 2022 and declined gradually to 4.3 percent in July. The lower monthly readings for core inflation in June and July were welcome, but two months of good data are only the beginning of what it will take to build confidence that inflation is moving down sustainably toward our goal. We can't yet know the extent to which these lower readings will continue or where underlying inflation will settle over coming quarters. Twelve-month core inflation is still elevated, and there is substantial further ground to cover to get back to price stability.

To understand the factors that will likely drive further progress, it is useful to separately examine the three broad components of core PCE inflation—inflation for goods, for housing services, and for all other services, sometimes referred to as nonhousing services.

Core goods inflation has fallen sharply, particularly for durable goods, as both tighter monetary policy and the slow unwinding of supply and demand dislocations are bringing it down. The motor vehicle sector provides a good illustration. Earlier in the pandemic, demand for vehicles rose sharply, supported by low interest rates, fiscal transfers, curtailed spending on in-person services, and shifts in preference away from using public transportation and from living in cities. But because of a shortage of semiconductors, vehicle supply actually fell. Vehicle prices spiked, and a large pool of pent-up demand emerged. As the pandemic and its effects have waned, production and inventories have grown, and supply has improved. At the same time, higher interest rates have weighed on demand. Interest rates on auto loans have nearly doubled since early last year, and customers report feeling the effect of higher rates on affordability. On net, motor vehicle inflation has declined sharply because of the combined effects of these supply and demand factors.

Similar dynamics are playing out for core goods inflation overall. As they do, the effects of monetary restraint should show through more fully over time. Core goods prices fell the past two months, but on a 12-month basis, core goods inflation remains well above its pre-pandemic level. Sustained progress is needed, and restrictive monetary policy is called for to achieve that progress.

In the highly interest-sensitive housing sector, the effects of monetary policy became apparent soon after liftoff. Mortgage rates doubled over the course of 2022, causing housing starts and sales to fall and house price growth to plummet. Growth in market rents soon peaked and then steadily declined.

Measured housing services inflation lagged these changes, as is typical, but has recently begun to fall. This inflation metric reflects rents paid by all tenants, as well as estimates of the equivalent rents that could be earned from homes that are owner occupied.4 Because leases turn over slowly, it takes time for a decline in market rent growth to work its way into the overall inflation measure. The market rent slowdown has only recently begun to show through to that measure. The slowing growth in rents for new leases over roughly the past year can be thought of as "in the pipeline" and will affect measured housing services inflation over the coming year. Going forward, if market rent growth settles near pre-pandemic levels, housing services inflation should decline toward its pre-pandemic level as well. We will continue to watch the market rent data closely for a signal of the upside and downside risks to housing services inflation.

The final category, nonhousing services, accounts for over half of the core PCE index and includes a broad range of services, such as health care, food services, transportation, and accommodations. Twelve-month inflation in this sector has moved sideways since liftoff. Inflation measured over the past three and six months has declined, however, which is encouraging. Part of the reason for the modest decline of nonhousing services inflation so far is that many of these services were less affected by global supply chain bottlenecks and are generally thought to be less interest sensitive than other sectors such as housing or durable goods. Production of these services is also relatively labor intensive, and the labor market remains tight. Given the size of this sector, some further progress here will be essential to restoring price stability. Over time, restrictive monetary policy will help bring aggregate supply and demand back into better balance, reducing inflationary pressures in this key sector.

The Outlook

Turning to the outlook, although further unwinding of pandemic–related distortions should continue to put some downward pressure on inflation, restrictive monetary policy will likely play an increasingly important role. Getting inflation sustainably back down to 2 percent is expected to require a period of below–trend economic growth as well as some softening in labor market conditions.

Economic growth

Restrictive monetary policy has tightened financial conditions, supporting the expectation of below–trend growth. Since last year's symposium, the two–year real yield is up about 250 basis points, and longer–term real yields are higher as well—by nearly 150 basis points. Beyond changes in interest rates, bank lending standards have tightened, and loan growth has slowed sharply. Such a tightening of broad financial conditions typically contributes to a slowing in the growth of economic activity, and there is evidence of that in this cycle as well. For example, growth in industrial production has slowed, and the amount spent on residential investment has declined in each of the past five quarters.

But we are attentive to signs that the economy may not be cooling as expected. So far this year, GDP (gross domestic product) growth has come in above expectations and above its longer-run trend, and recent readings on consumer spending have been especially robust. In addition, after decelerating sharply over the past 18 months, the housing sector is showing signs of picking back up. Additional evidence of persistently above-trend growth could put further progress on inflation at risk and could warrant further tightening of monetary policy.

The labor market

The rebalancing of the labor market has continued over the past year but remains incomplete. Labor supply has improved, driven by stronger participation among workers aged 25 to 54 and by an increase in immigration back toward pre-pandemic levels. Indeed, the labor force participation rate of women in their prime working years reached an all-time high in June. Demand for labor has moderated as well. Job openings remain high but are trending lower. Payroll job growth has slowed significantly. Total hours worked has been flat over the past six months, and the average workweek has declined to the lower end of its pre-pandemic range, reflecting a gradual normalization in labor market conditions.

This rebalancing has eased wage pressures. Wage growth across a range of measures continues to slow, albeit gradually. While nominal wage growth must ultimately slow to a rate that is consistent with 2 percent inflation, what matters for households is real wage growth. Even as nominal wage growth has slowed, real wage growth has been increasing as inflation has fallen.

We expect this labor market rebalancing to continue. Evidence that the tightness in the labor market is no longer easing could also call for a monetary policy response.

Uncertainty and Risk Management along the Path Forward

Two percent is and will remain our inflation target. We are committed to achieving and sustaining a stance of monetary policy that is sufficiently restrictive to bring inflation down to that level over time. It is challenging, of course, to know in real time when such a stance has been achieved. There are some challenges that are common to all tightening cycles. For example, real interest rates are now positive and well above mainstream estimates of the neutral policy rate. We see the current stance of policy as restrictive, putting downward pressure on economic activity, hiring, and inflation. But we cannot identify with certainty the neutral rate of interest, and thus there is always uncertainty about the precise level of monetary policy restraint.

That assessment is further complicated by uncertainty about the duration of the lags with which monetary tightening affects economic activity and especially inflation. Since the symposium a year ago, the Committee has raised the policy rate by 300 basis points, including 100 basis points over the past seven months. And we have substantially reduced the size of our securities holdings. The wide range of estimates of these lags suggests that there may be significant further drag in the pipeline.

Beyond these traditional sources of policy uncertainty, the supply and demand dislocations unique to this cycle raise further complications through their effects on inflation and labor market dynamics. For example, so far, job openings have declined substantially without increasing unemployment—a highly welcome but historically unusual result that appears to reflect large excess demand for labor. In addition, there is evidence that inflation has become more responsive to labor market tightness than was the case in recent decades.8 These changing dynamics may or may not persist, and this uncertainty underscores the need for agile policymaking.

These uncertainties, both old and new, complicate our task of balancing the risk of tightening monetary policy too much against the risk of tightening too little. Doing too little could allow above-target inflation to become entrenched and ultimately require monetary policy to wring more persistent inflation from the economy at a high cost to employment. Doing too much could also do unnecessary harm to the economy.

Conclusion

As is often the case, we are navigating by the stars under cloudy skies. In such circumstances, risk−management considerations are critical. At upcoming meetings, we will assess our progress based on the totality of the data and the evolving outlook and risks. Based on this assessment, we will proceed carefully as we decide whether to tighten further or, instead, to hold the policy rate constant and await further data. Restoring price stability is essential to achieving both sides of our dual mandate. We will need price stability to achieve a sustained period of strong labor market conditions that benefit all.

We will keep at it until the job is done.

〈번역 및 요약〉

인플레이션: 진보와 앞으로의 길

좋은 아침입니다. 2022년 잭슨홀 심포지엄에서 저는 짧고 직접적인 메시지를 전달했습니다. 올해 연설은 조금 더 길어지겠지만, 인플레이션을 2% 목표치까지 낮추는 것이 연준의 임무이며 그렇게 할 것이라는 메시지는 동일합니다. 우리는 지난 한 해 동안 정책을 상당히 강화했습니다. 인플레이션이 정점에서 하락한 것은 환영할 만한 일이지만 여전히 너무 높습니다. 우리는 적절한 경우 금리를 추가로 인상할 준비가 되어 있으며, 인플레이션이 목표를 향해 지속적으로 하락하고 있다는 확신이 들 때까지 제한적인 수준에서 정책을 유지할 계획입니다.

오늘 저는 지금까지의 진전 상황을 검토하고 우리가 이중 임무 목표를 추구하면서 직면한 불확실성과 전망에 대해 논의하겠습니다. 그리고 이것이 정책에 어떤 의미가 있는지에 대한 요약으로 마무리하겠습니다. 지금까지의 진척 상황을 고려할 때, 앞으로의 회의에서는 들어오는 데이터와 변화하는 전망 및 리스크를 평가하면서 신중하게 진행할 것입니다.

인플레 분석 및 평가

2022년부터 현재까지 진행 중인 높은 인플레이션은 처음에는 매우 강한 수요와 팬데믹으로 인해 제한된 공급의 충돌에서 비롯되었습니다. (중략) 헤드라인 인플레는 가계와 기업이 가장 직접적으로 체감하는 것이므로 최근의 하락세는 매우 좋은 소식입니다. (중략) 근원 인플레는 2022년 2월 5.4%로 정점을 찍고 7월에는 4.3%로 점차 하락했습니다. 6월과 7월의 상승 탄력이 둔화한 것은 환영할 만한 일이지만, 아직 안심하기는 이릅니다. (중략) 근원 PCE 인플레이션의 세 가지 구성요소(상품, 주택 서비스, 기타 서비스) 동향을 살펴볼 필요가 있습니다.

상품 인플레는 특히 내구재(자동차나 가전제품 등) 가격의 하락이 두드러졌습니다. 긴축적인 통화정책으로 수요가 억제된 데다 공급망의 병목현상이 풀렸기 때문입니다. (중략) 금리에 민감한 주택 부문에서는 통화정책의 효과가 뚜렷하게 나타났습니다. 모기지 금리는 2022년 한 해 동안 두 배로 상승하여 주택 착공과 판매가 감소하고 주택 가격 상승률이 급락했습니다. (중략) 집세 물가는 최근에서야 안정되기 시작했습니다. 대략 지난 1년간 신규 임대의 임대료 상승률이 둔화한 것은 "이미 진행 중"이라고 볼 수 있으며, 내년에는 주택 서비스 인플레 압력을 낮출 것입니다. (중략)

주택을 제외한 서비스는 핵심 PCE 지수의 절반 이상을 차지하며 의료, 음식 서비스, 교통, 숙박 등 광범위한 서비스를 포함합니다. (중략) 지난 3개월과 6개월 동안 주택을 제외한 서비스 인플레 압력이 약화되고 있어 고무적입니다. (중략) 그러나 주택을 제외한 서비스는 노동 집약적인 산업이며, 노동시장은 여전히 타이트합니다. (중략) 따라서 이 부문의 인플레 압력이 낮아지는 데 시간이 걸릴 것으로 보입니다.

경제전망

금융시장 여건이 타이트해지며 추세 이하의 성장에 대한 기대가 높아졌습니다. 2022년 8월 열린 잭슨홀 컨퍼런스 이후 미국 2년 만기 국채의 실질 수익률은 약 250bp 상승했으며 10년 만기 국채 실질 수익률도 약 150bp 상승했습니다. (중략) 이 영향으로 지난 5분기 동안 산업 생산의 성장이 둔화되고 주거용 투자가 급격히 감소했습니다. 그러나 우리는 경제가 예상대로 냉각되지 않을 수 있다는 신호에 주의를 기울이고 있습니다. 올해 현재까지 GDP 성장률은 예상을 상회하고 있으며, 특히 소비가 견조합니다. 또한 지난 18개월 동안 급격히 둔화되었던 주택 부문이 다시 회복될 조짐을 보이고 있습니다. 추세 이상의 성장세가 지속된다는 추가 증거가 나오면 인플레의 추가 진전이 위험에 처할 수 있으며 추가적인 통화 긴축이 필요할 수 있습니다.

25~54세 근로자의 경제활동 참가율이 상승하고, 이민이 다시 늘어나면서 노동력 공급 부족 현상이 완화되었습니다. (중략) 다양한 방식으로 측정된 임금 상승률은 계속 둔화되고 있습니다. (중략) 명목 임금 증가율은 둔화되었지만 인플레이션이 하락하면서 실질 임금 증가율은 증가하고 있습니다.

결론

인플레 목표 2%는 계속 유지될 것입니다. 우리는 인플레를 이 수준까지 낮출 수 있을 만큼 충분히 통화 공급을 줄일 것입니다. 물론 인플레 목표에 언제 도달하는지 실시간으로 파악하기는 어렵습니다. (중략) 지금까지 실업률이 떨어졌음에도 인플레가 발생하지 않은 것은 매우 반가운 일이지만, 과거 인플레가 노동시장 여건에 민감하게 반응했음을 인식할 필요가 있습니다. (중략) 통화 긴축이 너무 일찍 종료되면 목표 이상의 인플레가 고착화될 수 있습니다. (중략)

항상 그렇듯이 우리는 흐린 하늘 아래서 별빛을 따라 항해하고 있습니다. (중략) 다가오는 금리 결정 회의에서 데이터가 제공하는 경제 및 인플레 상황을 바탕으로 진행 상황을 평가할 것입니다. 이러한 평가를 바탕으로 추가 긴축을 할 것인지, 아니면 정책금리를 동결하고 추가 데이터를 기다릴 것인지 신중하게 결정할 것입니다.

02

흔들리는 중국 부동산,
중국발 금융위기 오는가?

　'도미노 디폴트'가 이어지고 있다. 중국의 초대형 부동산개발업
체들의 부실은 세계 경제에 공포 분위기를 조성하고 있다. 국내외
자본시장과 외환시장이 요동치고 있다. 2008년 미국 리먼 브러더스
사태를 재현하는 게 아닌가 하는 두려움이 세계 경제를 억누르는
듯하다.

　　헝다, 완다, 비구이위안 등 민간 부동산개발업체(POE, Private Owned Enterprises)뿐만 아니라 시노오션 등과 같은 국영 부동산개발업체(SOE, State Owned Enterprises)까지 디폴트(default, 채무불이행) 우려가 확산하고 있다. 특히 2021년 말에 이미 채무불이행 선언을 한 헝다는 미국 법원에 파산보호 신청을 한 상태다.

　　2022년까지 6년 연속 1위 건설사인 비구이위안이 2023년 6위로 전락했고, 디폴트 상황에 내몰렸다. 헝다는 자본잠식 상태다. 자산총액(1조 8,380억 위안)보다 부채총액(2조 4,370억 위안)이 많아, 자본이 −5,991억 위안에 달한다. 자산을 모두 제값에 매각한다 해도 부채를 상환할 수 없는 상황이다.

중국 주요 민영 부동산개발업체 재무현황

(단위: 위안)

순위	기업	자산총액	부채총액	자본총액	비고
1	완커	1조 7,430억	1조 3,460억	3,975억	2023년 3월 기준
2	비구이위안	1조 7,440억	1조 4,350억	3,096억	2022년 12월 기준
3	뤼청중국	5,351억	4,237억	1,114억	2022년 12월 기준
4	롱후그룹	7,746억	5,392억	2,354억	2023년 6월 기준
5	진디그룹	4,225억	3,066억	1,160억	2023년 3월 기준
6	빈장그룹	2,990억	2,412억	578억	2023년 3월 기준
	헝다부동산	1조 8,380억	2조 4,370억	−5,991억	2022년 12월 기준

자료: CRIC, 동팡차이푸

부동산개발업체들의 부실은 금융불안으로 전개될 수밖에 없다. 건설사가 빚을 갚을 수 없으니, 금융사에도 위험이 전이될 수밖에. 실제 중국의 최대 부동산 자산신탁회사 '중룽'까지 최근 만기가 된 신탁상품의 상환에 실패했다.

시진핑의 의도인가, 실수인가?

중국 정부는 이미 2010년대 중반부터 '과대 부채' 위험을 강조해왔다. 시진핑 국가주석은 2016년부터 "집은 거주하는 곳이지 투기의 대상이 아니다"라는 말을 반복해왔다. 2021년 헝다가 흔들린 배경에도 중국 정부의 부동산 규제정책*이 있었다. 당시 주택 가격이 4배까지 치솟으면서 부동산 버블에 따른 양극화 문제도 심각하게 제기되기 시작했다. 그러자 중국 정부가 부동산의 무분별한 개발을 막기 위해 땅 개발권을 막거나 은행 유동성 공급을 제한하는 등 규제를 강화하면서 부동산 경기가 급랭하기 시작했다. 부동산시장이 급랭한 것이 아니라 의도적으로 냉각시킨 것이다.

'거품 굴기'에서 벗어나고자 하는 것도 정부의 의도일 것이다.

---

* 시진핑의 3대 레드라인(Red Line)을 정했다. 선수금을 제외한 부채비율 70% 이상, 순부채비율 100% 이상, 단기부채가 자본금 초과를 하는 부동산 기업에 대한 신규 대출 금지와 기존 대출 회수 조치를 담고 있는 부동산개발업체에 대한 규제책이다.

주택 가격 상승률 및 부동산 경기지수 추이

—— 주택 가격 상승률(좌)　—— 부동산 경기지수(우)

자료: CEIC, Bloomberg
주1: 주택 가격은 70개 중소 및 대도시 기준
주2: 부동산 경기지수는 2012년 1월 100p 기준

부동산 관련 활동이 중국 GDP에서 약 28.7% 차지하는 것으로 분석되고, 각종 인프라 및 주택 건설에 의존해 비약적인 성장을 이루었다는 사실은 부인할 수 없는 중국의 현실이다. 부동산 거품은 중국 경제를 거품으로 만든 것이기에, 정책적으로도 부동산시장의 연착륙을 유도해 경제구조를 첨단산업 중심으로 선진화해나가는 것도 시진핑의 정책적 의도일 것이다.

공동부유(共同富裕)라는 사상에서도 부동산시장 급랭이 정부의 의도임을 확인할 수 있다. 공동부유는 2021년 등장한 개념으로, '다 같이 잘 먹고 잘 살자'라는 말이다. 공동부유의 등장은 2020년 리커창 총리의 "6억 인민이 월 1,000위안 미만으로 살아간다"라는 발언 등 경제성장 중 외면된 빈부격차 문제가 매우 심각해진 데다

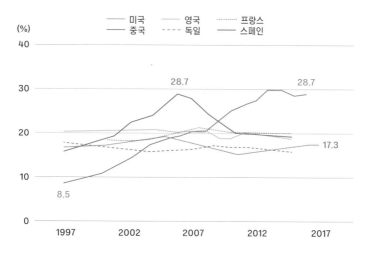

주요국 부동산 관련 활동 GDP 비중

— 미국　— 영국　······ 프랑스
— 중국　--- 독일　— 스페인

(%)

28.7　　　　　28.7

8.5　　　　　　　　　　　　　17.3

1997　2002　2007　2012　2017

자료: Rogoff and Yang(2021)

2022년 당대회를 앞두고 시진핑의 3연임을 위한 민심 다지기 전략이 필요했기 때문이다. 시진핑은 "공동부유는 사회주의의 본질적 요구로서 중국식 현대화의 중요한 특징"이라고 강조했다. 공동부유는 시진핑 우상화에 기반한 중국판 주체사상이 되었다.

이런 상황을 고려해보면 국유화라는 시진핑의 큰 그림도 제기될 만하다. 국영 부동산개발업체가 민간 부동산개발업체를 인수할 경우, 부동산 규제 기준을 적용하지 않기로 했다는 점이 주요 근거가 된다. 민영 업체들이 부실에 처하는 동안 국영 업체들이 시장을 상당 부분 점유해나가고 있다. 중국 부동산 판매 상위 15개 업체 중에 9개가 국영이고, 2위 완커를 제외하면 상위 5위까지 국영이 장

중국 판매액 상위 15개 부동산개발업체

순위	기업	판매금액(2023년 1~7월)	기업 유형	시가총액(원화)
1	바오리발전	2,439억 위안	국유	30.2조 원
2	완커	2,095억 위안	민영	30.4조 원
3	중하이부동산	1,829억 위안	국유	28.7조 원
4	화룬부동산	1,740억 위안	국유	36.9조 원
5	자오상서커우	1,726억 위안	국유	20.5조 원
6	비구이위안	1,662억 위안	민영	3.4조 원
7	뤼청중국	1,524억 위안	민영	3.1조 원
8	지엔파부동산	1,052억 위안	국유	비상장
9	롱후그룹	1,026억 위안	민영	17.6조 원
10	진디그룹	1,001억 위안	민영	6.3조 원
11	빈장그룹	991억 위안	민영	5.7조 원
12	중국진마오	842억 위안	국유	2.4조 원
13	화파주식	807억 위안	국유	4.0조 원
14	뤼디홀딩스	651억 위안	국유	7.5조 원
15	위에시우부동산	597억 위안	국유	6.2조 원

자료: CRIC, 동팡차이푸

악하고 있다. 향후 부실에 빠진 민영 부동산개발업체들의 자산을 국유기업 등을 통해 우회적으로 매입하는 형태로 국유화 수순을 밟을 것으로 전망된다.

향후 시나리오와 맞춤형 대응 전략

향후 민영 부동산개발업체들이 연쇄 부실에 처하게 될지를 지켜보아야 한다. 연쇄 부실에 처할 경우, 중국발 금융위기 사태로 확대될 수 있다. 금융위기 사태로 번질 가능성을 배제할 수는 없으므로, 위기 시 중국의 금융 리스크가 국내 금융시장에 전이되지 않도록 연결고리를 차단하고 금융시장을 상시 모니터링해야 한다. 위안화 약세는 원화 약세로 이어져 외환시장의 변동성이 확대될 수 있고, 외국인 자금이 급격히 빠져나가 증권시장이 흔들릴 수 있다.

다음으로 가능한 시나리오는 연쇄 부실까지 가지 않고, 몇몇 민영 업체가 국유화 절차를 진행하는 것이다. 금융불안과 같은 위협요인을 이미 중국 정부도 예의주시하고 실시간으로 대응하고 있기 때문에 금융위기 가능성이 크다고 판단하지는 않는다. 그럼에도 불구하고 안도할 수만은 없다. 국영 업체들도 재정상태가 열악한 경우가 많고, 탄탄한 국영 업체가 민영 업체를 인수하는 과정에서 부실을 떠안게 될 것이다. 중국의 실물경제에 강력한 하방압력으로 작용할 것이고, 수출 경로를 통해 한국 경기 둔화로 이어질 수 있다. 흔들리는 중국의 부동산 및 금융 시장이 세계 혹은 국내 경제에 영향을 줄 것이므로 경제주체들은 최적의 위기 대응을 하기 위해 사전에 가능한 시나리오를 바탕으로 맞춤형 전략을 모색해야 한다. 중국의 경기 둔화 시나리오는 〈1부 3. 꼬꾸라지는 중국 경제, '잃어버린 30년' 오는가?〉 편에서 상세하게 다루었다. 이를 참고하기 바란다.

03

꼬꾸라지는 중국 경제, '잃어버린 30년' 오는가?

'대도망'이 일고 있다. 중국 경제가 나쁘다 보니, 기업인들이 자본을 들고 해외로 떠나는 현상이 지배적으로 나타나고 있다. 《징지르바오(經濟日報)》 등과 같은 언론에 따르면, 중국인들의 해외 투자는 연간 2,000억 달러에 달하는 것으로 알려졌고, 이는 세계 약 50위권 국가의 한 해 GDP*에 달하는 규모다. 중국 재계에서는 이러한 현상을 '逃亡(도망)'이라는 은어로 표현하고 있는데, 앞으로도 유행처럼 번질 수 있는 것으로 보고 있다. 해외 기업들이 중국을 떠

---

* 2022년 기준으로 세계 49위 뉴질랜드의 GDP는 약 2,427억 달러, 52위 그리스는 약 2,220억 달러, 56위 헝가리는 약 1,837억 달러에 달한다.

나는 현상에 이어, 중국 기업들이 해외로 '도망'하는 배경은 중국 경제 그 자체에 있을 것이다. 중국 경제의 현실을 명확히 진단해볼 필요가 있다.

청년실업, 역사상 최고조

중국의 청년(16~24세) 실업률은 역대 최고 수준이다. 2023년 4월 청년실업률은 역사상 최초로 20%를 초과했고, 6월 21.3%로 최고치를 경신하고 있다. 7월에는 청년실업률을 통계 발표에서 누락시켰다. 역대 최고치를 크게 경신했을 것으로 보인다. 중국 경제가 두 자릿수 경제성장률을 지속할 때는 역동적인 성장 속도만큼이나 많은 일자리를 양산했다. 중산층이 두꺼워졌고 교육열도 높아졌지만, 이제 성장 속도도 주춤해지고 대내외 기업들이 중국을 이탈하는 현상이 나타나면서 대졸 청년의 눈높이에 맞는 양질의 일자리를 창출할 여력이 사라지게 되었다. 중국 교육부는 2023년 한 해 대학 졸업자수가 1,160만 명에 이를 것으로 예상했다. 대학 졸업자수가 2022년과 2023년 연속 10% 이상 증가하고 있고, 앞으로도 이러한 추세가 이어질 것으로 보인다. 2024년에도 중국의 청년실업 문제가 해소되지 않고 다양한 사회불안을 초래하며 경기회복의 걸림돌로 작용할 것으로 전망된다.

중국의 실업률 추이

자료: 중국국가통계국

실제 청년실업은 중국의 큰 사회문제로도 번지고 있다. '탕핑족'과 '전업자녀'가 대표적인 현상이다. '탕핑'이란 평평하다는 뜻으로 '바닥에 드러누워 아무것도 하지 않는다', '숨만 쉬고 살겠다'는 중국 MZ세대들의 저항정신으로 굳어지고 있다. '바이란(擺爛)'이라는 말도 등장했다. 부모에 기생하면서 사회가 썩어가도록 두겠다는 매우 비관적인 표현이다. 집안일을 하고 부모에게 돈을 받는 '전업자녀'가 유행이 되고 있고, 실제 일자리가 없다 보니 이 대열에 합류하는 고학력 청년이 늘고 있다. 기존 세대에 대한 불만도 팽창하다 보니, 세대갈등이나 사회분열로도 연결될 것으로 전망한다.

좀처럼 살아나지 않는 중국 경기

중국의 청년실업은 하나의 사회현상으로 자리잡히고 있다. 역동적으로 중국 경기가 성장하는 것 외에는 획기적인 해결방안이 없다는 것이 문제다. 중국 경제는 2020년 팬데믹 경제위기를 맞아 크게 출렁였고, 2022년 2차 팬데믹으로 다시 한번 요동쳤다. 2023년에는 리오프닝이 시작되면서 경기가 회복될 것으로 기대했지만, 그 기대도 잠시 중국 경제는 다시 꼬꾸라지고 있다. 중국의 제조업 구매관리자지수(PMI, Purchasing Managers Index)는 2023년 연초에 기준선 50을 상회하는 듯했다가 4월부터 다시 내려가 50을 밑돌

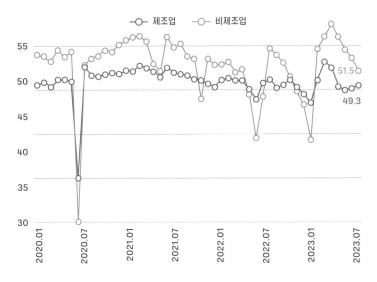

중국의 구매관리자지수 추이

자료: 중국국가통계국

고 있다. 제조업은 그렇다 하더라도 서비스업은 2023년 연초 상당한 수준으로 회복되는 모습이었으나 3월 이후 강한 내림세를 면치 못하고 있다. 7월 제조업과 비제조업 구매관리자지수는 각각 49.3, 51.5에 머물러 있다.

디플레이션 위협의 현실화

세계가 고물가에 허덕일 때, 중국은 홀로 저물가의 늪에 빠져 있다. 2022~2023년 세계는 초인플레이션 시대를 맞이했는데, 중국은 디플레이션 공포에 처해 있다. 미국은 9.1%(2022년 6월), 영국은 11.1%(2022년 10월), 유로존은 10.6%(2022년 10월)를 기록하는 41년 만의 초인플레이션을 겪었는데, 중국은 최고 2.8%(2022년 9월)를 기록하며 글로벌 인플레이션 압력에서 벗어났다. 전혀 다른 세상인 듯하다. 고성장-고물가-고금리의 체제에 있는 신흥 개도국과 저성장-저물가-저금리의 선진국은 엄연히 차이가 있다. 즉 1~2% 성장하는 선진국이 10%대 물가상승률을 기록할 때, 중국처럼 5~6% 성장하

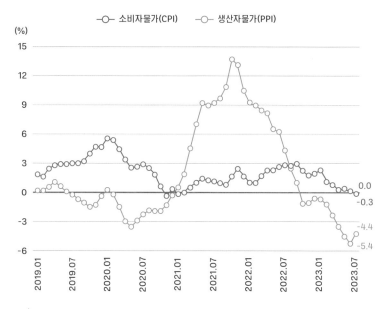

중국의 물가상승률 추이

자료: 중국국가통계국

는 신흥국이 2%대 물가상승률을 기록한다는 것은 상대적으로 어마어마하게 낮은 물가임을 이해할 필요가 있다.

2023년 7월 들어 중국의 소비자물가는 마이너스를 기록했다. 3월 0.7%, 4월 0.1%, 5월 0.2%, 6월 0.0%로 제로물가 기조를 유지하다가 7월 −0.3%로 하락했다. 통상 생산자물가(PPI)[*]는 소비자물가(CPI)를 2개월 정도 선행하는데, 중국 생산자물가상승률은 2022년 10월 이후 줄곧 마이너스를 기록하고 있다. 2023년 4월 −3.6%, 5월 −4.6%, 6월 −5.4%, 7월 −4.4%를 기록하며 하락세가 더 강하게 나타나고 있다. 향후 중국 소비자물가는 0%를 밑돌 가능성이 높아진 상황이다. 중국의 대내외 경제환경이 녹록지 않은 데다가 미중 패권전쟁과 글로벌 공급망 재편과 같은 구조적 변화(더 구체적인 내용은 〈1부 4. 글로벌 공급망 재편, 미래의 생산기지 인도〉편을 참조하기 바란다)에 당면해 있는 상황이다. 한 번 빠지면 헤어나오기 어려운 '디플레이션 소용돌이'에 처할 가능성이 높아진 상황이다.

---

* 소비자물가지수가 소비자의 구매력을 가늠하는 지수라면, 생산자물가지수는 기업의 비용 증가, 즉 생산원가와 관련이 있다. 생산자물가지수는 국내 생산자가 국내(내수)시장에 공급하는 상품 및 서비스의 가격 변동을 종합한 지수다. 생산자물가지수는 생산과정에서 수취한 생산물 보조금을 합산한 가격으로, 국내 기업이 산출한 상품 및 서비스의 종합적인 가격 수준을 측정한다.

디플레이션과 디플레이션 소용돌이

디플레이션(deflation)은 경제 전반에 걸쳐 상품과 서비스의 가격이 지속적으로 하락하는 현상을 가리킨다. 마치 팽창되었던 풍선에 바람이 빠지면서 경제활동이 위축되는 모습과 같다. 원자재 수급을 해외에 의존하는 한국의 경제구조상 수입물가가 하락하면 자연스레 소비자물가가 하락한다. 코로나19가 국내에서는 종식될지라도 세계적으로 계속될 경우 물가하락을 막을 수 없게 된다.

물가하락은 또 다른 물가하락을 일으킨다. 물건의 가격이 지속적으로 하락할 것이라고 믿으면, 가계는 소비를 미루기 마련이다. 기업도 투자를 단행할 수 없게 된다. 소비와 투자가 위축되면 물건의 가격이 추가적으로 하락한다. 물가하락 악순환이라는 고리에서 빠져나오기 어렵게 된다. 이를 경제학에서는 디플레이션 소용돌이(Deflationary Spiral)라고 명명한다. 대표적인 예를 '일본의 잃어버린 30년'이라고 거론하는 만큼, 절대로 그러한 상황에 처해서는 안 되는 무서운 현상이다.

2018~2020년 한국 경제도 디플레이션이 우려되었던 적이 있다. 2019년 한 해 동안 물가상승률이 줄곧 1%를 밑돌았고, 9월에는 −0.4%를 기록하기도 했다. 2019년 하반기 두 차례의 기준금리 인하와 미중 무역갈등의 (일시적) 완화로 물가가 회복되는 듯하다가, 코로나19 사태로 다시 급격히 하락하기 시작했다. 2020년 2월부터 줄곧 수입물가지수가 마이너스를 기록하고 있다. 2월 −1.0%, 3월 −7.9%, 4월 −14.6%, 5월 −13.0%, 6월 −7.3%, 7월 −9.0%를 기록했다. 소비자물가는 5월

−0.3%를 기록했고, 6월과 7월에 각각 0.0%, 0.3%를 기록하며 마이너스에서는 벗어났다. 그러나 통화정책의 효과나 농수산물 공급 부족에 따른 현상임을 감안하면, 디플레이션 우려감에서 벗어날 수 없다.

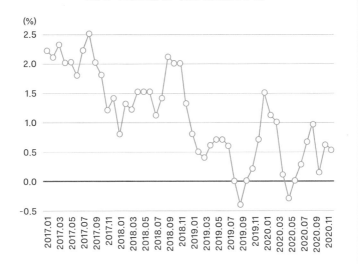

2017~2020년 한국 물가상승률 추이

자료: 한국은행

'숨겨진 부채'가 남겨둔 덫

중국 경제의 정상화 속도가 더딘 이유 중 하나는 바로 부채다. 특히 지방정부의 부채가 매우 심각한 상황이다. 지방정부가 재정건전성을 회복하는지와는 별개로, 경기부양 능력이 현저히 떨어지는

중국의 부문별 정부부채 비중

■ 중앙정부　■ 지방정부　■ LGFV

(%)

	2018	2019	2020	2021	2022	2023
LGFV	38	40	44	44	48	53
지방정부	20	22	25	27	30	32
중앙정부	16	17	20	20	22	23

자료: IMF, 한국은행
주: GDP 대비 비중

데서 그 문제의 본질을 찾을 수 있다. 2020년 코로나19에 대응하기 위한 의료비 지출 등으로 지방정부의 부채가 급증했고, 2022년 부담을 덜 기회를 얻기도 전에 2차 셧다운으로 부채가 가중되었다. 중국 지방정부의 부채규모는 2023년 기준 약 40조 위안에 달하며, GDP 대비 32% 수준이다. 코로나19 이전인 2019년 21조 위안에서 두 배가량 증가했다.

　광의의 정부 부채로 손꼽히는 LGFV의 부채를 고려하면 상황은 더욱 심각하다. 지방정부의 자산을 담보로 인프라 투자 자금을 조달하는 LGFV(Local Government Financing Vehicles, 지방정부융자기

중국 광의의 정부부채

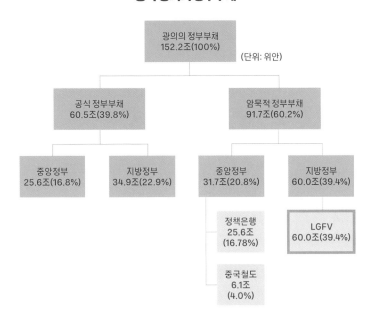

자료: Goldman Sachs, 국제금융센터

구)*의 부채는 2022년 60.0조 위안, 2023년 66.3조 위안에 달하는 것으로 분석된다. GDP 대비 53%에 이르는 지방정부의 부채가 숨겨져 있다. 최근 쿤밍토지개발투자와 쿤밍덴츠투자 같은 LGFV가 회사채를 만기가 지나서 갚으며 디폴트를 겨우 모면하는 일이 발생

---

* LGFV는 지방정부의 자산을 담보로 자금을 조달해 인프라 사업을 벌이는 특수목적 법인이다. 실체는 지방정부가 소유권을 가진 국유기업이지만, 그 부채는 지방정부 계정으로 잡히지 않고 공식 통계도 없어 중국의 대표적 숨겨진 부채로 꼽힌다.

했다. 신용위험까지 고조되는 상황하에서 단기간 안에 경기를 부양시킬 만한 뚜렷한 대응수단이 부족하다고 평가된다.

상흔효과와 구조적 한계에 봉착한 중국

상처는 치유될지 모르지만 상처의 흔적, 즉 흉터는 남는 법이다. 이른바 상흔효과(scarring effect)가 나타나고 있다. 펜데믹과 셧다운에 대응하기 위해 막대한 재정지출을 쏟아부었고, 세계적으로 고금리를 도입해 인플레이션을 방어할 때도 중국은 낮은 금리를 유지하며 경기부양적으로 통화정책을 운용했지만, 좀처럼 경제가 회복되지 못하고 있다. 낮은 금리 상황에서도 중국의 저축액이 많이 증가하는 현상은 경제주체들이 그만큼 미래가 불확실하다고 느끼고 있음을 방증해준다.

거침없이 달리던 중국이 속도를 늦춰 걷고 있다. 한때 14.2%로 고속성장했던 중국이 4~5%대로 성장 속도가 줄었다. 2020년에 찾아온 팬데믹 경제위기와 2022년의 2차 팬데믹 셧다운에 따라 중국 내 소비심리가 극도로 위축되고 있다. IMF는 중국 경제가 2023년 5.2%에서 2024년 4.5%로 성장 둔화가 나타날 것으로 전망했다.[*]

---

[*] IMF(2023.7), World Economic Outlook update.

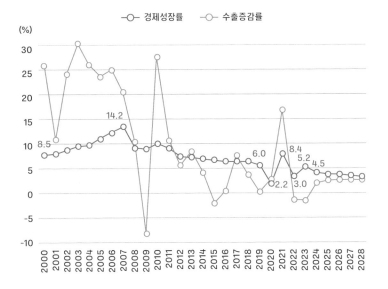

중국의 경제성장률과 수출증감률 추이 및 전망

—○— 경제성장률   —○— 수출증감률

자료: IMF(2023.7), World Economic Outlook update

중국의 리오프닝 효과가 크지 않을뿐더러, 2024년에는 그 효과도 사라질 것으로 판단된다. OECD나 세계은행(World Bank)도 같은 견해를 보이고 있다. 성장한계에 봉착한 중국은 일자리 창출력이 약하고, 이는 소비와 생산 둔화로 연결되며, 저물가의 늪에 빠지는 악순환이 시작될 것으로 보고 있다.

중국 경제는 대내외적으로 '구조적인 문제'에 봉착해 있다. 대내적으로는 인구감소나 고령화와 같은 인구구조 변화가 함께 찾아와 일본의 '잃어버린 30년'에 처할 우려가 커지고 있다. 대외적으로는 미중 패권전쟁이 장기화하고, 중국에 제조기지를 두었던 기업들이 중국을 떠나 다른 주요국으로 이동하는 '차이나 엑소더스(China Exodus)'* 현상이 본격화하고 있다. 이에 따라 중국은 성장판이 점차 닫치는 기로에 놓였다.

디리스킹 전략

중국에 대한 경제적 의존도가 높은 한국으로서는 디커플링(de-coupling)이 아닌 디리스킹(De-risking)**이 필요하다. 중국을 적대시하거나, 중국과의 교류를 단절하는 디커플링은 한국 경제에 대한 보복을 낳거나 단기적으로 경제적 충격을 초래할 것이다. 디리스킹은 중국과의 관계를 분리하는 것이 아니라 적대적이지 않은 관계를 유지하면서도 위험요소를 점차 줄여나가는 것을 뜻한다. 중국 이외의 다른 교역 대상국 혹은 생산기지를 확보해나가는 게 필요하다.

---

* 2019년에 저술한 『한 권으로 먼저 보는 2020년 경제 전망』은 〈1부 5. 차이나 엑소더스(China Exodus), '세계의 공장' 대이동〉을 통해 세계의 공장이 중국에서 베트남 등으로 이동할 것을 전망한 바 있다.
** '위험 줄이기', '위험 감소'라는 뜻의 영어 단어로 2023년 3월 우르줄라 폰데어라이엔 유럽연합(EU) 집행위원장이 대중 정책과 관련된 연설에서 처음 사용하면서 주목받은 말이다. 이는 중국을 경계하고자 하는 서방 진영의 전략 개념으로 통한다. 당시 폰데어라이엔은 "나는 중국으로부터 디커플링하는 것이 가능하지도, 유럽의 이익에 들어맞지도 않는다고 생각한다"며 중국과의 관계 분리가 아닌 위험요소를 없애는 데 집중해야 한다고 언급했다. 이후 제이크 설리번 미국 백악관 국가안보좌관이 2023년 4월 27일 미국 브루킹스연구소 강연에서 디커플링이 아닌 디리스킹을 지지한다는 입장을 보였고, 또 2023년 5월 21일 채택된 주요 7개국(G7) 공동성명에까지 '디리스킹'이 언급되면서 화제를 모았다.

중국에 대한 의존도를 줄이는 대응 전략이 중국과 단절하자는 것이 아니라 신시장을 개척하자는 데 있음을 주지할 필요가 있다. 외교는 예술이라 하지 않았나? 산업적인 전략이 아니라 외교적으로 풀어야 할 숙제인 것이다. 중국의 상흔효과가 한국 경제의 상흔으로 남지 않도록 해야 한다.

"공장을 중국으로부터 다른 나라로 이전해야 하는가?" 기업인을 만날 때 가장 자주 받는 질문 중 하나다. 산업 유형과 재정 상황 등에 따라 다르므로 천편일률적으로 대응 전략을 제시하는 것은 불가능하다. 다만 주지해야 할 점은 탈중국 현상이 트렌드인 것이지, 꼭 그러해야 한다는 의미는 아니라는 것이다. 동종업계의 많은 기업이 중국을 떠나면 떠날수록 남아 있는 기업에는 오히려 기회가 될 수 있기 때문이다. 한편 중국에 공장이 위치한 이유가 '생산'에만 국한된다면 더 값싸고 풍부한 노동력이 있는 국가로 이전을 적극적으로 고려해야 할 것이고, 생산뿐만 아니라 '시장'으로서의 의미가 강하다면 굳이 단기간 안에 서둘러 중국을 떠날 필요가 없겠다. 중국의 성장판이 닫히더라도 여전히 4~5%의 성장 속도를 가진 나라임에는 틀림이 없기 때문이다.

정부는 현실적인 리쇼어링 정책을 구상해야 한다. 리쇼어링이 가능한 산업을 선별해 지원을 집중할 필요가 있다. 완화된 규제환경과 기술교류 등을 목적으로 해외에 공장을 이전한 기업들이 주요 대상이 될 수 있다. 경제자유구역, 자유무역지역, 규제 프리존과 같은 정책수단을 비롯해, 규제 샌드박스나 규제자유특구 등의 장치를 활용해야 한다. 해외 현지법인이나 해외 주요 기업들이 오고자 하는, 한국만이 할 수 있는 특화된 유인책이 필요하다. 한국은 5G 선도국가로, 고도화된 스마트 시티 인프라를 활용해 R&D, 시범 운용, 서비스 개발을 시도하는 산업군을 집적시킬 능력이 있다. 주요 산업 클러스터를 요충지로 하여 IT 기반의 고부가가치 산업에 특화된 리쇼어링 정책을 마련해야 한다.

04

글로벌 공급망 재편,
미래의 생산기지 인도

세계는 공급망과의 전쟁을 치렀다. 사실상 2020~2023년은 글로벌 공급망 차질(supply chain disruptions)의 시대였다고 해도 과언이 아니다. 식료품, 가구, 가전, 자동차, 건설산업에 이르기까지 산업 대부분이 공급망 불안으로 몸살을 앓았다. 다국적 기업들이 원자재나 부품 부족으로 생산과 수출에 차질이 발생했고, 공급업체뿐만 아니라 물류, 유통, 운송, 금융 전반에 걸친 지연과 혼선이 야기되었다. 2024년부터는 공급망 재편(supply chain restructuring)의 미래가 시작된다.

2020~2021년은 팬데믹에 따른 공급 쇼크가 찾아왔다. 맥도날드는 우유 확보가 어려워 영국 전 지점에서 밀크셰이크를 제외한 바 있고, 영국 호텔그룹 IHG는 인력 부족으로 시트 교체 등과 같은 룸서비스까지 축소한 바 있다. 스웨덴 가구 기업 이케아는 물건이 없어 못 파는 일이 있었다. 이케아는 판매제품의 4분의 1가량을 중국에서 가져오는데 공급 차질로 매출에 엄청난 손실이 발생하기도 했고, 유럽에서는 트럭 운전사가 부족해 물량을 납품하지 못하는 일도 있었다.

2022~2023년은 러시아-우크라이나 전쟁이 문제였다. 우크라이나에서 생산되는 와이어링 하네스(배선뭉치)* 공급 중단으로 독일 폭스바겐 공장이 멈춰 섰고, 신차 출시가 지연된 바 있다. 러시아는 세계 팔라듐 생산의 43.3%를 차지했는데, 반도체 핵심 소재인 네온과 팔라듐의 공급 부족으로 가격이 급등했다. TSMC와 삼성전자 등의 파운드리 가격도 치솟았고, 반도체 공급 부족은 가전제품, 스마트폰, PC 등 내구재 생산의 차질을 가져왔다. 농산물 수급에도 상당한 차질이 빚어졌고, 식량가격지수가 사상 최고치 기록을 경신하기

---

* 와이어링 하네스(wiring harness)는 자동차의 엔진, 제동, 변속기, 조향 등 부품과 연결되는 전기선과 통신선의 모듈을 말한다. 자동차의 신경망 역할을 하는 배선뭉치를 뜻한다. 전선을 묶고 연결하고 정리하는 작업은 수작업으로 이뤄진다. 전기차, 자율주행차에 센서가 많아지면서 와이어링 하네스도 점점 더 복잡해지고 있다.

공급망 재편의 미래

자료: The Washington Post

도 했다. 전반적인 원자재 가격 상승으로 인도네시아는 식용유 수출을 차단하고, 말레이시아는 닭고기 수출을 차단하기도 했다.

중국은 세계의 공장으로서 영역을 확대해왔다. 1972년 2월 미국의 닉슨 대통령과 중국의 마오쩌둥 국가주석이 베이징에서 정상회담을 가졌다. 당시 두 정상의 악수는 중국의 개방을 상징적으로 알리는 장면이 되었다. 1979년 양국은 국교를 수립하고, 2001년 중국이 세계무역기구(WTO)에 가입하며 경제개발에 나섰다. 세계 무역에서 중국이 차지하는 비중은 급격히 치솟았다. 1970년 세계 상품수출액(Merchandise Exports)에서 중국은 0.7% 수준에 불과했

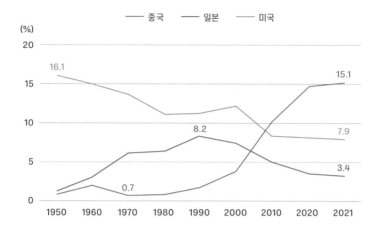

주요국의 세계 무역 영향력

─── 중국 ─── 일본 ─── 미국

(%)

16.1

15.1

8.2

7.9

0.7

3.4

1950 1960 1970 1980 1990 2000 2010 2020 2021

자료: WTO
주: 세계 상품수출액에서 각국이 차지하는 비중을 추계

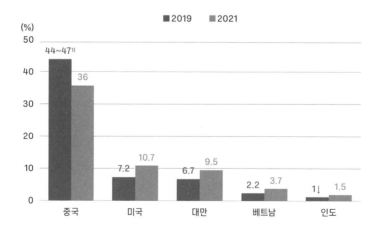

애플의 글로벌 공급망 국가별 비중

■2019 ■2021

(%)

44~47[1] 36

7.2 10.7

6.7 9.5

2.2 3.7

1↓ 1.5

중국   미국   대만   베트남   인도

자료: 한국은행, Reuters
주: 1) 2015~2019년 비중

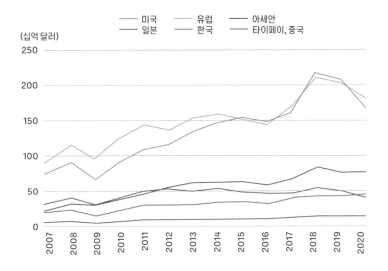

주요국별 GVC 관련 중국 수입액

미국　　유럽　　아세안
일본　　한국　　타이페이, 중국

(십억 달러)

자료: WTO
주: 세계 상품수출액에서 각국이 차지하는 비중을 추계

으나, 2021년 15.1%로 올라섰다. 반면 미국과 일본은 2021년 각각
7.9%, 3.4%로 세계 무역에서의 영향력이 축소되었다.

　글로벌 공급망의 지각변동이 일고 있다. 세계의 공장이라고 불
리던 중국의 입지가 흔들리고 있다. 많은 다국적 기업들이 중국에
서 철수하거나, 중국에 대한 의존도를 축소하고 있다. 2019년 구글
은 서버 하드웨어 등의 일부 생산기지를 말레이시아로 이전했다. 파
나소닉은 자동차 스테레오 등의 차량용 기기의 생산기지를 말레이
시아와 태국 등으로 이전했다. 애플의 협력업체들은 생산기지를 베

벨류체인의 세계화

벨류체인(Value Chain)은 기업 활동에서 부가가치가 생성되는 과정을 말한다. 원자재나 부품을 조달하고, 제품을 생산하며, 이를 소비자에 판매하기까지의 전 과정을 뜻한다. 1985년 미국 하버드대학교의 마이클 포터(M. Porter)가 모델로 정립한 이후 광범위하게 활용되고 있는 이론적 틀이다.

벨류체인은 일반적으로 스마일 커브(smile curve)를 그린다. 생산의 경우 낮은 부가가치를 창출하고, R&D와 설계(Design) 같은 생산의 전과정이나 마케팅과 서비스 같은 생산의 후과정은 상대적으로 높은 부가가치를 창출한다.

벨류체인의 스마일 커브

자료: Gary Gereffi and Fernandez-Stark(2016)

벨류체인은 20세기 동안 국내에서 세계로 확대되었다. GVC(Global Value Chain, 글로벌 벨류체인)가 등장한 것이다. GVC는 이러한 과정 중의 일부(예: 제조)를 다른 나라에 의존하는 글로벌 분업구조를 뜻한다. 통상적으로 낮은 부가가치의 생산(제조)의 영역을 노동력이 풍부하고 저렴한 인건비의 신흥국으로 이전하기 시작했다. 물론 생산 이외의 영역도 이윤을 극대화시키기 위한 목적을 달성하기 위해 이전되어

왔다. 미국의 IT 기업들이 콜센터를 인도에 두거나, 한국의 반도체 기업들이 주요 원자재를 일본에 의존해온 것도 대표적인 예가 된다. 이렇게 역내 벨류체인(RVC, Regional Value Chain)이 GVC로 변화해온 것을 세계화(Globalization)라고 표현할 수 있겠다.

리쇼어링과 탈세계화

생산기지를 다른 나라로 이동시키는 오프쇼어링(off-shoring)이 한때 주름잡던 경영 트렌드이던 때가 있었다. 노동력, 원자재 등 생산요소의 공급이 더 원활하고 유리한 다른 나라로 아웃소싱하는 것이다. 기업의 오프쇼어링으로 세계화가 진전되고, 역내 벨류체인이 GVC로 변화해온 것이다.

2010년대 들어 생산기지를 본국으로 회귀시키는 리쇼어링(re-shoring)의 형태로 전환되기 시작했다. 특히 미국 트럼프 대통령은 법인세를 큰 폭으로 인하하거나, 이산화탄소 감축 동의안(2015년 파리협정)을 파기하는 등 미국으로 제조기지를 들여오기 위한 적극적인 정책들을 펼쳤다. 북미자유무역협정(NAFTA, North American FTA) 폐기를 시도한 것도 글로벌 기업들이 멕시코에 제조기지를 두고 무관세로 미국에 수출하는 전략을 취하고 있었기 때문이다. 미중 무역분쟁 또한 중국 내 생산기지를 이탈시키고 리쇼어링을 부추기는 데 상당한 영향을 미쳤다고 평가된다.

세계 각국이 스마트 팩토리를 적극적으로 도입하고 있는 것도 리쇼어링을 촉진하는 기술적 요인이 된다. 많은 노동력에 의존해 생산하는 기존의 제조업은 저렴한 인건비를 찾아 오프쇼어링해야 할 필요성이 있었지만, 스마트 팩토리로 전환된 기업들은 소수의 고급·기술인력들만을 필요로 한다. 즉 각국 정부는 스마트 팩토리로 전환할 수 있도록 설비 지원을 하고, 기업들은 생산 공정을 자동화해 신흥국에 있는 제조기지를 리쇼어링하는 것이다.

리쇼어링은 탈세계화(De-globalization)를 진전시키고 있다. 세계 해외직접투자(FDI, Foreign Direct Investment)가 감소하는 추세다. 해외직접투자 유입액(FDI Inflow)이 2015년 2조 달러 이상의 고점을 기록한 이후 추세적으로 감소하고 있다. 국제연합무역개발협의회(UNCTAD)는 해외직접투자 유입액이 2020년과 2021년 1조 달러 이하로 감소할 것으로 전망했다. 세계 경기가 급속히 둔화하고 있을 뿐만 아니라 보호무역주의가 팽배해지고, 미국을 비롯한 주요국들이 리쇼어링 정책을 추진함에 따라 제조업 회귀 현상이 두드러지게 나타나는 모습이다.

해외직접투자는 일반적으로 외국인이 장기적인 관점에서 타국 기업에 출자하고 경영권을 확보해 직접 경영하거나 경영에 참여하는 형태의 외국인투자를 일컫는다. 외국의 주식·채권과 같은 자본시장에 투자하는 것은 해외간접투자(혹은 해외포트폴리오투자)라고 불리는 반면, 직접 공장을 짓거나 회사의 운용에 참여하는 것을 해외직접투자라고 한다. 해외 현지법인의 설립, 기존 외국법인 자본에 참여, 부동산 취득, 지점 설치 등의 유형이 있다.

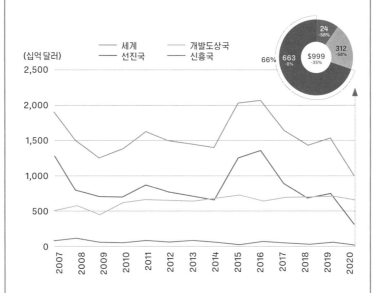

세계 해외직접투자(FDI Inflow) 추이

자료: UNCTAD(2001), 「World Investment Report 2021」

트남 등으로 이동시키고 있다. 실제 세계 주요국들의 글로벌 공급망 (GVC)에서 중국에 대한 의존도가 줄어들고 있다. 미중 패권전쟁과 공급망 차질의 경험 등의 영향도 상당하지만, 중국보다 더 저렴한 인건비를 활용하기 위한 기업들의 움직임이 일고 있다. 이른바 탈중국, 차이나 엑소더스(China Exodus) 현상이다.

미래의 생산기지로 인도가 부상할 전망이다. 2020년대 초반까지는 중국에서 베트남, 말레이시아 등으로 이전하다가 2020년대 중반 이후에는 인도가 세계의 공장으로 자리매김할 것으로 보인다. 탈세계화(deglobalization)가 진전되는 과정에서 미국·유럽 동맹국과 중국·러시아 동맹국의 갈등으로 중국의 역할은 축소되고, 인도는 반사효과를 보게 될 것으로 보인다.

생산기지로서 인도의 잠재력

가장 우선할 인도의 잠재력은 성장 속도에 있다. 인도는 1991년 경제개혁 이후 고속성장을 지속해왔다. 2000년 들어 세계 GDP 규모 13위 국가가 되었고, 2006년 11위, 2011년 10위, 2016년 7위, 2021년 6위로 도약했다. IMF는 2023년 명목 GDP 기준 인도가 세계 5위권에 진입할 것으로 전망했다. 인도의 2022~2027년 연평균 성장률은 6.8%로, 중국의 4.9%를 초과할 것으로 전망했다. 현재는

도로, 에너지, 물류 등의 인프라 면에서 중국이나 베트남과 비교하면 현저히 낙후된 경영환경이지만, 빠른 개발 과정을 거치며 상당한 도약이 이루어질 것으로 기대된다.

둘째, 인도의 가능성은 인구에서 찾을 수 있다. UN은 2023년 인도가 중국을 추월해 세계 1위의 인구 대국으로 도약할 것으로 전망한다. 중국이 20세기 후반 고도의 성장을 이룬 배경 중 하나가 인구였듯, 향후 인도가 고도의 성장을 지속할 것이라는 근거도 인구가 될 것이다. 인구가 많다는 것은 경제적으로 두 가지 의미가 있다. 하나는 시장으로서의 가치, 즉 구매력을 의미하고, 다른 하나는 생

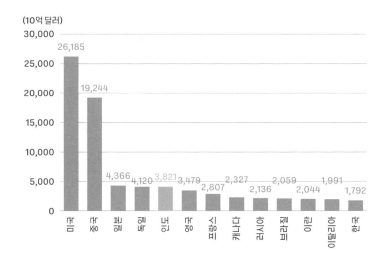

2023년 국가별 경제규모 전망

자료: IMF
주: 2023년 명목 GDP(Gross domestic product, current prices) 전망치 기준임.

중국과 인도의 인구추계

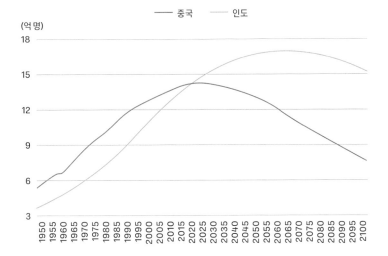

자료: UN, World Population Projection 2022

산기지로서의 가치, 즉 노동력을 의미한다. 특히 중산층이 확대되고 교육 수준이 향상되면서 생산성도 증대될 것으로 보여 글로벌 공급망으로서의 가치가 높다고 평가된다.

셋째, 인도의 제조업 육성 전략이 글로벌 공급망 재편이라는 패러다임 변화에 마중물 역할을 할 것으로 보인다. 그동안 인도는 서비스업에 치우쳐 있었다. 그러나 2014년 5월 모디 정부가 출범하고 'Make in India' 정책을 발표하면서 제조업 경쟁력을 강화하기 위해 박차를 가한다. 법인세 인하, 노동법 정비 등과 같은 경영환경 개선을 위한 정책도 있지만, 인프라 구축에 속도를 붙이는 전략이 가장 주목할 만하다. 그동안 인도가 제조기지로서 부족한 평가를 받았던 절대적인 이유가 낙후된 인프라였기 때문이다. 인도의 주요 도시를 고속철도와 고속도로로 연결하고, 현대적인 항만 및 공항 시설과 같은 물류 인프라를 개선함으로써 미래 생산기지로서의 가능성을 끌어올리고 있다. 특히 국가 인프라 파이프라인(NIP)을 발표하고, 세계 주요국들로부터 해외직접투자(FDI)를 유치하고 있다. 향후

세계 인구 순위 변화

	1990년		2022년		2050년
1	중국(1,144)		중국(1,426)		인도(1,668)
2	인도(861)		인도(1,412)		중국(1,317)
3	미국(246)		미국(337)		미국(375)
4	인도네시아(181)		인도네시아(275)		나이지리아(375)
5	브라질(149)		파키스탄(234)		파키스탄(366)
6	러시아(148)		나이지리아(216)		인도네시아(317)
7	일본(123)		브라질(215)		브라질(231)
8	파키스탄(114)		방글라데시(170)		콩고(215)
9	방글라데시(106)		러시아(145)		에티오피아(213)
10	나이지리아(94)		멕시코(127)		방글라데시(204)
11	멕시코(81)		일본(124)		
12			에티오피아(122)		
13					멕시코(144)
14					러시아(133)
15					
16			콩고(97)		

자료: UN, World Population Projection 2022

인도와 주요국의 인건비 비교

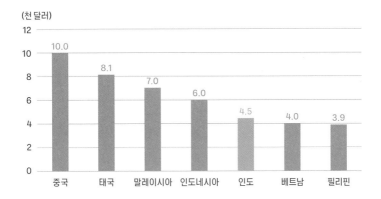

(천 달러)

자료: 한국은행
주: 제조업 생산노동자 연간 임금

인도 전력 수급 변화

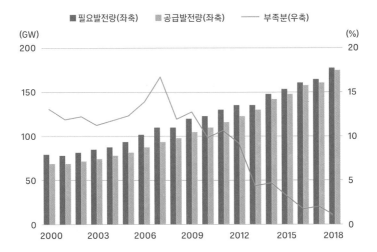

■ 필요발전량(좌축)　　■ 공급발전량(좌축)　　── 부족분(우축)

(GW)　　　　　　　　　　　　　　　　　　　　　　(%)

자료: CEA(Central Electricity Agency)

인도와 미국 간 FTA*가 타결되고, 탈중국 기업들에 대한 세제 혜택을 추진할 경우 인도로의 공급망 재편은 더욱 탄력을 받을 것으로 보인다.

인도에 진출하는 기업들

애플은 인도 시장이 급성장하고 있음을 간파하고, 인도를 중심으로 해외 사업 체제를 재편하고 있다. 최근 인도에서의 매출이 사상 최고치를 경신하고 있어, 인도를 위한 온라인 매장을 개설하거나 오프라인 매장도 개장할 계획이다. 애플은 협력업체 폭스콘과 함께 인도 내 아이폰 생산시설을 건설하고 있고, 핵심 부품 공급업체들도 인도로 옮겨오고 있다.

국내 기업들도 생산라인을 인도로 옮기고 있다. 삼성전자는 인도 수도인 뉴델리 인근에 있는 노이다 지역에 세계 최대 규모의 스마트폰 공장을 운영 중이다. 이미 중국 톈진과 후이저우에 있던 스마트폰 공장은 철수했다. 인도는 노동력뿐만 아니라 시장으로서의 가치도 높다. 갤럭시 S23의 인도 공급 물량을 노이다 공장에서 100% 생산할 계획이고, 세계 스마트폰 2위의 시장규모로 인도가 부상했

---

* 2019년 9월 이후 추진되어 2023년 내 타결을 목표로 양국 간 협상이 지속되고 있다.

다. 그 밖에도 가전 및 TV 생산량을 늘리고, 생산설비를 증설할 계획이다. 삼성전자뿐만 아니라 LG전자, 포스코, 현대차그룹 등도 인도를 중요한 생산기지로 결정하고 설비투자를 확대하고 있다.

미래에셋증권의 인도법인 진출도 주목할 만한 사례다. 온라인 리테일 플랫폼 개발을 완료하고 2022년 그랜드 오픈한 이후 고객 수가 꾸준히 증가하고 있다. 서비스 개시 8개월 만에 10만여 개의 고객 계좌를 돌파하며 온라인 브로커리지 증권사로 성장 중이며, 이를 토대로 현지 신성장 기업 투자 및 IB 비즈니스 영역도 확대하고 있다.

공급망 재점검이 필요하다

영토는 제한적이지만, 자원의 영토를 제한할 필요는 없다. 공급망이 한쪽으로 치우쳐 있음으로 해서 작은 공격에도 큰 충격을 받은 사례가 이미 여러 번 있었다. 일본의 반도체 소재 수출 규제와 중국발 요소수 대란이 대표적이다. 주요 자원과 소재를 안정적으로 공급받을 수 있도록 글로벌 공급망 강화를 국가적 의제로 정하고, 나아갈 방안들을 세부화해야 할 때다. 특히 반도체, 자동차, 배터리, 디스플레이 등 국가 전략산업의 핵심 소재를 안정적으로 확보하기 위해 상시적으로 공급망을 모니터링하는 시스템을 구축하는 것도 검토해볼 수 있다.

기업도 마찬가지다. 거스를 수 없는 변화라고 한다면 내가 변화해야 한다. 탈세계화, 신냉전 시대, 보호무역주의, 미중 패권전쟁 등과 같은 세계 경제를 수놓는 움직임들은 글로벌 공급망 재편으로 귀결된다. 단기적으로는 베트남과 말레이시아가, 중장기적으로는 인도가 재편의 중심에 서게 될 가능성을 고려해야 한다. 기업들은 생산기지 구축 및 신시장 개척 전략을 마련하고, 안정적인 자원 공급망을 마련하기 위한 재정비가 필요한 시점이다. 신흥시장 내 주요 기업들과 기술교류를 확대하거나, 해외직접투자에 대한 검토도 진행되어야 하겠다.

중국으로부터 제3국으로의 공급망 재편이 중국을 떠나자는 것으로 오해해서는 안 된다. 중국은 한국의 절대적으로 중요한 수출 및 수입 파트너국이다. 공급망 재편이라는 것이 한두 달, 한두 해 걸리는 일이 아니다. 어느 날부터 선 긋고 중국을 배제하는 것이 아니다. 중국과의 경제적 교류를 지속하되, 제3국에 대한 교류를 강화하는 전략이어야 할 것이다.

05

달러 패권에 도전하는
위안화의 야심

사마귀가 수레바퀴를 막는다. 당랑거철(螳螂拒轍)이라는 사자 성어가 가리키는 이 말은 '자기의 힘은 헤아리지 않고 강자에게 함부로 덤빈다'라는 뜻을 품고 있다. 기축통화국으로서 미국의 달러 패권(dollar hegemony)에 도전하는 야심은 그저 야심일 뿐 패권을 가져오는 데 한계가 있다는 주장이 상당하다.

영원한 것은 없다. 권불십년(權不十年)이라는 사자성어는 권력이 10년을 가지 못함을 일컫는 말로, 아무리 막강한 권력도 영원할 것 같지만 오래가지 못해 결국 무너진다는 의미다. 미국의 달러 패권조차 언젠가는 무너질 수 있고, 도전자들의 행보를 무시할 수 없다는 주장도 팽팽하다. 통화전쟁의 전개를 짚어보고, 이에 따라 나타날 미래의 모습을 그려보아야 한다.

브래튼우즈 체제의 등장과 달러 패권

한때 국제 통화 질서는 '해가 지지 않는 나라' 영국이 설정한 금본위제(gold standard system)였다. 금본위제는 중앙은행의 금 보유량에 따라 화폐가 유통되므로 물가와 임금 등이 안정적으로 관리되는 구조다. 세계 최대의 무역 세력인 영국이 금본위제를 채택함에 따라 다른 국가들도 금본위제를 채택하기 시작했다. 영국은 금본위제를 기반으로 글로벌 자본주의(global capitalism)를 작동시키고, 세계 경제의 패권을 장악했었다.

1차, 2차 세계대전과 1929년 대공황으로 영국의 금본위제가 붕괴하고, 달러 패권이 등장하기에 이른다. 2차 세계대전이 벌어지고 있던 1944년 7월, 44개 연합국 대표들은 미국의 브레튼우즈(Bretton Woods)에서 새로운 국제무역 및 금융 질서를 창출하는 데 합의하였다. 브레

튼우즈 회의를 통해 달러는 기축통화로 등장했다. 당시 금 1온스를 35달러로의 금태환을 보장하고 각국 통화의 가치를 달러에 고정했다. 브레튼우즈 체제에서 미국의 역할은 세계 무역 결제통화로 자국 통화를 세계 경제에 공급하는 것이다. 미국은 달러를 찍어냄으로써 생산하지 않고도 풍족하게 소비할 수 있는 구조를 만들었고, 전 세계의 수출품이 집결하는 거대한 소비시장이 되었다.

브레튼우즈 체제가 가지고 있는 몇몇 모순점들이 있었다. 특히 1960년대 미국의 통화용 금 준비금이 줄어들어, 달러를 보유하고 있는 외국 정부들이 한꺼번에 금태환을 요구할 경우 브레튼우즈 체제가 붕괴할 수밖에 없는 상황이었다. 1971년 해외 보유 달러 액수는 800억 달러에 이르렀지만, 미국의 금 보유액은 100억 달러에 불과했다. 1971년 미국 닉슨 대통령은 신경제정책(New Economic Policy)을 발표하면서 금태환을 정지시켰고, 브레튼우즈 체제가 종

식되었다.

브레튼우즈 체제의 종언 이후에도 달러는 패권을 유지한다. 첫째, 금-달러 본위제에서 석유-달러 본위제로 전환을 통해서다. 1974년 미국과 OPEC는 원유 결제 대금을 달러로 사용하는 협약을 체결했고, 달러는 기축통화의 지위를 다시 얻게 되었다. 둘째, 플라자 합의(Plaza Agreement)를 통해 가능했다. 1980년대 차순위 기축통화국의 역할을 했던 일본, 독일 등과 다자 간 협력을 추진했다. 셋째, 군사력을 통해 패권을 유지했다. 2003년 무역 결제통화를 유로로 변경하고자 시도했던 이라크를 침공했고, 2007년 이란이 원유·천연가스·석유제품의 결제통화를 유로로 지정하자 미국은 이란 공격설로 대응한 바 있다. 베네수엘라의 차베스 정권 역시 달러 패권에 도전하자 이를 무력화시킨 바 있다.

─ 2023년 국가부도 위험에 처했던 미국, 흔들리는 달러 패권 ─

미국이 자존심을 구겼다. 미국이 국가부도 위험에 내몰렸다. 재정지출은 많고 재정수입은 적다 보니, 미국 정부는 부채에 의존할수밖에 없다. 정부는 의회를 거쳐 부채한도(Public Debt Ceiling)를 설정해놓고 그 안에서 재정을 투입하는데, 2023년 5월 미국 정부의 부채 법정 한도(31.4조 달러)에 도달했다. 바이든 미국 대통령과 여당(민주당)은 조건 없이 부채한도를 상향할 것을 주장하고, 공화당은 부채한도 상향의 전제로 정부의 지출 삭감을 요구했다.

부채한도는 미국 연방정부가 재정적자 보전 및 정부 기관 투자를 위해 발행할 수 있는 부채의 최대한도를 뜻한다. 미국 정부의 부채한도 증액을 둘러싼 협상이 난항을 겪고 있다. 매년 1조 달러가 넘는 재정적자를 내온 미국 정부는 국채를 발행해 이를 메워왔다. 국채 발행은 의회로부터 한도를 부여받으며 한도 상향도 의회의 권한이다. 의회가 한도를 늘려주지 않으면 미국 정부는 국가부도를 맞는다.

미국의 부도 위험이 최고 수준으로 점증한 바 있다. 부도 위험의 정도를 나타내는 CDS 프리미엄*이 사상 최고치를 경신하고 있다.

---

* 자본시장은 신용위험에 대한 수수료(프리미엄)를 받고 위험을 부담하는 보험사 역할을 한다. 채무자가 돈을 못 갚고 부도를 낼 경우 제3의 금융회사가 채무자를 대신해 채권자에게 돈을 갚는 것이다. 그런 보증의 대가로 채권자는 제3의 금융회사에 일정한 금액을 지불하는데, 이 보험료 성격의 수수료를 CDS 프리미엄(Credit Default Swap, 신용부도스와프)이라고 한다. 즉 CDS 프리미엄은 부도 위험을 회피(헤지)하는 데 들어가는 보험료 성격의 수수료를 뜻한다. 일반적으로 CDS 프리

미국의 정부 부채와 부채한도

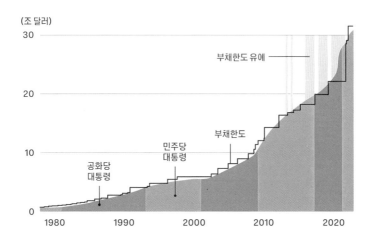

자료: National Archives, Federal Reserve Economic Data, BBC research

5년물 CDS는 2023년 1월 19.9bp에서 2023년 5월 64.4p로 급등했고, 1년물 CDS는 같은 기간 16.9bp에서 151.9bp로 5년물 CDS 수준을 크게 상회해 상승하고 있다. 2011년 오바마 행정부 당시에도 부채한도 협상의 불확실성으로 미국의 국가신용등급이 강등되고, 금융시장에 상당한 혼란이 일어났었다. 2023년에는 그 수준을 넘어 부채한도 협상에 불확실성이 큰 상황이었음을 암시해준다.

미엄은 기초자산의 신용위험이 커질수록 상승한다. 즉 기초자산의 채무불이행 가능성이 커질수록 더 큰 비용을 지불한다는 점에서 기초자산 발행 주체의 신용도를 나타내는 지표로 해석할 수 있다. 결론적으로 CDS 프리미엄이 상승한다는 것은 부도 위험이 커짐을 뜻한다.

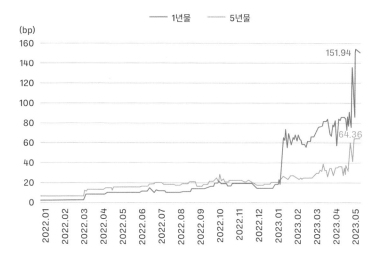

미국 CDS 추이

——— 1년물 ——— 5년물

자료: Investing.com

　　2011년에도 부채한도 협상 타결이 이루어진 이후에 국가신용 등급을 강등시킨 것을 기억하자. 2011년에도 부채한도 증액과 관련해 대치된 상태가 벌어진 바 있다. 당시에도 연초부터 민주당(백악관)과 공화당(의회)의 대치가 지속되었고, 신용평가사 S&P는 미국 국가신용등급의 '강등 검토'를 발표했다(7월 14일). X-Date(8월 2일) 이틀 전인 7월 31일 극적인 협상 타결이 있었다. 당시 S&P는 협상 타결에도 불구하고 미국의 국가신용등급을 AAA에서 AA+로 강등시켰다(8월 5일).

　　미국이 국가부도 상황에 놓이지는 않는다고 해도 문제가 온전히 해결되지는 않는다. 2023년에도 같은 역사가 되풀이되었다. 부채한도 협상은 이미 타결되었지만, 미국 국가신용등급이 강등되었다. 8월 국제신용평가사 피치는 미국의 국가신용등급을 강등(AAA→AA+)시켰다. 부채한도를 올린다는 것은 미국 정부가 국채를 추가로 발행할 것임을 뜻한다. 국채 발행을 늘리면 국채 금리는 상승하고, 반대로 국채 가격은 내려갈 것이다. 기업들은 자금을 마련하기 위해 채권을 발행해도 투자자를 찾기가 어려워지고, 신규 투자가 꺾이게 될 수 있다. 기업 투자가 줄어들면 고용시장이 냉각되고, 말 그대로의 경기침체가 본격화할 수 있다. 이러한 현상을 구축효과(crowding-out effect)라고 한다. 2024년에는 정부가 늘어나는 부채에 기대어 지출을 확대하는 일이 경기를 진작하는 게 아니라 오히려 민간경제를 억누르는 구축효과 현상이 나타날 것으로 전망된다.

미국이 자존심을 구긴 건 국가부도 위협만이 아니다. 2023년에 일어났던 미국의 주요 은행이 연쇄 도산 및 인수되는 사태 또한 대외적으로 상당히 수치스러운 일이었을 것이다. 민간 금융 섹터가 흔들린 사태에 대해서는 이어지는 〈1부 6. 뱅크데믹(Bankdemic), 고금리의 역습〉에서 상세히 다루었다.

달러 패권에 대한 중국 위안화의 도전

첫째, 위안화의 국제화 노력이다. 중국은 2008년 글로벌 금융위기를 겪으면서 외환 변동으로부터 자국 경제를 보호하기 위해 위안화의 국제화 필요성을 인식하게 되었다. 이후 중국은 위안화 국제화를 위한 준비를 체계적으로 진행해온 모습이다. 세계 교역 시장에서 절대적인 비중을 차지하는 1위 무역국으로 부상한 만큼, 통화 패권을 쥐기 위한 야심을 갖지 않는 것이 오히려 이상하다. 중국 인민은행은 세계 30여 개 국가와 통화스와프를 체결해왔다. 협정을 체결한 나라가 외환위기 상황에 직면할 때 중국이 위안화를 제공하기로 약속한 것이다.

둘째, 독자적인 지급결제 시스템을 구축하고, 확장해나가고 있다. 미국 주도의 '스위프트(SWIFT, Society for Worldwide Interbank Financial Telecommunication)'*에 대응하여 중국은 2015년 독자적인 국제 위안화 결제 시스템인 '국경간위안화지급시스템(CIPS, China Cross-border Inter-bank Payment System)'을 설립했다. 신흥경제권역 브릭스(BRICS, Brazil, Russia, India, China, South Africa)는 세계은행과 국제통화기금(IMF)을 비롯한 미국 주도의 달러 금융 질서에 종속되지 않는 독립적인 금융 협력 체제로 신개발은행(NDB, New Development Bank)을 설립했고, 위안화 결제 시스템 확대를 추

---

* 외국환거래의 데이터 통신망을 구축하기 위해 설립된 국제협회. 금융기관들의 데이터와 메시지 전송을 담당하는 비영리 기관으로, 통상 국제은행간통신협회로 번역된다. 전 세계 209개국 9,700개 이상의 금융기관을 연결해 데이터와 메시지 전송을 돕는다. 주로 국제 간 송금과 추심·신용장 및 자본거래와 같은 외국환거래를 위해 사용되고, 국제적인 은행 업무에 관련된 각종 정보를 교류함으로써 국가 간의 지급 등 각종 거래에 따르는 확인을 신속하고 정확하게 처리할 수 있고, 업무의 신뢰성을 높일 수가 있어 고객에 대한 서비스를 향상시킬 수 있다는 장점을 지닌다.

진했다. 특히 중국과 브라질은 2022년 3월 양국 간 수출입 결제와 금융 거래 등에 달러화 대신 위안화와 헤알화를 쓰기로 합의했다.

셋째, 러시아의 우크라이나 침공을 계기로 위안화의 야심이 전면에 드러나기 시작했다. 실제 러시아-우크라이나 전쟁 이후 서방은 러시아에 경제제재(economic sanctions)를 가했고, 이후 위안화의 국제 결제 이용이 확대되고 있다. 러시아가 그동안 유럽에 수출했던 에너지를 중국으로 선회하고, 미국 동맹국의 견제에 대비하면서 위안화 결제가 급증한 바 있다. 과거 러시아의 해외 결제액에서 위안화의 비중은 무시해도 될 만한 수준이었으나, 2023년 2월 이후 달러를 압도하기 시작했다. 러시아의 수출 대금 중에서도 위안화 결제는 침공 전 0.4%에서 16%로 급증한 반면, 50%를 초과했던 달러화 결제 비중은 30%대로 줄었다.

넷째, 중국은 페트로 위안(petro yuan)을 도입하고 있다. 그리고 기축통화로 부상하게 된 배경 중 하나인 페트로 달러(petro dollar) 체제를 흔들고 있다. 페트로 달러는 석유 수출국이 보유한 오일 달러(oil dollar)로, 중동을 포함한 주요 산유국들이 원유 및 석유 제품을 수출해서 벌어들이는 돈을 뜻하며, 달러로만 석유 대금을 결제할 수 있도록 한 현재의 시스템을 가리키는 용어다. 1990년대까지만 해도 미국은 사우디의 최대 석유 수입국이었지만, 최근에는 중국이 최대 수입국이 되었다. 사우디 석유의 25%가 중국으로 수출되고, 중국과 사우디의 무역액이 증가하면서 달러 패권의 균열이 생

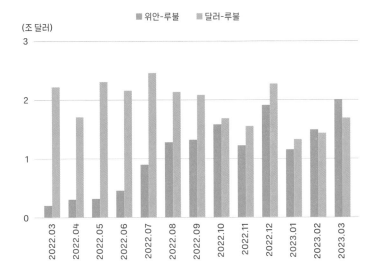

달러와 위안화의 러시아 해외 결제액 추이

■ 위안-루블 ■ 달러-루블

(조 달러)

자료: Bloomberg, Moscow Exchange

기게 되었다. 달러로만 결제했던 석유 거래에 위안화 결제를 시도하기 시작했다.

다섯째, 디지털 위안화의 출범이다. 미중 무역전쟁이 코로나19 이후 재점화됨에 따라 중국은 대응책을 마련하는 과정에서 디지털 위안화(DECP, Digital Currency Electronic Payment)를 활용하고 있다. 미국 달러 중심의 국제금융 질서에서 중국 위안화의 영향력을 확대하는 데 중앙은행 디지털 화폐가 유용하게 활용될 것으로 보인다. 특히 중국은 일대일로 사업에 참여하는 국가와 기업들이 디지털 위안화를 사용하도록 환경을 조성해 위안화 국제화를 추진할 것으로 분석된다. 실제 중국 인민은행은 페이스북이 디지털 화폐 '리브라' 프로젝트를 발표하자 미국의 금융 지배력이 확장될 것을 우려하면서 디지털 위안화 사업을 더욱 앞당긴 바 있다.

──── 달러 패권은 영원한가? 어떻게 대응할 것인가? ────

달러 패권이 무너질 리 없다는 주장과 점차 중국의 행보가 달러 패권을 위협하고 있다는 주장이 팽배하다. 중국은 위안화 기반의 대외거래를 확대하려는 움직임을 펼쳐왔다. 수년간 위안화의 국제화를 추진해왔지만, 사실 뚜렷한 성과가 나타나지는 않았다. 유로화, 엔화, 파운드화 등 주요 통화들의 영향력이 쇠퇴하고 있는 과정에서도 미국 달러화는 44.2% 수준의 외환시장 거래 비중을 유지함으로써 기축통화로서의 영향력이 흔들리지 않고 있다. 그러나 세계 외환시장에서 중국 위안화의 비중은 2001년 0%에서 2022년 3.5%로 올라섰다. 2023년 이후는 위안화의 비중이 점차 늘어날 것으로 보인다.

미국과 중국의 패권전쟁이 통화 갈등으로 확산되는 모습이고, 한국은 분명 자유롭지 못하다. 당장은 위안화가 달러에 필적할 만한 기축통화가 될 수는 없겠지만, 이 추세대로라면 수년 후 통화전쟁이 정점에 치달을 수 있다. 미중 통화 갈등은 환율과 수출에 영향

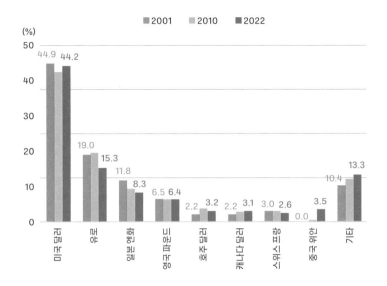

세계 외환시장에서 주요국 통화의 비중 변화

■ 2001　■ 2010　■ 2022

(%)

	미국달러	유로	일본엔화	영국파운드	호주달러	캐나다달러	스위스프랑	중국위안	기타
	44.9 / 44.2	19.0 / 15.3	11.8 / 8.3	6.5 / 6.4	2.2 / 3.2	2.2 / 3.1	3.0 / 2.6	0.0 / 3.5	10.4 / 13.3

자료: BIS(2022.10), 2022 Triennial Central Bank Survey
주: 일평균 장외외환거래량, 역내외 간 쌍방 거래로 거래량의 합이 200%이나 이를 100% 기준으로 환산함.

을 미칠 것이고, 기축통화 선택이나 외환보유고 구성에도 영향을 미칠 것이다. 특히 한국이 미국과 동맹 관계를 구축하는 과정에서 중국의 경제 보복과 같은 압력을 받게 될 우려가 크다. 한 치 앞만 볼 것이 아니라 장기적 시야를 갖고 이러한 구조적 변화에 대비하고 외교·통상적 준비를 시작해야 하는 상황이다.

06

뱅크데믹(Bankdemic), 고금리의 역습

세계 경제가 공포에 휩싸이고 있다. 이른바 'R의 공포'가 시작되었다. 통상적으로 장기금리와 단기금리의 격차가 좁혀지거나 역전되면 경기침체(Recession)의 전조현상*으로 받아들여지고 있다. 장기금리가 단기금리보다 높은 것이 통상적인 것으로 받아들여지는데, 오히려 단기금리가 장기금리보다 높아지는 '이상한 일'이 등장한 것이다. 2022년 들어 장단기 금리가 역전되었고, 2023년 9월

---

* 실제로 장단기 금리차는 미래 경기를 예측하는 경기선행지수의 핵심 구성요소이기도 하다는 점에서 중대한 현상이 나타난 것으로 받아들여질 만하다. 역사적으로도 장단기 금리가 역전되는 현상이 있을 때마다 경제위기가 이어졌던 것을 근거로 공포감이 조성되고는 있지만, 이는 참조할 만한 것이지 반드시 그렇다고 해석할 수는 없다고 생각한다.

미국 장단기 국채금리 추이

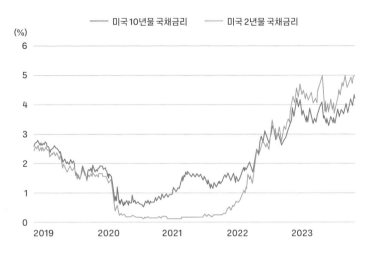

자료: FRED

현재 분석일까지 14개월 연속 역전된 채* 불안한 기운이 지속되고 있다.

은행의 연쇄 파산 사태

불안한 일이 터지고 말았다. 2023년 3월 미국의 자산규모 16위

---

* 2022년 7월 6일부터 2023년 9월 1일 분석일 현재까지, 미국 10년물 국채금리와 2년물 국채금리의 역전 현상이 일어났다.

미국 20대 은행 순위와 자산규모

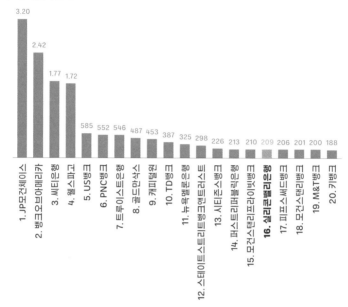

(조 달러, 십억 달러)

자료: Federal Reserve Board(2022.12.31.)
주: 왼쪽부터 은행 순위 1~4위까지는 조$, 5~20위까지는 십억$ 단위

은행 실리콘밸리은행(SVB)이 파산했다. 미국의 약 5,000여 개 은행 중 상당한 규모가 있는 은행이고, 파산한 미국 은행 중 역대 두 번째라는 점에서 공포감이 크게 돌고 있다. 이어 시그니처뱅크도 연쇄 파산했다. 퍼스트리퍼블릭은행(First Republic Bank)의 부실 징후에 미국 대형 은행 11곳이 총 300억 달러를 예치하며 지원에 나섰지만, 주가가 급락하고 뱅크런(대규모 예금 이탈) 등으로 유동성 위기에

자료: cartoon movement

서 벗어나지 못하고 있다.

뱅크데믹(Bankdemic) 현상이 일고 있다. '은행(Bank)'과 '팬데믹(Pandemic, 전염병)'의 합성어로 특정 국가에서 나타난 은행 부실이 코로나19 팬데믹처럼 세계 곳곳으로 번질 수 있다는 불안을 담은 신조어다. 금융불안은 금융소비자의 심리를 타고 전이되는 경향을 보인다. 《월스트리트저널(WSJ)》은 "'뱅크데믹'이라는 침울한 구름이 은행을 뒤덮은 것은 물론 자본시장 전체에 그림자를 드리우고 있다"고 보도했다.

유럽의 금융불안으로 확산되었다. 1856년 설립한 스위스 2대 은행이자 유럽 최대 규모의 투자은행(IB) 중 하나인 크레디트스위스(CS)*가 대규모 적자로 파산 위기에 직면했다. 국제 금융기구 중 하나인 FSB(Financial Stability Board)**는 세계 경제의 금융시스템에 중요한 역할을 하는 30대 은행(G-SIBs, Global Systemically Important Banks)을 매년 선정하고 있는데, 그레디트스위스는 이 중 하나다.

금융부실이 금융위기로까지 확산할까?

은행 파산 사태가 세계 경제에 공포감을 주고 있다. 물론 실리콘밸리은행의 경우 미국의 예금자보호제도를 통해 대응을 하고, 크레디트스위스는 스위스 1위 은행 UBS의 인수로 급한 불은 껐지만, 은행들의 부실이 해소되었다고 판단하기에는 이른 감이 있다. 각각의 은행이 파산 혹은 파산 위기에 처한 배경에는 차이가 있겠지만, 맥을 같이하는 요소가 있다. 그 요소를 선제적으로 분석해보고, 지금의 금융부실이 금융위기로까지 확산할지를 판단하는 것은 매우 중대한 과제가 될 것이다.

첫째, 고금리의 역습이다. 코로나19 이후 2020~2021년 주

* 전 세계 약 50개국에 지사를 보유하고 있고, 2021년 말 기준 임직원은 5만 명이 넘는다.
** 2008년 금융위기 이후 글로벌 금융 안정을 위해 설립된 국제 금융기구로, 매년 11월 전 세계에서 시스템적으로 가장 중요한 은행 30개를 선정하여 발표하고 있다.

미국 은행의 증권투자 미실현 손실 추이

■ 만기보유증권   ■ 매도가능증권

(십억 달러)

자료: FDIC

요 기업들의 매출액이 급격히 늘어남에 따라 예치금이 증가했다. 2022~2023년 기준금리가 인상되고, 기업들의 신규 투자와 가계의 내수소비가 위축되고 경기침체가 시작하면서 예치금이 줄기 시작했다. 은행의 유동성 위기 징후가 나타나기 시작했다.

둘째, 은행의 증권투자가 부진해서다. 첫째 요소는 은행으로 유입되는 돈(inflow)과 관련된다면, 둘째 요소는 은행으로부터 나가는 돈(outflow)과 관련된다. 은행은 예치금의 일부를 대출 혹은 증권투자를 활용해 수익을 극대화한다. 2020~2021년 제로금리 시대에는 자본시장의 열기가 뜨거웠기 때문에 증권투자에 따른 이익이

컸겠지만, 2022~2023년 동안 금리는 급격히 상승하는 반면 주식 가격과 채권(미국 국채 포함) 가격이 떨어졌다. 대표적으로 크레디트 스위스는 투자 손실이 심했던 것이다. 물론 채권 가격이 떨어진다고 해서 손실이 실현되는 것은 아니다. 채권의 경우 만기까지 들고 있으면 손실을 보지 않기 때문이다. 즉 미국 국채에 투자한 은행들은 미실현 손실(unrealized loss)이 발생했지만, 유동성 부족과 뱅크런으로 손실을 감당하면서까지 국채를 매각해야만 하는 상황에 놓였던 것이다.

금융부실의 전이와 여파

문제는 금융부실의 전이다. 글로벌 은행의 신용등급 강등이 이어지고 있다. 경제주체는 은행에 대한 기대가치를 조정할 수밖에 없고, 투자를 꺼리게 된다. 유동성 부족은 더 심각해질 수 있다. 더욱이 은행에 자금을 예치하는 것이 안전하지 않다는 생각이 확산되고, 이는 금이나 달러 등과 같은 안전자산으로 돈의 이동을 불러오고 있는 모습이다. 돈 문제를 돈으로 메꾼 형국이고, 근본적으로 은행의 수익성이 개선되거나 유동성이 풍부해진 것이 아니므로 언제든지 부실한 은행들 순으로 파산 위기에 봉착할 수 있다. 즉 2023년 금융부실 문제의 본질이 고금리에 있고, 아직 본질적인 해결책이 등장한 것이 아니므로 언제라도 거침없는 부실의 전이가 이루어질 수 있다.

사상누각이라는 말이 있다. 토대가 튼튼해야 집이 쓰러지지 않는다. 금융은 경제의 토대이고, 토대가 부실해진 상황이다. 토대가 부실해진 배경을 요약한다면 한마디로 고금리라고 할 수 있다. 지금으로서는 두 가지 시나리오가 가능하다. 지금의 금융부실이 어느 정도 지속될 것이라고 볼 경우, 경기침체를 피하기는 어려운 상황이라고 판단한다. 은행이 수익성보다는 안정성을 택할 것이기 때문에 대출 등을 소극적으로 할 가능성이 높다. 경제주체는 자금 마련이 어렵고 신규 투자 위축과 같은 경기침체의 여진이 확대될 것이다. 한편 금융부실이 금융위기로까지 전개될 경우, 세계 경제는 대혼란을 겪고 위기 때마다 그랬듯 급격한 기준금리 인하가 단행될 것이다. 폭풍이 지나고 난 자리처럼 위기가 온 후에는 새로운 토대가 등장하고, 새로운 토대 위에 새로운 집을 짓게 될 것이다.

07

엘니뇨의 복수,
기후와 경제 리스크 점증

귀한 등불도 바람 앞에서는 의미를 찾을 수 없다. 국제기구들은 글로벌 경기가 점차 회복될 것이라 전망을 내놓지만, 엘니뇨*라는 거스를 수 없는 재앙 앞에 풍전등화(風前燈火)가 되어버릴까 우려된다. 인플레이션과 기준금리 인상으로 세계 경제가 요동치다시피 해왔지만, 기후변화 앞에서는 모든 경제적 현상들이 한없이 작아 보인다.

---

* 적도 부근 동태평양의 해수면 온도가 평년보다 +0.5℃ 이상 높은 상태가 5개월 이상 지속될 경우를 '엘니뇨(El Niño)'로 정의하고, 반대로 동태평양 해수면 온도가 5개월 넘게 평년보다 −0.5℃ 이하의 경우는 '라니냐(La Nina)'로 정의한다. 엘니뇨와 라니냐는 세계 곳곳에 홍수, 가뭄, 한파 같은 이상기후 현상을 일으킨다.

주요 기구들은 2023년 하반기에 엘니뇨가 시작될 것으로 관측한다. 미국 해양대기청(NOAA)은 2023년 하반기에 ENSO 중립(엘니뇨도 라니냐도 아닌 상황)에서 엘니뇨로 완전히 전환되어 상당 기간 지속될 가능성을 90% 이상으로 평가하고 있다. 세계기상기구(WMO, World Meteorological Organization)와 EU 등도 엘니뇨가 시작되고, 지구 평균온도가 평년보다 높을 것으로 전망했다. 특히 엘니뇨의 강도가 강해져 슈퍼급 엘니뇨가 닥칠 것이라는 전망도 제기되고 있다. 엘니뇨가 가져올 리스크 요인과 그 영향을 진단하고, 충격을 최소화하기 위한 준비가 필요한 시점이다.

엘니뇨가 가져올 기후 리스크

엘니뇨는 스페인어로 '아기 예수' 또는 '남자아이'라는 뜻으로, 해수면이 따뜻해져 정어리가 잘 잡히지 않는 현상이 12월 말경에 발생한다고 하여 크리스마스와 연관 지어 엘니뇨라고 부르게 되었다. 오늘날에는 장기간 지속되는 전 지구적 이상기후와 자연재해를 통틀어 엘니뇨라고 한다.

엘니뇨는 홍수, 가뭄, 폭설 등의 기후 리스크를 동반한다. 1980년 이후 10여 차례의 엘니뇨가 발생했고, 매우 강한 엘니뇨가 3차례 있었다. 1982~1983년에 발생한 엘니뇨로 인해 에콰도르에 홍수가 발생했고, 600명의 인명 피해가 있었다. 1997~1998년에 발생한 엘니뇨는 인도와 호주 동부 지역에 심각한 가뭄을 불러와 수천 명의 사상자를 초래했다. 최근의 2014~2016년 엘니뇨 당시에도 상당한 기상재난을 몰고 왔다. 태국의 경우 최악의 가뭄이 발생해 200만 명이 물 부족 위기에 놓인 바 있고, 인도네시아에는 가뭄으로 초대형 산불이 한 달 이상 지속한 바 있다. 호주와 캐나다에는 극심한 가뭄이 찾아온 반면, 영국에는 기록적 폭우가 쏟아져 홍수 피해가 상당했다. 2016년 미국에는 가뭄, 산불, 홍수, 대형 폭풍 등 15차례의 기상재난이 발생했다.

엘니뇨가 아니어도 지구온난화는 구조적으로 전개되는 모

1980년 이후 엘니뇨 사례

연도	강도	최고 SST(3개월 평균)	지속 기간
1982~1983	very strong	+2.2℃	15개월
1986~1988	strong	+1.6℃	18개월
1991~1992	strong	+1.7℃	14개월
1994~1995	moderate	+1.1℃	7개월
1997~1998	very strong	+2.4℃	13개월
2002~2003	moderate	+1.3℃	9개월
2004~2005	weak	+0.7℃	8개월
2009~2010	moderate	+1.6℃	9개월
2014~2016	very strong	+2.6℃	19개월
2018~2019	weak	+0.9℃	10개월

자료: NOAA, GGweather.com
주: SST는 해수면 온도(Sea surface Temperature)를 뜻함.

습이다. 구조적인 기후변화 위협과 이에 따른 산업구조의 변화는 〈3부 5. 지구의 복수, 산업의 지각변동〉에서 구체적으로 다루었다. 1880년 이후 지구 평균온도가 0.08℃ 상승하고, 1981년 이후로는 0.18℃ 상승세로 가속도가 붙은 상황이다. 역대 가장 더웠던 해를 2016년으로 꼽는다. 강한 엘니뇨 현상이 있었던 해다. 엘니뇨까지 가세하면 2024년 지구 온도는 2016년의 지구 온도를 경신할 수 있다. 실제 엘니뇨가 지구 기온 0.2℃ 내외 상승시키는 효과를 감안하면, 2024년에 역대 최고치 지구 온도를 기록할 가능성이 상당하다 (NOAA).

엘니뇨는 기후변화 대응 노력에도 상당한 어려움을 줄 것으로 보인다. 지구온난화를 막기 위해 2018년 12월 파리기후협약을 체결

2014/2016년 엘니뇨 당시 주요 기상재난 사례

지역	사례
동남아·인도	• 태국, 최악의 가뭄. 베트남, 200만 명이 물 부족 위기. 필리핀, 전체 인구의 42%가 가뭄 영향. 인도, 심각한 가뭄 • 인도네시아, 가뭄으로 2015년 9월 초대형 산불이 한 달 이상 지속
호주	• 호주, 2015년 역대 세 번째로 극심한 봄 가뭄 발생
캐나다	• 캐나다 서부, 2016년 5월 대형 산불 발생
영국	• 영국, 2015~2016년 겨울 중 기록적 폭우로 다수의 홍수 발생
라틴아메리카	• 2015년 겨울, 베네수엘라는 가뭄, 우루과이·브라질 남부·파라과이는 폭우 • 브라질 동남부, 2015년 중 고온 현상과 심각한 가뭄이 동반 발생
미국	• 2016년 중 가뭄, 산불, 홍수, 대형 폭풍 등 15차례 기상재난 발생

자료: 국제금융센터

했고, 지구 평균온도를 산업화 이전 대비 1.5℃ 이상 넘지 않도록 노력하기로 약속한 바 있다. 이를 위해 파리협약 가입국들은 온실가스 감축 목표를 세우고, 이산화탄소 감축을 위한 다양한 노력을 하고 있다. 탄소세를 적용하고, 재생에너지 인프라를 확충하며, 전기차 등의 저탄소 산업에 보조금을 지급하는 등의 노력에도 불구하고, 엘니뇨는 지구온난화를 가속할 수 있다. 기후변화 대응 노력에 대한 무용론 또는 회의론을 불러올 수 있고, 반대로 이산화탄소 저감 목표를 상향하는 등으로 국제사회를 자극할 수 있다.

―――――――― **엘니뇨가 가져올 경제 리스크** ――――――――

기상재난은 직접적 비용을 발생시킨다. 세계은행은 1997~1998년 엘니뇨의 경제적 손실을 약 450억 달러로 추산했다. 미국의 환경정보기관인 NCEI(National Centers for Environmental Information)는 2016년 엘니뇨의 영향으로 미국에 가뭄, 산불, 홍수 등이 발생했고, 약 460억 달러의 직접적 비용이 발생한 것으로 추산했다. 2023~2024년에 강한 엘니뇨가 발생하면 각국은 GDP의 3~10% 수준의 직접적 손실을 감내해야 한다.* 세계 각국이

---

* 세계은행의 연구 결과에 따르면, 엘니뇨 발생 이후 5년간 분석 대상국의 56%에서 성장률이 상당 폭 감소했으며, 신흥국과 저소득국이 선진국보다 더 취약했다. 미국은 1982~1983년과

2020~2021년 동안 코로나19 대응으로 인해 재정건전성이 취약해진 데다 2022~2023년 동안 러시아-우크라이나 전쟁 이후 발생한 인플레이션과 통화 긴축의 영향으로 경기침체라는 터널을 지나고 있는 상황이다. 엘니뇨가 발생할 경우 재정 투입이 늘어나고, 경기회복에 상당한 걸림돌로 작용할 가능성이 높다.

기상재난은 농산물 수급에 상당한 타격을 줄 것으로 보인다. 지구온난화와 이상기후는 농산물 가격의 상승요인으로 작용한다. 지구온난화는 재해를 빈번하게 하여 농산물 공급을 불안정하게 한다. 글로벌 이상기후는 주요 식료품 원자재 생산국들에 최악의 홍수나 가뭄을 가져왔고, 대두·옥수수·밀·보리 등의 원자재 가격을 폭등시켜왔다. 2022년에도 동아프리카와 서아시아 지역에는 메뚜기 떼가 농산물 생산에 충격을 주었고, 가뭄과 홍수 등의 재난이 브라질, 아르헨티나 등 곡물 수출국들의 생산과 수출을 가로막았다. 세계식량기구(FAO)에 따르면, 2022년 식량가격지수와 곡물가격지수는 각각 158.4와 169.7로 역사상 고점을 경신했다. 재해에 충분히 대응한다고 가정하더라도, 기온 상승으로 각종 해충이 성행하고 농작물 피해가 발생할 수 있다.* 기온이 상승하면 2023~2024년에도 농산

1997~1998년 엘니뇨로 5년간 GDP의 3%에 해당하는 손실이 발생했고, 페루와 인도네시아의 손실 규모는 GDP의 10% 이상이었다.

* 미국 농무부(USDA, United States Department of Agriculture)에 따르면, 2015~2016년 엘니뇨 당시 세계 곡물 생산의 1.6%, 원당 생산의 7.1%가 감소했다. 세계기상기구(WMO, World Meteorological Organization)에 따르면, 지구 평균기온 1℃ 증가 시 해충에 의한 농작물 피해가 10~25% 증가하는 것으로 밝혀졌다.

세계 식량가격지수

(2014-2016=100)

— 식량가격지수   — 곡물가격지수

137.6   162.7   158.4   169.7

자료: FAO

물 수확량을 떨어뜨려 식량 가격폭등을 부추기거나 신흥국과 저소
득국의 식량 대란을 초래할 수 있음을 간과해서는 안 된다.

엘니뇨는 비철금속 및 에너지 수급에도 영향을 줄 것이다. 칠레,
페루, 호주, 인도네시아 등의 주요 비철금속 생산국은 엘니뇨에 취약
하고, 가뭄이나 산사태 등으로 생산에도 어려움이 있게 된다. 기후
문제가 유전이나 석유 밀집지역에 발생하게 될 경우, 석유 공급에 차
질이 발생하게 된다. 더구나 이상고온이나 이상저온으로 냉난방용
에너지 수요가 증가하는 경향이 발생하면 수급 불균형이 초래될 수
있다. 비철금속과 에너지 가격이 오르면 해외로부터 자원을 의존하

고 있는 한국으로서는 공급 대란 및 인플레이션이라는 압력에 대응이 어려워진다.

엘니뇨 나비효과에 대한 준비

첫째, 스태그플레이션의 함정에 빠지지 않도록 해야 한다. 한국 경제는 2023년 중반 스태그플레이션에 진입한 것으로 판단된다. 저성장과 고물가라는 어려운 숙제를 받아든 상황이다. 엘니뇨가 경기에는 하방압력으로 물가에는 상방압력으로 작용하기 때문에 스태그플레이션 위협을 가중할 것이다. 세계적 기상변수를 면밀히 관측하고, 이에 따른 부정적 영향을 최소화하기 위한 준비가 필요하다.

둘째, 자원 수급망을 관리해야 한다. 에너지와 철·비철금속뿐만 아니라 식량자원 부족에 대응해야 한다. 기업들이 안정적으로 원자재를 조달받을 수 있는 체제를 정비하고, 공급에 차질이 발생할 때 유연하게 대처할 수 있도록 대체 공급망을 확보해야 한다. 밀(12.8%), 콩(8.6%), 옥수수(7.4%) 등의 식량자원은 유엔식량농업기구(FAO)의 권장 재고율(18.0%)에 못 미치는 상황임을 인지하고, 적정 식료품 비축량 관리를 진행해야 한다.

셋째, 중장기적인 관점에서 자원 개발사업을 추진해야 한다. 영토는 제한적이지만, 자원의 영토는 제한적이지 않다. 식료품 제조기업들이 해외 주요 농장을 인수하는 등 원자재를 조달받는 것이 아니라 직접 생산할 수 있도록 유도해야 한다. 자원 기업들이 해외 광구, 광산 등을 인수해 철·비철금속을 안정적으로 수급할 수 있도록 해야 한다. 에너지 국가들과의 외교적 협상을 강화해 한국의 인프라 건설 지원과 해당 국가의 에너지 공유의 시스템을 확보해야 한다.

2024
stagflation

2부

2024년
한국 경제의 주요 이슈

01

스태그플레이션의
늪에 빠지다

산 넘어 산이고, 한숨 후 또 한숨이다. 고물가 이후 또 고물가고, 경기침체 이후 또 경기침체다.『그레이트 리세션 2023년 경제전망』을 통해서도 2023년 한국 경제의 첫 번째 이슈를 "스태그플레이션이 온다"로 제기했고, 스태그플레이션에서 빠져나오기가 쉽지 않은 일임을 강조했다. 2023년에 한국 경제에 찾아온 불청객은 눈치도 없이 2024년까지 머무를 작정인가 보다. 2022~2023년에 나타난 고물가-고금리의 상처가 완전히 치유되지 못한 채 2024년에 진입하고, 한국 경제에는 스태그플레이션이라는 상처의 흔적이 남는다. 본서『스태그플레이션 2024년 경제전망』을 통해 2024년을 '상흔점

(Point of scarring)'으로 규명한 이유다.

고물가 이후 또 고물가

'물가 잡힐까?' 팍팍한 삶을 살아가는 가계에는 가장 중대한 질문이 아닐까? 2022년 시작된 인플레이션은 2024년까지도 쉽게 풀리지 않을 세계 경제의 숙제가 될 전망이다. 2022년 러시아-우크라이나 전쟁 발생 직후, 물가 상승 속도가 가팔라졌다. 2022년 7월 한국 물가상승률은 6.3%에 이르며, 25년 만의 최고치를 기록했다.

소비자물가상승률은 2023년 7월까지 2.3%로 가파르게 떨어졌지만, 8월 들어 3.4%로 급격히 반등했다. 대내적으로는 7~8월 동안 폭우 등에 따른 농작물 피해로 농산물 가격이 급등한 영향도 작용했고, 대외적으로는 국제유가나 곡물 가격이 상승하면서 영향을 준 것으로 보인다. 특히 소비자물가상승률(headline inflation)은 2023년 6월 2.7%, 7월 2.3%를 기록하는 등 다소 안정화하는 추세를 보였지만, 근원물가상승률(core inflation)은 같은 기간 3.3% 지속하며 3%대 밑으로 떨어지지 않고 있다. 기조적으로 물가가 잡히는지를 보여주는 근원물가가 잡히지 않고 있으니, 당장 물가안정세를 기대하기에 어려움이 있을 것이다.

물가가 안 잡힌 채 '스티키 인플레이션(Sticky inflation, 끈적끈적

월별 소비자물가와 근원물가 추이

── 근원물가   ─○─ 소비자물가

자료: 한국은행

하게 잡히지 않는 고물가 기조)'이 나타날 근거는 상당하다. 첫째, 사우디아라비아와 러시아를 중심으로 OPEC+는 원유감산 조치를 장기화하고 있어 국제유가가 상승할 가능성이 남아 있다. 둘째, 슈퍼 엘니뇨가 발생할 가능성이 높고, 이는 농수산물과 원자재 가격을 급등시킬 매우 강력한 변수가 될 것이다. 더 구체적인 내용은 〈1부 7. 엘니뇨의 복수, 기후와 경제 리스크 점증〉을 통해 확인하길 바란다. 셋째, 미국 내 일어나고 있는 대규모 파업 시위는 임금인상 압력으로 작용해 글로벌 물가안정 시점을 지연시켜놓고 있다. 넷째, 대내적으로도 전기세, 가스요금, 버스요금 등 공공요금이 줄줄이 오르고 있고, 이를 반영한 서비스 물가가 지속해서 오르고 있다. 마지막으로, 물가상승률의 개념상 올해의 물가를 전년 동월의 물가와 비교해 등락률을 계산하는 것이기 때문에, 2023년 하반기부터는 기저효과가 빠지게 된다. 즉 2022년 상반기 동안 고조되었던 물가상승률의 흐름을 고려하면, 2023년 상반기까지만 물가상승률이 가파르게 떨어지고 그 이후는 인플레이션 파이팅의 여정이 훨씬 어려울 수 있다.

2022년 연간 기준의 소비자물가상승률은 5.1%였고, 2023년에도 3.5% 수준의 고물가 기조에서 벗어나지 못하고 있는 상황이다. 한국은행은 2024년에도 2.4% 수준의 고물가 기조를 지속할 것으

연간 기준 소비자물가 추이 및 전망

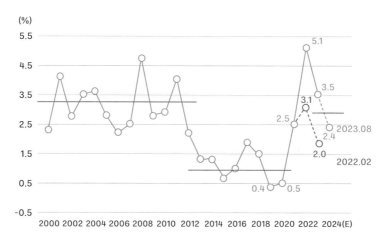

자료: 한국은행
주: 한국은행의 2022년 2월 기준과 2023년 8월 기준의 전망치임.

로 전망한다(2023년 8월 전망 기준). 그러나 이마저도 안도할 수 없다. 러시아-우크라이나 전쟁 이후 2022년 2월 한국은행은 2022년과 2023년 소비자물가상승률 전망치를 각각 3.1%, 2.0%로 전망했고, 결과적으로 인플레이션 현상을 일시적인 일이라 오판했던 것을 고려해야 한다. 즉 한국은행의 전망대로라고 해도 2024년까지 고물가 기조는 유지될 것이지만, 사실 그 전망치를 또다시 상향 조정해야 할 만한 근거 있는 변수들이 어마어마하다.

러-우 전쟁과 인플레이션 쇼크

2022년 우크라이나 사태는 공급망 문제를 더욱 악화시키고, 이는 인플레이션 압력을 가중시켰다. 국제유가뿐만 아니라 에너지 대전환의 주요 원자재인 구리와 알루미늄 등의 가격이 급등할 수밖에 없었다. 러시아는 세계 원유 시장점유율 2위 국

세계 Top 10 원유 생산국별 생산량과 비중

■ 생산량(좌) ─○─ 비중(우)

(BBL/D/1K)
120,000 — 11,753 (15.1)
100,000 — 10,439 (13.4), 10,145 (13.1)
8,000
6,000 — 4,636 (6.0), 4,162 (5.4), 3,962 (5.1)
4,000 — 2,924 (3.8), 2,778 (3.6), 2,584 (3.3), 2,503 (3.2)
2,000
0

미국 / 러시아 / 사우디 아라비아 / 캐나다 / 이라크 / 중국 / 아랍 에미리트 / 브라질 / 쿠웨이트 / 이란

자료: Trading Economics
주: 검색 시점은 2022년 2월 19일. 국별 자료는 최근 시점(2021년 10월~2022년 1월) 기준임.

가이고, 세계 최대 알루미늄 회사 루살(RUSAL)이 러시아 기업이다. 미국-유럽 동맹국과 러시아 동맹국 간의 긴장감이 장기화하면서 무역 거래량이 줄고, 경제제재가 가해짐에 따라 공급망 대란으로 인한 인플레이션 현상을 격화시켰다.

고물가의 공격이 시작됐다. 시멘트나 철근과 같은 건축 자재값이 치솟아 공사가 중단되는 일이 벌어졌다. 국제 펄프 가격이 급등해 출판계가 비상이고, 사룟값이 올라 축산농가의 시름이 깊어졌다. 식자재값이 다 올라도 메뉴 가격을 올리면 손님이 줄까 고심하는 자영업자의 고충은 헤아릴 수도 없다.

2022년 글로벌 인플레이션 쇼크가 나타났다. 물가는 사실상 충격적인 수준이었다. 미국 물가상승률이 9.1%(2022년 6월)를 기록했다. 41년 만의 최고치다. 영국도 40년 만에 최고 수준인 10%를 상회했다. 장기 디플레의 늪에 빠졌던 일본마저 7년 만에 가장 큰 폭의 물가 상승세를 보이며 4%대의 물가상승률을 기록했다.

미국 물가상승률(CPI) 추이

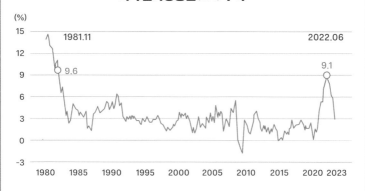

자료: 미국 노동통계국(U.S. Bureau of Labor Statistics)

경기침체 이후 또 경기침체

경제가 늪에 빠진 듯하다. 경기순환* 주기상 2023년 경기수축 국면에 진입한 한국 경제는 2024년에도 쉽게 빠져나오기 어려워 보인다. 경기종합지수**는 2023년 9월 현재 기준선 100을 밑돌고 있다. 동행지수 순환변동치는 2020년 팬데믹 이후 2022년까지 회복세를 보이다가 이후 하락세로 전환되었다. 선행지수 순환변동치는 2021년까지 견조한 회복세를 보이는 듯했으나, 이후 강한 하락세로 급반전되었다.

고물가-고금리는 가계와 기업의 경제활동을 제약하는 듯 작용하고 있다. 기업은 높은 금리에 허덕이며, 쉽사리 신사업에 뛰어들지 못한다. 매출도 좋지 못한 데다가 각종 재료비며 인건비까지 치솟아 이윤을 확보하기가 너무도 어렵다. 신규 일자리가 창출되기는 사막에 오아시스 같고, 고용시장마저 둔화하니 가계의 소득이 늘어나는 일은 상상하기도 어렵다. 가뜩이나 통장에 찍히는 소득(명목소득)은 정체되어 있는데, 높은 물가가 지속하니 물건을 살 수 있는 여력(실

---

* 경기순환이란 총체적 경제활동이 경제의 장기성장 추세를 중심으로 상승과 하강을 반복하며 성장하는 현상을 의미한다. 경기순환의 국면을 구분하는 방법에는 여러 가지가 있으나 경기저점에서 정점까지 경제활동이 활발한 확장 국면, 경기정점에서 저점까지 경제활동이 위축된 수축 국면으로 나누는 이분법이 주로 이용된다. 확장과 수축의 경기 국면에서, 저점에서 다음 저점까지 또는 정점에서 다음 정점까지의 기간을 순환주기라 하며, 순환의 강도를 의미하는 정점과 저점 간의 차이를 순환진폭이라 한다.

** 경기변동의 국면·전환점과 속도·진폭을 측정할 수 있도록 고안된 경기지표의 일종으로, 국민경제의 각 부문을 대표하고 경기 대응성이 양호한 경제지표들을 선정한 후 이를 가공·종합하여 작성하며, 선행종합지수, 동행종합지수, 후행종합지수 세 가지로 구분된다.

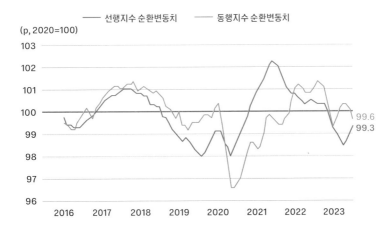

경기종합지수 추이

—— 선행지수 순환변동치   —— 동행지수 순환변동치

(p, 2020=100)

99.6
99.3

2016 2017 2018 2019 2020 2021 2022 2023

자료: 통계청
주1: 기준선 100을 상회하면 확장 국면, 하회하면 수축 국면을 의미함.
주2: 최근 2개월간 동행지수 순환변동치와 3개월간 선행지수 순환변동치는 잠정치(p)임.

질소득)마저 쪼그라들 수밖에. 고물가와 고금리는 경제를 억누르고,
경제주체는 스태그플레이션의 늪에서 빠져나오기 더욱 힘들다.

─────── **스태그플레이션의 늪** ───────

스태그플레이션은 스태그네이션(stagnation: 경기침체)과 인플레
이션(inflation)을 합성한 신조어로, 경제불황 속에서 물가상승이 동
시에 발생하고 있는 상태를 의미한다. 통상 경기침체 국면에서는 저
물가 기조가 나타나고, 경기호황 국면에서는 고물가가 나타난다.

2021~2022년은 물가상승률이 크게 치솟지만, 경제성장률이 2% 수준을 유지하고 있어 인플레이션 경제에 부합한다. 2023~2024년은 물가상승률이 목표물가인 2%를 상회하고, 경제성장률은 잠재성장률인 2% 수준을 밑돌 것으로 전망되어 경기침체와 고물가 기조가 동반하는, 전형적인 스태그플레이션으로 정의될 만하다. 물가가 오를 때 소득이 같이 오른다면 견딜 만할 것이고(인플레이션), 소득이 줄더라도 물가가 같이 떨어져 준다면 견딜 만할 것인데(디플레이션), 스태그플레이션 시대에는 물건값만 오르고 소득은 감소해 삶이 더욱 팍팍하다.

경제성장률과 소비자물가상승률 추이 및 전망

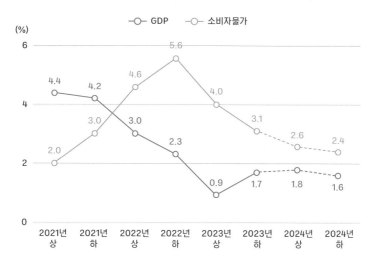

자료: 김광석(2023.10), 「스태그플레이션 2024년 경제전망」, 이든하우스
주: 2023년 10월 10일 기준의 전망치임.

인플레이션 현상이 장기화할 것이라는 우려는 경제주체들을 더욱 긴장되게 만든다. 최근까지 인플레이션을 초래한 요인들이 작아지지 않고 있고, 원자재 가격을 비롯한 생활 전반의 상품과 서비스 가격이 치솟을 것이란 전망이 나오고 있다. 심리적으로도 그렇다. 경제주체들이 향후 물가가 상승할 것으로 판단하면, 실제 물가가 그렇게 반영되어 나타나는 경향이 있다. 물가상승률을 반영해임금 협상을 추진한다든가, 재룟값이 올라 메뉴 가격을 올린다든가하는 현상이 그런 것이다.

스태그플레이션의 늪에서 빠져나와야 …

정책으로도 스태그플레이션 대응책을 마련해야 한다. 악순환의 고리에서 빠져나오기가 쉽지 않기 때문에 사태의 위중함을 주지해야 한다. 인플레이션 상황이면 고금리를 도입하면 될 것이고, 디플레이션 상황이면 저금리를 도입하면 될 것이다. 스태그플레이션 상황이니 이러지도 저러지도 못하는 상황인 것이다. 즉 경기를 부양하기 위해 기준금리를 선뜻 인하할 수도 없고, 고물가를 해소하기 위해 기준금리를 마음껏 인상하기도 어렵다.

세심한 정부의 대응책이 요구된다. 첫째, 물가상승에 상대적으로 더 취약한 영세 자영업자 지원이 요구된다. 쌀 가격이 올라도 김밥 가격을 올릴 수가 없다. 그렇지 않아도 손님이 없는데 어떻게 가격을 올릴 수 있겠는가? 즉 가격 전가 능력이 없는 사업자들을 위한 지원책을 마련해야 한다. 둘째, 저소득 서민층을 위한 물가안정책도 마련해야 한다. 같은 물가상승도 엥겔지수가 높은 저소득층에게 그 충격은 더 가혹하다. 고용도 불안하고 소득도 주는데, 물가만 치솟는 경제다. 저소득층을 위한 식료품 및 에너지 바우처를 확대하거나, 공공근로사업 등을 통한 안정적 소득지원 방안도 마련해야 한다. 셋째, 국가 경제적으로 안정적인 자원수급관리 노력을 우선순위의 정책으로 두어야 한다. 마그네슘, 리튬, 니켈, 알루미늄 등과 같은 주력산업의 필수 원자재 수급에 차질이 없도록 외교적 노력을 집중하고, 국내 기업들이 자원개발사업을 확대할 수 있도록 지원해야 한다.

02

장기침체의
서막인가?

상처가 아물어도 흔적이 남는다. 아픈 만큼 성숙한다지만, 마음이 성숙할지라도 몸은 사실 아픈 만큼 쇠약해진다. 2022~2023년에 찾아온 고물가와 고금리가 해결되지 못한 채 2024년을 시작할 것으로 전망한다. 고물가와 고금리의 상처는 장기침체라는 흔적을 남길 것으로 보인다.

한 나라의 경제가 휘청일 만큼 충격이 있고 난 뒤에는 경제 체질 자체가 바뀌는 듯하다. 실제 어떠한 대내외적 충격이 있을 때 잠재성장률이 떨어지는 경향이 있다. IMF 외환위기나 글로벌 금융위기, 팬데믹 경제위기의 충격이 가장 대표적이고, 그 상처가 있고 난

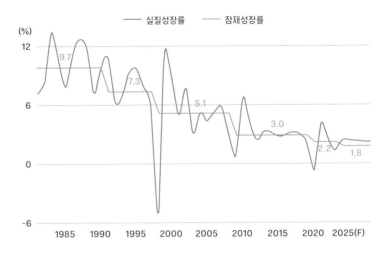

한국 잠재성장률 추정

—— 실질성장률   —— 잠재성장률

자료: 한국경제산업연구원
주1: 잠재성장률은 HP필터링 방법을 사용하여 추정
주2: 실질성장률 추이는 한국은행 국민계정 자료, 2023~2028년 전망치는 IMF 자료임.

뒤의 경제 여건에 흔적처럼 잠재성장률이 뚝뚝 떨어져 왔다. 본서
『스태그플레이션 2024년 경제전망』을 통해 2024년을 '상흔점(Point
of scarring)'으로 규명한 대표적인 이유다.

1970년대부터 2020년대까지 장기적으로 한국 경제는 경제성
장률이 둔화해왔다. 실질성장률이 떨어져 온 것보다 잠재성장률*이

---

* 한 나라 안에 존재하는 노동력 및 자본 등의 모든 생산요소가 완전고용되었다고 가정할 때, 달성
할 수 있는 최대의 생산량 증가율로 물가가 그대로일 때 달성 가능한 최대의 경제성장률이다. 이
를 통해 한 나라의 경제성장이 얼마나 가능한지 예측할 수 있고 정부의 적정 성장 목표 설정 등
거시경제 정책 수립 시에도 활용된다. 실질성장률이 잠재성장률을 상회하는 경우는 경기가 과
열되고 인플레이션이 발생했다는 것을 의미하며, 잠재성장률보다 낮은 경우에는 경기가 침체하
여 자연실업률보다 실업률이 높아졌음을 의미한다.

지속해서 둔화해온 것이 더 중대하다고 평가한다. 마치 건장한 남성이 쇠약해져 버리듯, 고성장 국가의 경제 체질에서 저성장 국가로 전락하고 있는 상황이랄까? 1980년대 9.7%의 잠재성장률을 유지하다가, 1990년대 7.3%, 2000년대 5.1%, 2010년대 3.0%로 내려왔다. 2020년 초에는 잠재성장률을 그나마 2.2%를 유지하는 듯했으나, 고물가-고금리의 상처가 지나고 간 흔적이 2024년에 남아서 2%대마저 깨지는 국면에 놓일 것으로 판단된다.

흔들리는 중국, 휘청이는 한국

중국의 리오프닝은 2023년의 가장 큰 경제 이슈 중 하나였다. IMF는 2023년 중국의 경제성장률을 5.2%로 전망했다.* 이는 2022년 10월에 전망했던 4.4%에서 0.8%p나 상향 조정한 결과다. 세계가 중국의 양회를 주목했다. 경제적인 관점에서는 중국이 어떻게 도약할 것인지, 어떤 분야에 집중해 투자할 것인지 등에 대한 방향을 정하기 위해서였다.

중국으로부터 선물이 도착해 열어봤더니, 리오프닝이 아니라 리스크였다. 〈1부 2. 흔들리는 중국 부동산, 중국발 금융위기 오

---

* IMF(2023.7) World Economic Outlook update.

는가?)에서 구체적으로 다루었다. 중국 경제가 꼬꾸라지기 시작하면서 한국 경제에도 적잖은 피해를 줄 것으로 우려된다. 중국은 2021년과 2022년 각각 한국 수출의 25.3%, 22.8%를 차지하는 가장 큰 수출 대상국이다. 각종 소비재와 콘텐츠 수출뿐만 아니다. 반도체를 비롯한 중간재 수출의 대상국이고, 생산기지로서의 의미를 지닌다. 중국이 고도성장할 때 한국 경제에 반사이익이 작용했던 것처럼, 이제 중국으로부터의 반사이익은커녕 리스크가 전이되지 않도록 긴장해야 하는 상황이다.

세계은행은 2024년 세계 경제에서 중국의 기여도가 줄어들 것으로 진단했다. 2023년 중국의 기여도가 1%p였다면, 2024년에는

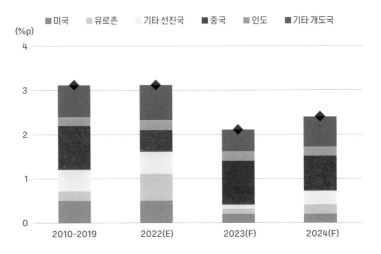

글로벌 경제의 권역별 성장 기여도

자료: World Bank(2022.6) Global Economic Prospects

0.8%p로 하락할 전망이다. 중국의 경기부진이 한국 경제에 주는 직접적인 효과도 있겠지만, 세계 주요국 경제를 거쳐 부정적 영향을 주는 간접적 영향도 고려해야만 한다. 중국 효과도 이제 끝났다.

경제 여건의 구조적 변화

대내적인 상황도 만만치 않다. 2020년 팬데믹 경제위기와 2022년 러시아-우크라이나 전쟁을 겪으면서 체질적으로도 경제가 흔들리는 상황이다. 이러한 경기적·일시적인 요인뿐만 아니라 구조적으로도 장기침체를 면하기 어려운 여건에 놓인 듯하다. 대표적인 구조적 변화에는 인구감소가 있다.

한국은 세계적으로 가장 빠른 인구구조 변화가 전개되는 나라임에 틀림이 없다. 2020년부터 감소하기 시작한 인구는 2023년 약 5,156만 명에서 2024년 5,150만 명으로 감소할 것으로 전망된다. 장기적으로도 인구감소가 지속하여 2041년 들어 인구 규모가 5,000만 명 미만으로 감소할 것으로 통계청은 추계한다. 사실상 이마저도 어려울 것으로 판단된다. 왜냐하면 2021년에 발표한 통계청의 『장래인구추계: 2020~2070』 결과는 합계출산율 등에 대한 전제를 바탕으로 하는데, 합계출산율이 반등할 것으로 가정했다는 점

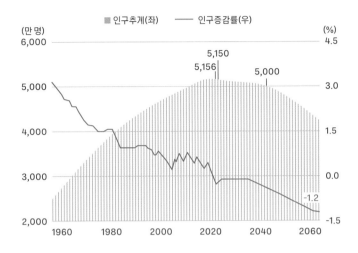

인구추계 및 인구증감률

■ 인구추계(좌) —— 인구증감률(우)

자료: 통계청(2021.12), 『장래인구추계: 2020~2070』
주: 인구추계는 중위 추계(중간 수준의 출산율/기대수명/국제순이동을 가정) 기준임.

에서 그렇다.*

--------- **미래 없는 예산안** ---------

대외적으로도 대내적으로도 장기침체 진입이 피할 수 없는 여
건이라면, 무언가의 돌파구를 마련하는 게 필수적인 일일 것이다.

---

* 통계청(2021.12), 『장래인구추계: 2020~2070』를 통해 발표한 인구추계의 합계출산율에 대한 전
제로, 2024년 0.70명, 2025년 0.74명, 2026년 0.78명, 2027년 0.83명, 2028년 0.87명, 2029년
0.91명, 2030년 0.96명, 2031년 1.00명으로 추세적으로 증가할 것으로 가정했다.

미래를 고민해야 한다. 미래를 고민하지 않는 나라엔 미래가 없다. 산업의 패러다임이 어떻게 변화하고 있고, 그 변화에 대응하기 위한 교육과 R&D를 집중해야 할 만한 절실한 순간이다.

일본은 변화에 대응하지 않은 가장 대표적인 사례다. 산업 패다임 변화에 대응하지 못한 것은 '잃어버린 30년'을 겪은 중대한 이유 중 하나다. 과거 일본이 카메라와 필름 시장을 독식하듯 장악했던 적이 있다. 필름카메라에서 디지털카메라로 패러다임이 변화할 때 삼성전자를 비롯한 IT 기업들에게 시장의 반을 내주었다. 디지털카메라마저도 사라지고 카메라 기능이 스마트폰에 탑재되면서 일본이 장악했던 카메라와 필름 시장은 완전히 사라지다시피 했다. 카메

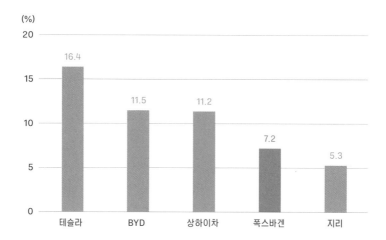

세계 전기차 시장점유율(2022년 기준)

자료: SNE Research

라와 필름에서 디지털카메라로, 그리고 스마트폰으로 산업의 패러다임은 끊임없이 변화해왔는데 일본은 그 자리에 머물러 있었다.

독일도 변화에 대응하지 않았다. 자동차 산업의 패러다임이 변화하고 있다. 자동차 산업을 군림하다시피 하며 영향력을 확대해온 독일은 내연기관차에서 전기차로의 시대적 전환에 대응이 부족했다. 독일은 내연기관차 시장에서는 군림했지만, 전기차 시장에서는 자리를 내주어야만 했다. 2022년 기준으로 세계 전기차 시장에서 미국의 테슬라와 중국 자동차 기업들에게 자리를 내주었다. 1위는 테슬라(16.4%), 2위는 BYD(11.5%), 3위는 상하이차(11.2%)다. 폭스바겐은 4위로 7.2%의 전기차 시장을 점유하고 있다.

일본이 잃어버린 30년을 겪었다고, 독일이 침체의 갈림길에 서 있다고 한국도 그 길을 따라나설 이유는 없다. 다른 길을 선택해야 한다. 한국이 가진 경쟁력을 생각해야 할 때다. 모든 영역에서 잘할 수는 없다. 이미 모든 영역에서 잘할 만한 나라도 아니다. 한국이 끝까지 밀어붙여야 할 일을 고민해야 한다. 미래를 고민해야 한다.

인도, 중국, 미국처럼 인구가 많아서 노동력이 풍부하거나 시장이 크지도 않지 않은가? 그마저 그 인구는 줄고 있지 않은가? 사우디아라비아, 러시아, 호주처럼 자원이 풍부하지도 못하다. 원자재나 소재 공급을 차단하면 경제가 심장마비 걸리듯 멈춰 선다. 유일한 강점은 기술력이다. 기술력이 1위가 되었든 10위가 되었든 어쨌든 기술력을 높이는 것만이 한국이 나아갈 유일한 길이다. 기술인재를

2023~2027 국가재정운용계획

■ 재정지출 계획(좌) ─○─ 증감률(우)

자료: 기획재정부, 2024년 예산안
주: (P)는 계획치(Plan)를 의미함.

육성하는 교육과 기초과학과 기술기반의 산업을 육성시키는 R&D
는 한국의 미래를 두고 멈추어서는 안 되는 일이다.

　다소 긴축적으로 예산(안)을 편성한 부분엔 공감과 응원을 보낸
다. 2024년 재정지출 계획을 656.9조 원으로 편성해 2023년에 비해
2.8% 증가한 수준이다. 역대 최저 예산 증가율인 만큼 허리띠를 졸
라맬 수밖에 없는 상황임에 공감이 간다. 세수가 부족한데, 세출만
무작정 늘릴 수 없지 않은가? 부채에 의존해 늘릴 수야 있겠지만, 재
정건전성도 우려되고 추가 국채 발행에 따른 경제의 부담도 걱정이
된다. 더구나 2024년까지는 물가안정에 최우선 정책기조를 유지해

2024년 정부 예산(안)의 분야별 증감률

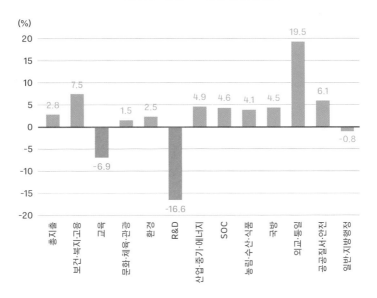

자료: 기획재정부, 2024년 예산안
주: 국회 통과 전 예산안을 기준으로 함.

야 하는 상황이라 판단되고, 그런 점에서 긴축재정을 펼치는 것은 적절하다고 판단된다.

문제는 그 예산을 어디에 쓰느냐다. 예산의 규모보다 용처가 중요하다. 부모가 아이에게 용돈을 준다고 해보자. 불량식품을 사 먹을지, 우유를 사 먹을지에 따라, 같은 용돈의 효과가 다르지 않겠는가? 2023년 8월에 기획재정부가 발표한 2024년 예산안에는 미래에 대한 고민이 부족하다고 판단된다. '12. 일반·지방행정'을 제외하고, 분야별 예산 증액 혹은 감액 방향을 살펴보면, '2. 교육'과 '5. R&D'

만 줄였다. 교육 예산은 −6.9%로, R&D 예산은 −16.6%로 감액할 계획이다.*

올해까지는 유망기술이던 게 내년에는 사양기술이 될 수 있는가? 올해까지 기술력을 쌓아오던 유망기술 분야의 연구원 중 일부가 내년에는 짐 싸서 집에 가야 한다. 가다가 중지해도 좋은 일이 있지만, R&D는 절대 가다가 중지하면 아니 감만 못하는 법이다.

한국의 총 R&D 예산은 공공 R&D 예산이 25% 지급될 때 민간 R&D 예산이 75% 대응자금이 투입되는 구조다. 공공 R&D 예산이 줄어들면, 이의 3배에 달하는 민간 R&D 예산이 줄어든다. 즉 2024년 공공 R&D 예산이 5.2조 원 감액되면, 민간 R&D 자금 또한 15.6조 원가량 감액될 수 있음을 뜻한다.

———————— **장기침체 없는 한국에 대한 구상** ————————

장기침체에 진입하지 않도록 총체적인 대응책을 구상해야 한다. 먼저 중국 이외의 신흥국들과 전략적 파트너십을 확대 구축해야 한다. 중국을 대체한다는 의미의 alternative(대안)와 Asia(아시아)의 합성어인 '알타시아(Altersia)'와의 교류를 확대해야 한다. 베트남, 인

---

* 기획재정부의 2024년 예산안에 따르면, 교육 예산은 2023년 96.3조 원에서 2024년 89.7조 원으로, R&D 예산은 2023년 31.1조 원에서 2024년 25.9조 원으로 감액을 계획했다.

도, 인도네시아, 필리핀 등으로부터 안정적으로 자원을 수급받고, 공급망 구조를 확충하며, 교역을 확대해야 한다. 중국이 흔들릴 때, 한국이 요동치는 일이 없도록 해야 한다.

둘째, 인구구조적 변화에 대응과 순응이 필요하다. 저출산 현상을 고착화하는 본질적 배경이 무엇인지를 찾아, 그 근원을 뿌리째 뽑아야 한다. 저출산과 인구감소의 속도를 지연시키는 노력은 절대적으로 필요하다. 인구구조 변화에 순응하는 노력도 필요하다. 제대로 순응하지 못하면 그 결과는 더욱 암울해진다. 인구구조 변화에 순응하기 위한 사회체제, 노동체제, 산업구조, 문화 등의 재편을 시도해야만 한다. 정해진 미래라고는 하지만, 어떻게 대응하느냐에 따라 결과는 달라질 것이다.

셋째, 산업 패러다임 변화에 뒤처져서는 안 된다. 산업의 구조적 변화를 그림 그리고, 변화를 선도하는 방향으로 기술을 진흥하고 산업을 재편해나가야 한다. 앞서 독일의 사례를 들었으니, 자동차 산업을 예로 들어보겠다. 내연기관차에서 전기차로의 전환에 뒤처지면, 현대차와 기아차만 사라지는 것이 아니다. 내연기관차에 필요한 부품이 2만~3만 개에 달하고, 전기차는 1.5만~1.8만 개의 부품으로 구성된다. 패러다임 변화에 대응하지 못하면, 자동차 기업 하나만 휘청이는 것이 아니라 수천여 중소 자동차 부품회사들이 함께 쓰러짐을 의미한다. 장기침체에 진입하지 않기 위해서는 끊임없이 유망산업으로의 도전이 절대적으로 필요하다.

마지막으로, 미래지향적 예산을 계획할 필요가 있다. 미래 패러다임 변화에 대응하지 못하면 안 된다. 가계는 오늘내일을 고민할 수 있다. 기업도 그럴 수 있다고 치자. 정부는 아니다. 정부는 중장기적인 미래를 고민하는 일을 멈춰서는 안 된다. 오늘과 내일의 경제가 혹독하게 어려운 상황일지라도 정부는 중장기적인 미래를 그려 나가야 한다. 교육이나 R&D와 같은 미래지향적인 부문의 예산을 확충하고, 가계와 기업이 역동적인 미래를 그림 그릴 수 있도록 안내해야 한다.

03

윤석열 정부 2주년 회고와
3년의 과제

    뿌리가 쓰더라도 열매는 달다. 시작이 초라할지라도 좋은 결실을 거둬야 함을 뜻한다. 2022년 신정부 출범이라는 달콤한 기대감과 함께 뿌리가 내려졌지만, 약 2년의 시간이 지나는 지금의 열매는 쓰기만 하다. 고물가의 부담은 장을 보는 주부의 마음을 짓누르고 있고, 고금리의 압력은 자영업자의 얼굴을 그늘지게 만든다. 꿈을 그리기보다 주판을 두들겨야 하는 기업가의 마음은 얼어붙고, 하나의 일자리를 놓고 수백 명이 경쟁하는 청년의 어깨도 축 늘어져 있다. 표면적으로 보이는 경제 현상들도 좋지 않지만, 가계와 기업의 심리 또한 얼어붙어 있다.

주력산업인 반도체는 글로벌 경기침체에 휘둘려 재고만 쌓이고 있다. 삼성전자 2023년 1분기 영업이익은 2008년 글로벌 금융위기 이후 최저 수준이다. 앞으로도 전망이 좋을 수 없는 것인지, 삼성전자가 1997년 IMF 외환위기 이후 처음으로 반도체 감산을 결정했다. 이차전지는 중국의 기술 추격에 불안한 상황이고, 전통산업들은 기술-산업 패러다임 변화에 뒤처지고 있다. 동맹국이라는 미국은 한국 경제를 악용하려는 듯하고, 중국은 언제든 경제 보복을 해도 이상하지 않을 만큼의 상황이다.

2023년 상반기 경제가 바닥이라고는 하는데, 정말 하반기부터는 회복을 시작할 것인지 의문투성이다. 뭐라도 좋은 게 있어야 기대를 해볼 텐데. 뭐라도 좋은 게 있어야 기회를 포착하기 위해 준비할 수 있지 않은가? 정부는 가계와 기업이 멋지게 춤출 수 있도록 무대를 마련해야 한다. 튼튼하고 멋진 무대를 만들기 위한 작업은 지난 시간을 돌아보는 것부터 시작될 것이다. 지난 2년여 경제를 회고하고, 한국 경제에 당면한 가장 중대한 과제가 무엇인지를 진단해야 할 시점이다.

스태그플레이션 압력 고조

한국 경제는 L자형 경기침체 국면에 놓여 있다. IMF는 2023년 한국 경제성장률을 1.4%로 전망했다.* 한국의 잠재성장률 2%를 크게 밑도는 수준이다. 한국은행도 2023년 한국 경제가 1.4% 성장에 그칠 것으로 전망했다.** 1.4%는 역대 4번의 경제위기(1980년 오일 쇼크의 충격(-1.6%), 1998년 IMF 외환위기(-5.1%), 2008년 글로벌 금융위기(0.8%), 2020년 팬데믹 경제위기(-0.7%)를 제외하면 가장 낮은 수준의 경제성장률이다.

더 큰 문제는 스태그플레이션이다. 통상 경기침체 국면에는 저물가가 동반되는데, 2023년에는 인플레이션이 해소되지 않은 채 고물가-고금리라는 하방압력이 작용하는 모습이다. 2023년 상반기는 0%대 성장률과 4% 수준의 고물가가 동반한 스태그플레이션으로 규정될 만하다. 한국은행은 2023년 경제를 '상저-하고'로 보고 있는데, 사실상 '상극저-하저'로 표현하는 게 적합할지 모른다. 상반기와 비교하면 하반기 경기가 개선될 것으로 본다는 의미에서 '상저-하고'이겠지만, 상반기가 '극심한 저'일 뿐 하반기도 녹록지 않은 침체 국면의 '저'로 평가된다. 특히 하반기에 잠재하고 있는 대내외 리스크와 스태그플레이션의 소용돌이로부터 빠져나오지 못한다면 '상저-하저'의 흐름이 될 수 있고, 이러한 최악의 시나리오를 배제할 수 없는 상황이다.

『그레이트 리세션 2023년 경제전망』을 통해 2023년 경제는 극

---

* IMF(2023.7), World Economic Outlook update.

** 한국은행(2023.8), 「경제전망 보고서」

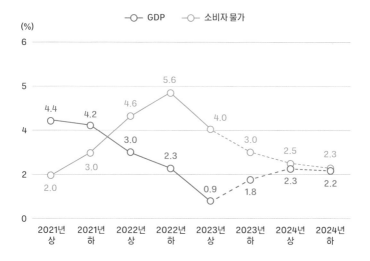

경제성장률과 물가상승률 전망

―○― GDP ―○― 소비자 물가

(%)

	2021년 상	2021년 하	2022년 상	2022년 하	2023년 상	2023년 하	2024년 상	2024년 하
GDP	4.4	4.2	3.0	2.3	0.9	1.8	2.3	2.2
소비자 물가	2.0	3.0	4.6	5.6	4.0	3.0	2.5	2.3

자료: 한국은행(2023.8), 「경제전망 보고서」

심히 어려울 것으로 전망했고, '어려움을 이겨내야 하는 해'라는 뜻에서 2023년 경제를 '내핍점'으로 규명한 바 있다. 저성장 국면에서 소득은 마땅히 늘지 않고, 고금리의 압력에 경제가 역동적으로 움직일 수 없다. 더구나 2023년은 고물가의 압력이 그대로 있기 때문에 명목소득이 늘지라도 실질소득은 줄어드는 구간이라고 강조한 바 있다. 현재의 한국은행 전망대로라면 2024년에도 고물가-고금리-저성장의 국면에서 벗어나지 못할 것으로 판단되는바, 정부는 물가안정과 경기진작이라는 서로 상충하는 과제를 해결해야만 하는 상황이다.

　　대내적 불안요인을 찾자면, 첫 번째로 꼽을 수 있는 것이 부동산PF발 금융부실이다. 2020년 유례없는 저금리 상황에서 부동산 호황기가 찾아오고, 건설사들은 과도한 대출을 떠안고 아파트 건설에 대거 나섰다. 2022년부터 고강도 기준금리 인상이 단행된 이후, 부동산시장은 매우 빠른 속도로 냉각되기에 이르렀다. 미분양 주택이 급격히 쌓이고, 위험선 6만 호를 넘어 7만 5,000호 수준에 다다른 바 있다. (부동산시장에 대한 상세한 논의는 〈2부 7. 2024년 부동산시장 전망: '비대칭화(desymmetrization)'〉에서 살펴보길 바란다.)

　　분양 후 대금을 갚는 방식의 부동산PF 대출은 부실대출로 쌓이고만 있다. 2022년 부동산PF 대출 잔액은 130.3조 원에 달하고, 2020년 이후 증가세가 지속되고 있다. 특히 금융권 부동산PF 대출 연체율이 2021년 0.37%에서 2022년 1.19%로 급등했다. 2023년 3월까지의 부동산PF 대출 잔액과 연체율은 각각 131.6조 원, 2.01%로 금융불안이 고조되고 있다. 현재 부동산PF는 더 심각한 상황에 놓여 있는 것으로 추정되지만 이러한 금융부실 상황이 금융위기로까지 확산할 가능성은 매우 낮다고 판단된다. 그럼에도 몇몇 중소 건설사의 잇따른 부도로 금융불안이 고조되고 있는 상황이 경제주체들의 심리를 부정적으로 작동시키고 경제회복의 걸림돌이 되고 있다. 금융사들도 가계나 기업에 대출을 보수적으로 하는 방향으로

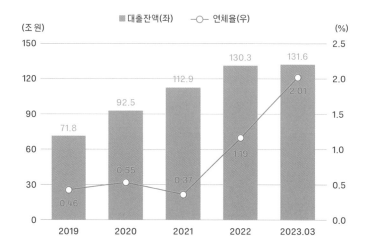

금융권 부동산PF 대출 잔액 및 연체율 추이

■ 대출잔액(좌) ─○─ 연체율(우)

(조 원)
71.8 92.5 112.9 130.3 131.6

0.46 0.55 0.37 1.19 2.01

2019 2020 2021 2022 2023.03

자료: 금융감독원

대응하고 있기 때문에 기업의 투자나 가계의 소비를 상당 수준 제약할 것으로 보인다.

--- **무역적자라는 터널** ---

'15개월 연속 무역적자'는 한국 경제의 단면이다. 사실 2022년 2월도 반짝 무역흑자를 기록하며 '17개월 연속'이라는 수식어만 면했을 뿐, 상당한 기간의 무역적자 행보다. IMF 외환위기 당시를 제외하면, 이런 일은 한국 역사에 찾아볼 수도 없다. 1995년 1월부터

시작한 무역적자 행보는 1997년 5월까지 장작 29개월에 걸쳐 지속하였고, IMF 외환위기를 몰고 온 주된 원인 중 하나로 손꼽힌다. 2023년 6월과 7월 들어 소폭의 무역흑자 기조로 전환된 것은 다행이다. 하지만 이 기조가 지속적인지에 대한 우려가 크기 때문에 무역흑자 기조로의 전환은 향후 정부의 중대한 과제가 될 것으로 판단된다.

무역적자가 지속되는 이유 중 하나는 주력산업의 수출 부진이

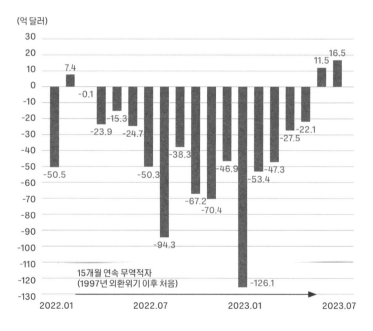

무역수지 추이

(억 달러)

자료: 한국무역협회, 관세청

다. 한국의 10대 주력 수출품목을 보면 반도체, 석유제품, 석유화학, 자동차, 일반기계, 철강제품, 자동차부품, 디스플레이, 선박, 무선통신기기로 모두 내구재나 생산재에 해당한다. 다시 말해 글로벌 경기침체 국면에 유독 취약한 수출구조로 되어 있다고 해석할 수 있다. 물론 이는 글로벌 경기가 호황인 국면에는 한국의 수출 성장세가 유독 탄탄할 수 있는 이유이기도 하다.

대외환경이 녹록지 않은 또 다른 이유는 탈세계화(deglobalization)다. 미국 동맹국 진영과 중국 동맹국 진영이 둘로 쪼개지듯 단절되며, 진영 대 진영의 싸움이 일고 있다. 특히 반도체, 이차전지 등의 주력산업을 놓고 벌이는 미중 패권전쟁이 격화되는 가운데, 그 여파가 중국에 대한 수출의존도가 높은 한국에 더 크게 작용하는 것으로 판단된다. (탈세계화에 대한 구체적인 논의는 〈1부 4. 글로벌 공급망 재편, 미래의 생산기지 인도〉 편을 살펴보길 바란다.)

3년의 과제

한국 경제가 안고 있는 주요한 문제점들을 해결해나감으로써 불안요인을 해소하고 조기에 경기회복 국면으로 이끌 수 있도록 해야겠다. 첫째, 스태그플레이션이라는 소용돌이에서 빠져나와야 한다. 고물가와 경기침체가 동반하는 스태그플레이션 현상은 딱히 빠져나올 방법도 마땅치 않다는 점이 문제다. 물가를 잡으려 기준금리를 인상하자니 경기침체가 우려되고, 경기회복을 위해 기준금리를 인하하자니 고물가가 우려되기 때문이다. 다이어트를 해야 하는데, 힘은 더 세지고 싶은 상황이라 할까? 물가와 경기라는 두 마리 토끼를 한 번에 잡을 수 없다. 2023년 하반기 내에 물가를 안정화하는 데 우선 총력을 다하고, 2%대의 목표물가에 도달할 수 있도록 재정정책과 통화정책에 집중해야 한다. 고물가와 고금리는 저소득 계층에게 삶의 질을 크게 위협하고 있음을 주지하고, 부담을 덜어줄 대책들을 마련하는 데 망설임이 없어야 한다.

둘째, 부동산PF발 금융부실이 확산하지 않도록 적극적인 대책이 마련되어야 할 시점이다. 주택담보대출금리를 안정화하고, 부동산 규제완화 기조를 지속함으로써 부동산시장의 연착륙을 유도해야 한다. 미분양 주택이 지속적으로 해소될 수 있도록 매수심리가 충분히 살아날 때까지는 건설사들의 분양공급을 최소화할 수 있도록 유도해야 할 것이다. 중소 건설사들의 부도 위험을 완화하고, 금융부실이 전이되지 않도록 금융시스템 모니터링도 강화해야 하겠다.

셋째, 무역적자라는 터널에서 빠져나와야 한다. 주요국 경기가 부진하고, 수입 수요가 줄다 보니 대외 경기에 민감한 한국의 수출경기가 매우 부진한 상황이다. 하늘이 무너져도 솟아날 구멍이 있다고 하지 않는가? 2024년에 상대적으로 경기회복 국면에 있는 신흥개도국들을 주목해볼 필요가 있다. 특히 아시아-태평양 신흥국들의 경우 상대적으로 회복세를 지속하고 있기도 하다. 신흥시장의 바이어에게 유망 중소기업 제품을 소개하는 등 수출시장을 다변화하는 전략들을 다각도로 마련해야 한다. 한편 미중 패권전쟁의 전개 과정에서 중국과의 극단적인 교류 단절이나 경제보복 상황에 내던져지지 않도록 한국 경제의 특이성을 적극적으로 피력하는 등의 유연한 외교정책이 필요한 시점이다.

04

신성장 4.0 전략,
경기침체 구원투수 될까?

녹록지 않은 경제 상황이다. 정부도 2023년 한국 경제가 1.4% 성장할 것으로 전망했고, 2024년에도 강한 회복을 지속하기 쉽지 않을 것으로 보고 있다. 1.4% 성장률의 의미는 무엇일까? 1960년 이후 한국 경제는 4번의 경제위기를 경험했다. 1980년 오일쇼크로 −1.6%, 1998년 IMF 외환위기로 −5.1% 역성장했다. 2008년 글로벌 금융위기로 0.8% 성장에 그쳤고, 2020년 팬데믹 경제위기로 −0.7% 역성장했다. 2023년 경제성장률은 이렇게 4번의 경제위기를 제외하면 가장 안 좋다. 1.4% 경제성장률은 경제위기로 정의하기에는 부족함이 있지만, 한국의 잠재성장률 약 2% 수준을 크게 밑

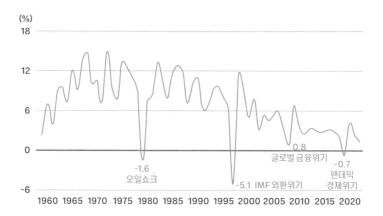

한국의 경제성장률 추이와 역대 경제위기

(%)

자료: 한국은행

도는 경기침체 국면으로 보기에 부족해 보이지 않는다.

    2023년 한국 경제를 구성하는 부문별로 살펴보면 상황은 더욱 심각하다. 정부는 2023년 설비투자와 건설투자가 각각 −2.8%, −0.4%로 감소할 것으로 전망했다. 내부사정이 이렇다 하더라도 대외거래가 버텨주면 될 것으로 생각할 수 있다. 그런데 정부는 수출 (통관기준)이 −6.6%로 감소할 것으로 전망했다. 교역탄성치가 감소하기 때문이다. 즉 세계 경기가 호황일 때는 통상적으로 세계 교역이 더 많이 증가하고, 경기침체가 진행되는 과정에서는 교역이 더 많이 침체되는 경향이 있다. 산업재와 중간재 비중이 높고, 소비재 중에서는 내구재 비중이 절대적으로 높은 한국의 수출구조는 글로벌 경기침체 국면에 더 취약한 구조를 가지고 있다. 글로벌 경기침

기획재정부의 2023~2024년 경제전망

	2022년	2023년(E)		2024년(E)
		당초	수정	
경제성장률(%)	2.6	1.6	1.4	2.4
취업자증감(만 명)	81.6	10	32	18
고용률(%, 15세 이상)	62.1	62.1	62.5	62.7
실업률(%, 15세 이상)	2.9	3.2	2.7	2.9
소비자물가(%)	5.1	3.5	3.3	2.3
경상수지(억 불)	298	210	230	450
수출(전년비, %)	6.1	−4.5	−6.6	8.8
수입(전년비, %)	18.9	−6.4	−8.6	3.0

자료: 기획재정부(2023.7), 2023년 하반기 경제정책방향

체 국면에서는 주요국의 내구재 수요나 설비투자가 축소되기 때문이다.

기업들을 만나고, 경영 의사결정자들의 고민을 들어보면 상황은 더욱 심각하다. 시장금리가 올라 신사업을 할 수가 없다며 고충을 토로한다. 시장금리는 곧 사업을 지속할지를 판단하기 위한 기회비용인 셈이다. 시장금리가 5%를 넘으면, 기업은 자금을 빌려 투자를 할 수 없고 신규채용은 있을 수도 없다. 반도체 산업의 방향자 역할을 하는 미국의 마이크론이 인력을 10% 감축하고, 2년 동안 자본지출을 줄이기로 했다. 메타, 트위터와 같은 글로벌 IT 기업뿐만 아니라, 대부분의 국내 기업도 사정은 마찬가지다.

'신성장 4.0 전략' 추진계획

정부는 '신성장 4.0 전략' 추진계획을 발표했다. 국가 재도약을 위한 전략 마련이라는 관점에서 기업은 구체적인 계획들을 주지하고, 사업기회와 정책지원을 탐색해야 한다. 중점을 두는 3대 분야 15대 프로젝트를 주목할 필요가 있다. 첫째, 신기술 확보를 통해 미

신성장 4.0 전략 체계도

新성장 4.0 전략

④ (新성장 4.0) 미래산업 중심 성장('23~): "국민소득 5만 불, 초일류국가 도약"
③ (성장 3.0) IT(정보기술) 중심 성장('00년대 이후): 국민소득 3만 불, 선진국 진입
② (성장 2.0) 제조업 중심 성장('70~'90s): 국민소득 1만 불, 중진국 진입
① (성장 1.0) 농업 중심 성장('60s): 국민소득 200불, 빈곤 극복

3대 분야 15대 프로젝트

	(新기술) 미래 분야 개척	(新일상) Digital Everywhere	(新시장) 경쟁을 넘어 초격차 확보
도전 과제	미래 기술 선제 확보로 신성장동력 확충	디지털 기술혁신을 일상 속 변화로 연결	신산업 전략을 통해 전략 분야 초격차· 신격차 창출
프로젝트	• 미래형 모빌리티 • 독자적 우주탐사 • 양자 기술 • 미래의료 핵심기술 • 에너지 신기술	• 내 삶 속의 디지털 • 차세대 물류 • 탄소중립도시 • 스마트 농어업 • 스마트 그리드	• 전략산업 No. 1 달성 • 바이오 혁신 • K–컬처 융합 관광 • 한국의 디즈니 육성 • 빅딜 수주 릴레이

인프라 정비

① R&D 체계 개편	② 인재 양성	③ 글로벌 협력	④ 금융 지원	⑤ 규제 혁신

자료: 관계부처 합동

래 신성장동력을 확보하고자 하는 영역이다. 미래 모빌리티, 우주탐사, 양자기술, 미래의료, 에너지 신기술 분야에 중점을 둘 방침이다. 둘째, 신일상, 즉 Digital Everywhere를 구현하겠다는 계획이다. 내 삶 속의 디지털을 구현하고, 차세대 물류, 탄소중립도시, 스마트 농어업, 스마트 그리드를 육성할 계획이다. 셋째, 신시장을 선점하기 위해 초격차를 확보할 계획이다. 반도체와 디스플레이 등과 같은 전략산업의 초격차를 확보하고, 바이오·관광·콘텐츠 산업 육성을 지원하며, 해외건설·방산·원전 등의 글로벌 대형 프로젝트 수주를 추진할 것이다.

'신성장 4.0 전략'을 뒷받침하기 위한 인프라 정비 방안도 마련했다. 첫째, R&D 체계를 민간 중심으로 전환할 계획이다. 민간이 R&D 수행기업을 발굴하고 선투자하면, 정부가 매칭 지원하는 방식으로 재편하는 것이다. 둘째, 대통령 주재의 '인재양성 전략회의'를 신설하고, 첨단 분야 인재양성 방안을 2023년 연내 마련할 것이다. 셋째, 범국가 수출지원 체계를 운영하고, 국제협력 활동을 강화할 방침이다. 넷째, 혁신성장펀드를 조성해 정책금융 지원을 강화할 계획이다. 다섯째, 핵심 규제혁신을 추진할 계획이다.

정책적 제언

신성장 4.0 전략이 차질 없이 추진되고, 나아가 재도약을 위한 발판이 될 수 있기를 바라는 측면에서 제언을 아낄 수 없다. 첫째, 혁신성장펀드가 실패하면 안 된다. 모든 프로젝트가 차질 없이 운영되기 위해서는 금융지원이 건재해야 한다. 2023~2024년의 시중금리를 고려하면 민간자금이 조성되기 쉽지 않은 환경임을 직시하고, 어떻게 자금을 유인할 것인지에 관한 구체적인 방안을 마련해야 한다. 둘째, 인재양성 전략은 민간수요 기반이어야 한다. 그동안의 인재양성 프로그램들이 '교육' 그 자체를 위한 경향이 강했고, 기업으로부터의 실질적 수요와 거리가 멀었음을 인정할 필요가 있다. 셋째, R&D와 신사업 투자 모든 것이 민간 주도로 진행할 것이라면, 규제혁신의 주체도 민간이 될 필요가 있다. 민간이 요구하는 규제를 완화하는 것도 여전히 수동적이다. 어떤 규제 완화가 필요한지를 산업 패러다임의 변화에 맞게 선제적으로 완화하는 보다 적극적인 대응이 필요할 것이다.

〈참고〉 신성장 4.0 전략 TF 6차 회의, 기획재정부 1차관 모두 발언

정부는 작년 12월에 초일류국가 도약을 위한
민간주도 성장전략인 '新성장 4.0 전략'을 발표한 이후,

국가첨단산업 육성전략('23.3월), 대한민국 양자과학기술 전략(6월) 등
25개의 후속대책들을 차질 없이 마련·추진 중에 있습니다.

이 결과, 300조 원 규모의 용인 시스템 반도체 클러스터 조성,
조특법상 국가전략기술 분야에
디스플레이, 수소, 미래형 이동수단, 바이오 의약품 분야 추가,
누리호 3차 발사 성공과 같은 첨단·미래산업 분야에서의
성과를 거두었습니다.

정부는 '23년 하반기에도 후속대책을 차질 없이 발표·이행하고,
UAM 안전성 확인 등을 위한 1단계 실증('23.8월부터)과
언어·헬스케어 등 150종의 AI 학습용 데이터 구축('23.12월까지)과 같이
국민들이 체감할 수 있는 실질적 성과가
조속히 창출될 수 있도록 총력을 다하겠습니다.

또한 산학연 전문가가 참여하는 민관협의체 운영*을 통해서
민간이 현장에서 느끼는 애로사항을 지속 파악하고
신속·정확하게 해결될 있도록 노력하겠습니다.

오늘 회의에서는 3분기 중 발표할 新성장 4.0 전략
프로젝트별 후속대책에 대해서도 논의하겠습니다.

첫 번째는 「전국민 AI 일상화 실행계획」입니다.
최근 글로벌 AI 경쟁에서는 AI를 활용한
제품·서비스의 확산과 일상화가 중요해지고 있습니다.

---

* 2023년 4월부터 8월까지 총 12차례 회의 개최, 반도체·청정수소·자율주행차 등 8개
  분야의 현장 애로를 파악하고 해소방안 마련 중

국제적으로 높은 수준*인 우리나라의 AI 경쟁력을 기반으로,
보호아동·독거노인·장애인 등을 보살피는 AI 보급과
중증질환 진단을 지원하는 의료 AI 도입·개발 등을 통해
국민들의 삶의 질과 편의성을 제고하고,

소상공인 일터와 산업현장 등에 AI를 내재화하여
생산성을 향상시켜나가도록 하겠습니다.

두 번째는 「합성생물학 기술로드맵 추진방향」입니다.
합성생물학은 DNA 등 생명체의 구성요소·시스템을
설계·제작하는 바이오 제조의 핵심기술입니다.
정부는 3분기 중 합성생물학 관련 로드맵을 마련하여
바이오분자·DNA/RNA 제작 등 핵심기술 연구를 지원하는 한편,
유전자 치료제와 바이오 에너지 등 응용제품 개발을 통해
산업 전반으로의 확산이 이루어질 수 있도록 하겠습니다.

세 번째는 「K-관광 휴양벨트 구축계획」입니다.
광주, 전남, 부·울·경 등 남부권 지역의
매력적인 관광자원을 활용해 K-관광 휴양벨트를 구축하겠습니다.
미래형 건축 및 기술과 자연경관이 융합된
관광 인프라를 구축하는 한편,
예술, 웰니스, 해양문화체험 등 지역별로
특화된 관광·휴양기반을 조성해나가겠습니다.

이상 말씀드린 대책들은 오늘 TF 논의와 관계부처 협의 등을 거쳐
3분기 중 비상경제장관회의 등을 통해 발표하도록 하겠습니다.

---

* 한국 AI 종합경쟁력 순위 2023년 6위 기록(英 토터스인텔리전스)

05

아이 낳지 않는
나라

　"한국은 세상에서 사라지는 첫 번째 나라가 될 것이다." 영국 옥스퍼드대학교의 인구 전문가 데이비드 콜먼 교수(Prof. David Coleman)가 2006년에 한 말이다. 17년 전에는 눈길도 가지 않던 경고가 지금은 섬뜩하게 들린다. 2022년 한 해 한국의 인구는 12만 3,000명이 넘게 감소했는데, 2021년 약 5만 7,000명 감소했던 것과 비교하면 감소 폭이 두 배 이상이다. 통계청의 『장래인구추계』에 따르면, 한국의 인구는 2070년 약 3,700만 명에 이를 것으로 전망된다.

"한국은 세상에서 사라지는 첫 번째 나라가 될 것이다."
By Prof. David Coleman, Oxford University, 2006

아이 낳지 않는 나라[*]

인구가 감소하는 이유는 바로 '저출산'이다. 한국의 출생자수는 2015년 약 43만 8,000명에서 지속적으로 감소해 2022년 24만 9,000명에 이르렀다. 출생자 수 통계를 집계하기 시작한 1970년 이래 역대 최저 수준으로 감소한 것이고, 통계청은 앞으로도 감소세를 지속할 것으로 전망한다. 저출산 현상을 극복하기 위해 막대한 예산을 써왔고, 다양한 정책을 동원했지만 나아질 기미가 보이지 않는다.

---

* 『그레이트 리세션 2023년 경제전망』에서도 〈2부 4. 인구오너스 시대, 3대 인구구조 변화〉를 다루었는데, 인구구조 변화의 본질이 저출산에 있으므로 이 책에서는 저출산 현상에만 포커스를 두어 분석했다.

출생자 및 합계출산율 추이

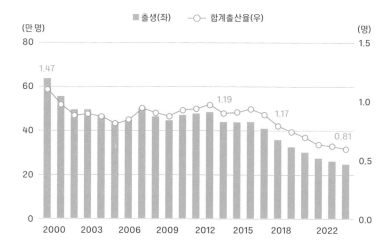

자료: 통계청, 「인구동향조사」
주: 가임 여자인구(15~49세 여자인구) 한 명당 몇 명을 출산하는지를 보여주는 통계로, 한 여자가 평생 동안 평균 몇 명의 자녀를 낳는가를 나타냄.

출산율도 최저 수준으로 떨어지고 있다. 합계출산율(total fertility ratio)은 2000년 1.47명에서 추세적으로 하락해 2017년 1.05명을 기록했다. 합계출산율이란 한 여성이 가임기간(15~49세) 동안 낳을 것으로 예상되는 평균 자녀의 수를 의미한다. 2018년 1명 기준마저 깨지기 시작했고, 2021년 0.81명, 2022년 0.78명으로 매해 저점을 갱신하고 있다. 2023년 2분기 합계출산율은 0.7명을 기록하며 역대 최저를 기록했고, 하반기로 갈수록 낮아진다는 점을 고려하면 0.6명대로 추락할 수 있다는 전망도 유효하다.

저출산 현상을 심각하게 판단한 정부는 국무조정실 주최로

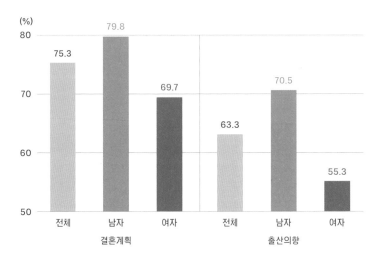

결혼계획 및 출산의향

(%)

	결혼계획			출산의향		
	전체	남자	여자	전체	남자	여자
	75.3	79.8	69.7	63.3	70.5	55.3

자료: 국무조정실(2023), 「2022년도 청년 삶 실태조사」
주: 만 19~34세의 청년 가구원을 포함하는 전국 약 15,000가구 대상 조사

「2022년도 청년 삶 실태조사」를 실시했다. 청년층은 '결혼을 당연히 하는 것'이라고 생각하지 않고 있으며, 출산하고자 하는 마음은 더욱이나 작았다. 결혼계획이 있다고 밝힌 청년은 75.3%에 달했지만, 출산의향이 있는 청년은 63.3%에 그쳤다. 특히 여성의 경우에는 결혼계획과 출산의향이 남성보다 월등히 작게 나타나 육아나 경력단절 우려 등이 결혼과 출산을 선호하지 않게 만드는 요인임을 가늠할 수 있겠다.

　한국은 세계적으로도 저출산 국가에 속한다. 한국의 합계출산율은 OECD 국가 중에서도 가장 낮고, 세계적으로도 227개국(세계

OECD 회원국 합계출산율 비교

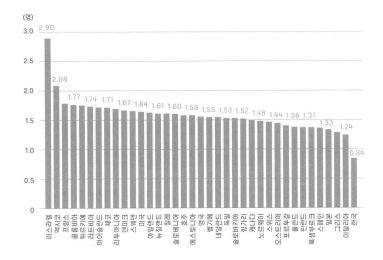

(명)

자료: OECD(2023), 출산율
주: 주요국 간의 비교를 위해서 2020년 기준의 합계출산율을 기준으로 함.

평균 2.54명) 중 226위로 최저 수준에 해당한다. 합계출산율은 출산력 수준 비교를 위해 대표적으로 활용되는 지표이기도 하다. OECD 회원국의 평균 합계출산율은 1.58명으로 평균에도 크게 못 미칠 뿐만 아니라 36위 국인 이탈리아(1.24명)와도 큰 차이로 낮다.

저출산은 저출산을 초래한다. 2020년 약 64만의 출생자가 향후 결혼하고 아이를 출산하는 수와 2022년 약 25만의 출생자가 향후 출산하는 아이의 수는 분명 다를 것이다. 출산율이 유지된다고 가정할 때도 절대적인 출생자가 극감할 것으로 가늠해볼 수 있지만, 출산율마저 하락하고 있으므로 사태는 매우 심각하다 할 수 있다. 더욱이 출산하지 않는 문화가 마치 새로운 표준(new normal)으로 정립될 수 있다는 점에서 해결하기 쉬운 과제가 아님을 인식해야 할 시점이다. 저출산이 왜 한국 사회를 설명해주는 하나의 현상으로 고착화되었는지 경제적인 요인들을 손꼽아봐야 한다.

'텅장'과 '가질 수 없는 집'

'텅장'은 텅 빈 통장이라는 뜻으로, 잔고가 얼마 남지 않은 통장을 비유적으로 이르는 말이다. 월급은 늘지 않는데, 이자 상환 부담은 커져만 가고, 뗄 것 다 떼니 남은 통장은 텅 빌 수밖에. 심지어 2022년부터 본격화한 인플레이션으로 인해 명목소득과 실질소득 간의 격차가 벌어지고 있다. 명목소득은 통장에 찍힌 소득 그 자체를 말하고, 실질소득은 물가상승분을 반영한 구매력을 말한다. 1년 전의 1만 원으로 사과를 10개 살 수 있었다면, 1년이 지난 지금 같은 1만 원으로 사과를 10개 살 수 없음을 뜻한다.

'쥐꼬리만 한 월급'으로 '신혼집 마련'이란 상상 속에만 존재하고, 결혼은 상상조차 하기 어려운 일이 된다. PIR(Price Income Ratio, 가구소득 대비 주택 가격 비율)이 서울 중소득층에게 약 12배에 달한다. PIR이 12배라는 것은 12년 동안의 소득을 한 푼도 쓰지 않고 모두 모아야 집 한 채를 살 수 있다는 의미다. 서울에서 집을 사려면,

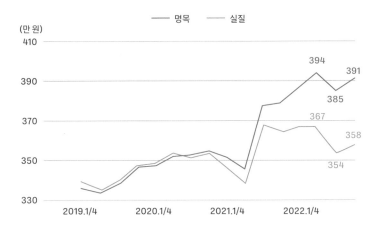

가구당 가처분소득 추이

── 명목   ── 실질

(만 원)

394
391
385
367
358
354

2019.1/4   2020.1/4   2021.1/4   2022.1/4

자료: 통계청, 「가계동향조사」

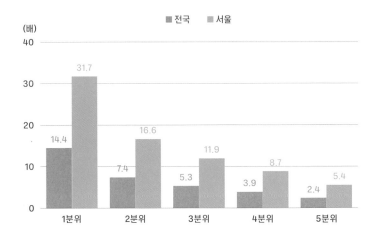

소득분위별 PIR(2022년 12월 기준)

■ 전국   ■ 서울

(배)

	1분위	2분위	3분위	4분위	5분위
전국	14.4	7.4	5.3	3.9	2.4
서울	31.7	16.6	11.9	8.7	5.4

자료: KB국민은행, 월간 KB주택가격동향
주1: 소득 5분위 기준으로 1분위는 하위 20% 저소득층, 5분위는 상위 20% 고소득층을 의미
주2: 평균 주택 가격(3분위)을 기준으로 각 소득분위별 소득수준 대비 주택 가격을 추산

평범한 직장인이 돈을 한 푼도 안 쓰고 다 모아도 약 12년이 걸린다. 2020~2021년 동안 집값이 폭등하면서 약 19년으로 늘어났다가 그나마 2023년 들어 집값이 조정되면서 줄어든 것이다.

고소득층이야 몇 년이면 집을 살 수 있지만, 저소득층은 평생을 살아도 기회가 없기도 하다. 소득수준으로 5분위를 구분했을 때, 고소득층 5분위 가구는 PIR이 약 5.4배이지만, 저소득층 1분위 가구는 약 31.7배에 달한다. 소득을 32년 동안 한 푼도 쓰지 않고 모을 수도 없겠거니와, 32년 후 지금 집값이 그대로라는 법이 어디 있겠는가?

교육에 목매는 사회

신혼집이라는 산을 넘어도, 교육이라는 또 다른 산이 있다. 가난을 대물림하지 않겠다는 심정으로, 교육은 흙수저가 할 수 있는 유일한 신분 사다리라고 믿고 있다. 금수저가 쏟아붓는 교육비만큼, 자녀에게 베풀어줘야 한다는 마음이 중산층 부모의 믿음이다. 학생 1인당 월평균 사교육비는 2022년 약 41만 원에 이르렀고, 소득수준별로 최선을 다해 사교육비를 지출하고 있다. 출산 및 양육에 따른 경제적 지출뿐만 아니라 한시적으로 일을 포기하거나 경력단절 등을 고려하면 그 부담은 이루 헤아리기조차 어렵다.

학생 1인당 월평균 사교육비

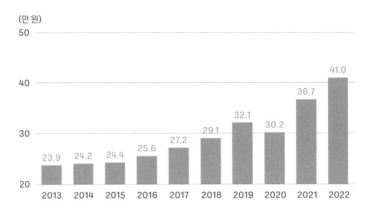

(만 원)

자료: 통계청, 「초·중·고 사교육비조사」
주: 학생 1인당 월평균 사교육비 = 월평균 사교육비 총액 ÷ 학생 수

가구소득별 학생 1인당 월평균 사교육비

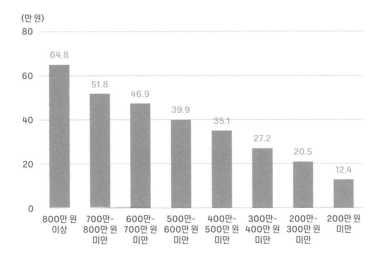

(만 원)

자료: 통계청, 「초·중·고 사교육비조사」
주: 학생 1인당 월평균 사교육비 = 월평균 사교육비 총액 ÷ 학생 수

저출산, 어떻게 대응할 것인가?

결혼과 출산을 꺼리는 현상은 개인의 문제가 아니다. 사회적 문제다. 출산하지 않는 삶이 출산하는 삶보다 경쟁력 있는 사회에 살고 있기 때문이다. 저출산 현상은 출산이 주는 경제적 부담이 가중된 사회에서 나타나는 것이다. 출산의 부담을 가볍게 하는 방향으로 대책이 마련되어야 한다. 신혼부부를 위한 주택 공급을 확대하고, 청년의 신혼집 마련을 위한 정책금융 등의 제도적 장치를 마련해야 한다. 한편 공교육을 정상화하고, 사교육이 경쟁이 아닌 선택의 대상이 될 수 있는 교육환경을 구축해야 한다.

저출산 현상이 피할 수 없는 일이라면, 순응하는 노력도 필요하다. 저출산·고령화·인구감소로 야기될 한국 사회의 다양한 숙제들이 있다. 국민연금, 지방소멸, 대학소멸, 노동력 부족 등과 같은 과제들을 미루면 안 된다. 그런 과제가 멀리 있다 여기고 뒷전으로 미룬다면 '다시는 돌아올 수 없는 강'을 건너게 될 것이다. 저출산은 이미 닥친 일이고, 저출산 사회에 나타날 과제들에 적극적으로 대응하고 어떻게 순응해야 할지를 고민해야 한다.

06

국민연금,
내면 받을 수 있나

"국민이 대부분 가난하고 비참하게 사는데 그 나라가 부유하다고 말할 수 없다(No society can surely be flourishing and happy, of which the far greater part of the members are poor and miserable)." 경제학의 아버지, 애덤 스미스가 남긴 말이다.

국민이 가난해졌다. 68조 원의 노후자금이 증발했다. 약 900조 원의 기금을 운용하는 국민연금이 2022년 3분기 누적 기준 -7.06%의 수익률을 기록했다. 국민연금이 수급자에게 지급하는 금액이 2022년 기준 약 30조 원에 달하는 것을 고려하면, 2년 치 지급액이 사라진 셈이다. 미래에 받을 수 있는 노후자금이 사라진 것은 국민이 더욱 가난해졌음을 의미하기도 한다.

국민연금, 손실액 분석

역사상 세 번째 마이너스를 기록할 것으로 우려된다. 국민연금기금운용본부가 1999년 출범한 이후 2008년과 2018년 두 번의 마이너스를 기록했고, 2022년 연간 수익률이 세 번째가 될 가능성이 높아졌다. 2022년 1분기와 2분기 기준 수익률이 각각 −2.66%, −8.00%에서 3분기 −7.06%로 줄곧 마이너스를 기록하고 있다. 2022년 4분기 수익률이 크게 플러스를 기록할지라도, 2022년 연간 기준으로 마이너스를 면하기가 어려운 실정이다.

국내외 주식과 채권에 국민연금기금의 절대적인 비중인 82.8%를 운용하고 있는데, 국내주식과 해외주식 수익률이 각각 −25.47%, −9.52%다. 국내채권 수익률도 −7.53%에 달한다. 해외채권과 대체투자*는 각각 6.01%, 16.24%로 양호하다. 결과적인 지적일지 모르지만, 해외채권과 대체투자 비중을 늘리는 방향으로 포

---

* 대체투자(alternative investment)는 주식이나 채권 같은 전통적인 투자상품이 아닌 다른 대상에 투자하는 방식을 말한다. 대상은 사모펀드, 헤지펀드, 부동산, 벤처기업, 원자재, 선박 등 다양하다. 대체 뮤추얼펀드와 상장지수펀드(ETF)는 이런 대체투자상품을 주로 편입하거나 관련 지수를 추종하는 펀드다. 채권보다 수익률이 높고 주식에 비해서는 위험성이 낮다는 장점이 있다.

국민연금기금 수익률 현황

■ 5년 평균(2017~2021) ■ 2022년(9월 말)

(%)

구분	5년 평균	2022년 9월 말
총 기금	7.9	-7.06
국내주식	11.9	-25.47
해외주식	16.8	-9.52
국내채권	1.8	-7.53
해외채권	4.6	6.01
대체투자	10.9	16.24
단기자금	1.0	2.62

자료: 국민연금
주: 국민연금기금의 금융부문 수익률에 해당되고, 그 밖에 복지부문과 기타부문이 있다.

국민연금기금 부문별 운용 비중

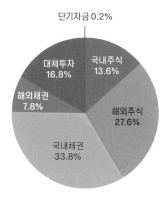

단기자금 0.2%
대체투자 16.8%
국내주식 13.6%
해외채권 7.8%
해외주식 27.6%
국내채권 33.8%

자료: 국민연금
주1: 2022년 9월 말 기준 기금자산 약 896.6조 원의 운용 현황임.
주2: 국민연금기금의 금융부문(99.8%)을 기준으로 확인한 것이며, 그 밖에 복지부문(0.0%), 기타부문(0.2%)이 있다.

2022년 9월 말 기준 글로벌 연기금 운용수익률 비교

국민연금 (한국)	GPFG (노르웨이)	ABP (네덜란드)	CPPIB (캐나다)	CalPERS (미국)	GPIF (일본)
−7.1%	−18.2%	−16.6%	−6.8%	−15.9%	−3.8%

자료: 해외 각 연기금 홈페이지에 공개된 수익률 관련 자료를 인용해 추산한 수치
주1: GPFG는 통화바스켓 기준 수익률, 나머지는 해당국 통화 기준 수익률
주2: 주요국 중앙은행이 고물가에 대응하기 위해 긴축에 속도를 낸 것과 달리 일본 중앙은행은 완화적인 통화정책을 고수. 이에 따라 일본 금융시장은 상대적인 강세를 보임과 동시에 엔화 약세에 따른 환차익으로 수익률 하락폭이 제한. 3분기 말 기준 일본 주식(TOPIX) −7.85%, 일본 국채 10년물 금리 +17.3bp, 엔·달러 환율 +25.77% 상승

트폴리오 리밸런싱*을 왜 하지 않았는지 하는 아쉬움을 제기하지 않을 수 없다. 즉 2022년 한 해에는 국내외 주식 비중을 크게 줄이고 원자재나 달러 투자로 전환했었다면 손실을 최소화할 수 있었을 텐데 하는 아쉬움이 든다.

한국의 국민연금뿐만 아니라 세계적으로 연기금 운용수익률이 마이너스를 기록했다. GPFG(노르웨이)가 −18.2%, ABP(네덜란드)가 −16.6%, CPPIB(캐나다)가 −6.8%, CalPERS(미국)가 −15.9%, GPIF(일본)가 −3.8%에 달한다. 2022년 러시아-우크라이나 전쟁이 발발하고, 인플레이션 압력이 가중되었으며, 강도 높은 기준금리 인상이 진행되면서 글로벌 투자환경이 악화된 것은 사실이다. 투자환경이 아무리 악화해도 마이너스 폭을 최소화하거나 플러스로 지키지 못했음에 대해 지적을 하지 않을 수 없다. 세계적으로 마이너스이니, 한국도 어쩔 수 없다는 표현은 변명에 불과하다. 개인투자자

---

* 리밸런싱(rebalancing)은 운용하는 자산의 편입 비중을 재조정하는 일을 가리킨다.

들이 시중금리가 상승함에 따라 주식 비중을 줄이고, 예·적금 비중을 늘리지 않았는가?

국민연금, 내면 받을 수 있나

2022년 국민연금 수익률이 마이너스를 기록한 것은 일시적인 일일 수 있다. 그러나 국민연금 고갈이라는 구조적 문제까지 한국 경제를 짓누르는 숙제가 해소되지 않고 있다. MZ세대들의 경우, 국

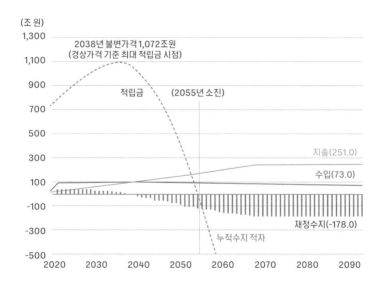

국민연금기금 재정수지 및 적립금 전망: 2020~2090년

(조 원)

2038년 불변가격 1,072조원
(경상가격 기준 최대 적립금 시점)

적립금   (2055년 소진)

지출(251.0)

수입(73.0)

재정수지(-178.0)

누적수지 적자

자료: 국회예산정책처
주: 전망액은 2020년 불변가격 기준

국민연금 2019년과 2022년 전망 비교

	최대 적립금		적자 전환	적립금 소진
	시점	금액		
2019년 전망	2039년	1,430.9조 원	2040년	2054년
2020년 전망	2038년 (-1년)	1,344.6조 원 (-86.3조 원)	2039년 (-1년)	2055년 (+1년)

자료: 국회예산정책처
주: 경상가격 기준

민연금이 월급에서 꼬박꼬박 빠져나가는데 과연 돌려받을 수 있을지 의문을 제기하고 있다. 만 15~64세 생산가능인구는 급격히 줄고, 만 65세 이상의 고령자는 급격히 늘고 있다. 즉 돈 낼 사람은 줄어들고, 돈 받을 사람만 많아지는 구조다. 국회예산정책처는 국민연금이 2039년 적자로 돌아서고, 2055년이면 적립금마저 모두 소진될 것으로 전망했다.

국민연금 운용 방식을 개선해야 한다. 단기적으로는 기금운용 방식을 개선하여 손실을 회피할 뿐만 아니라 수익성을 높일 수 있도록 포트폴리오 관리를 시작해야 한다. 2023년 경제는 더욱이 그레이트 리세션이 시작되고, 고물가와 저성장이 동시에 찾아오는 한 번도 경험하지 않은 어려운 경제 국면에 진입할 것으로 보인다. 경제 환경의 변화를 반영한 유연한 기금운용 방식을 도입하는 것이 필요하다.

나아가 국민연금 구조 개혁을 단행해야 한다. 모두가 문제가 있다고 생각하는데, 모두가 뒷짐을 지고 있다. 국민연금 가입자의 보험료율을 높이거나, 연금 수급 대상을 소득수준별로 차등화하는 등의 구조 전환을 단행해야 한다. 누군가는 손해를 보아야 하는 일이니만큼 정치는 국민적 합의를 끌어내고, 국민은 '나의 당장의 이익'보다 '국가 전체의 이익'을 우선하는 의지를 모아야 한다.

인구구조 변화

인구보너스 시대에서 인구오너스 시대로

인구감소는 이미 시작되었다. 2020년은 대한민국 현대사에서 인구가 감소하기 시작한 원년이 된다. 인구는 2020년 약 5,184만 명에서 2021년 약 5,174만 명으로 감소했다. 통계청은 이후에도 줄곧 인구가 감소해 2041년 5,000만 명 선을 밑돌 것으로 추계했다.

인구추계 및 인구증감률

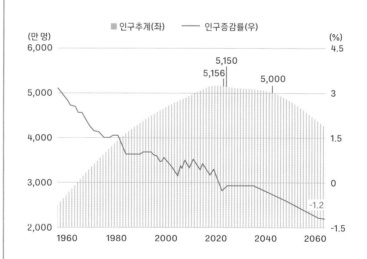

자료: 통계청, 『장래인구추계: 2020~2070』
주: 인구추계는 중위 추계(중간 수준의 출산율/기대수명/국제순이동을 가정) 기준임.

경제학에서 인구는 곧 노동력과 소비력을 뜻한다. 그동안 한국 경제는 인구가 증가하면서 자연스럽게 경제성장 효과를 누리는 인구보너스(demographic bonus) 시대였다. 생산가능인구(만 15~64세)가 증가하면서 자연스럽게 노동력이 생산활동에 투입되고, 다시 소비활동 증가로 연결되는 시대였다. 2020년 이후 인구가 본격적으로 감소함에 따라 생산과 소비가 수축하는 경제에 들어섰고, 노동력 부족이나 인건비 상승과 같은 문제가 함께 수반되는 인구오너스(demographic onus) 시대로 전환되었다.

한국이 당면한 제1의 과제, '빠른' 고령화

한국이 세계 1등 하는 것이 몇 가지 있다. 그중 하나가 '고령화 속도'다. 즉 한국은 세계에서 가장 빠른 속도로 고령화*가 진전되고 있는 나라다. 한국은 2000년에 전체 인구에서 고령자가 차지하는 비중이 7.2%에 이르면서 고령화사회에 진입했고, 불과 약 8년 만에 이 비중이 14.3%를 기록하며 2018년 고령사회에 진입했다. 이제 2025년 초고령사회 진입을 목전에 두고 있다. 주목해야 할 점은 고령사회에서 초고령사회로 진입하는 데 걸리는 기간이다. 일본과 독일은 이 기간이 각각 12년, 37년 소요되었다. 미국은 약 21년 걸리는 것으로 추계된다. 한국은 불과 7년이다.

고령화가 너무 빠르게 진전되다 보니, 사회가 준비도 못 한 채 낯선 환경에 던져질 수 있다. 일할 사람은 줄어드는데, 부양해야 할 사람은 늘어나고 있다. 2023년에 당장 현안이 될 사안 하나가 국민연금 개혁 아닌가? 생산가능인구의 감소 그 자체보다도 상대적으로 많은 고령자를 부양해야 하는 부담의 가중이 한국 경제의 성장성을 크게 제약할 것으로 보인다. 국제기구나 국내 주요 기관들이 한국의 잠재성장률이 빠르게 하락할 것으로 판단하는 주된 근거도 '빠른' 고령화에 있다.

---

* 고령자는 만 65세 이상을 가리킨다. 전체 인구에서 만 65세 이상 인구, 즉 고령자 인구가 차지하는 비중을 기준으로 사회를 구분한다. UN은 고령화사회(aging society), 고령사회(aged society), 초고령사회(post-aged society)로 구분한다. 고령 인구의 비중이 7% 이상이면 고령화사회, 14% 이상이면 고령사회, 20% 이상이면 초고령사회로 분류한다.

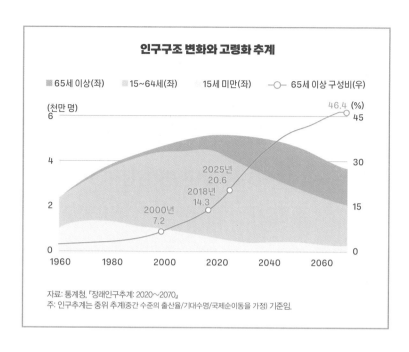

인구구조 변화와 고령화 추계

■ 65세 이상(좌)　■ 15~64세(좌)　15세 미만(좌)　─○─ 65세 이상 구성비(우)

(천만 명)

46.4 (%)

2000년
7.2

2018년
14.3

2025년
20.6

자료: 통계청, 『장래인구추계: 2020~2070』
주: 인구추계는 중위 추계(중간 수준의 출산율/기대수명/국제순이동을 가정) 기준임.

07

2024년 부동산시장 전망:
'비대칭화(desymmetrization)'

    부동산시장은 한국 경제의 최대 현안이 되고 있다. 어떤 전문가는 "바닥이다"라고 말하고, 어떤 전문가는 "아직 바닥이 아니다"라고 말한다. 방송에서도, 식당에서도, 카페에서도, 시장에서도, 가족들이 모인 식탁에서도 '부동산 이제 사야 해? 말아야 해?'를 놓고 '100분 토론'이 벌어지고 있다.

    '바닥이 아니다'의 주장이 있다. 시중금리가 다소 하락하는 모습이지만, 일시적인 현상이고 여전히 높은 수준이라고 보고 있다. 더욱이 당분간 기준금리가 높게 유지될 것으로 관측되는 만큼 시중금리는 낮은 수준으로 내려갈 수 없다. 정책적인 요인으로 일부 수요가 반등하는 것은 맞지만, 그것이 대세적인 반등이라고 표현하기엔 이르다는 판단이 나온다. 욕조에 찬물이 가득하다고 가정해보자. 뜨거운 물을 한 바가지 붓는다고 바로 뜨거운 물로 바뀌지 않는다. 덜 차가운 물로 바뀔 뿐이다. 수요가 어느 정도 회복되는 흐름이긴 하지만 그 이상으로 공급이 과다하므로, 집값이 지속적으로 상승하기에는 어려움이 있다고 판단하는 것이다.

'바닥이다'라고 보는 견해도 만만치 않다. 이미 상당 수준 조정되었다고 보는 판단과 함께, 시중금리가 떨어지고 있다는 점에 무게를 두고 있다. 시중은행의 자금조달 비용을 반영한 코픽스(COFIX)가 2022년 11월 4.34%, 12월 4.29%에서 2023년 8월 3.66%로 떨어

예금은행 대출금리(신규취급액 기준) 추이

자료: 한국은행

졌다(신규취급액 기준). 주택담보대출금리는 4%대로 내려왔다. 그 밖에도 부동산 세제규제와 대출규제를 적극적으로 완화하는 정책적 움직임도 가세하면서 매수세가 다소 반등할 것으로 판단한다. 실제 거래량이 2022년에 비해 반등했고, 전국 아파트 매매가격 상승률도 플러스(+)로 반등해 움직이고 있다.

부동산시장 전망은 왜 중요한가?

정부의 부동산 정책이라는 관점에서 생각해보자. 집값이 오르는 게 좋은 것인가? 떨어지는 게 좋은 것인가? 이상적 가치는 딱히 없다. 즉 집값은 옳고 그름의 것이 아니다. 취해진 입장에 따라 선호의 차이가 있을 뿐이다. 집을 가진 자에겐 오르는 게 좋은 것이고, 못 가진 자에겐 떨어지는 게 좋은 것이다. 수도권 자가보유율이 54.7%라는 점을 고려하면(국토교통부(2022.12), 「2021년도 주거실태조사」),* 집값이 오르든 내리든 반은 웃고, 나머지 반은 웃을 수 없는 게임인 것이다.

취해진 입장에 따라 상승-하락의 선호는 다를 수 있어도, 부동산시장이 어떻게 될지를 아는 것은 입장을 불문한다. 집을 많이 가

---

* 주택 자가보유율이 전국은 60.0%, 수도권은 54.7%에 달한다. 국토교통부, 주택정책과, 「2021년도 주거실태조사」 2022년 12월 발표일 기준이다.

진 자든, 집을 한 채 가진 자든, 집을 못 가진 자든 입장에 상관없이 부동산시장을 전망하고 적절한 매도 혹은 매수를 판단하는 것은 중요할 수밖에 없다. 집값은 보통의 사람들에게 전 재산을 의미한다. 아니, 전 재산 이상을 의미한다. 부동산시장을 전망하는 것은 중요한 일이다.

부동산시장을 전망하고, 시장 상황에 생길 수 있는 주거불안 요소를 해소하는 데 집중해야 한다. 탈취와 불법적인 요소를 제거하는 데 초점을 두어야 한다. 시대를 규명할 필요가 있다. 부동산 가격 상승기인지 하락기인지를 구분하고, 그 시대에 정책적으로 주거안정을 도모할 수 있는 일이 무엇인지를 고민해야 한다.

거시경제와 부동산시장

자동차 바퀴는 4개가 함께 돌아가는 법이다. 3개의 바퀴는 앞으로 굴러가는데 1개의 바퀴만 뒤로 굴러갈 수 없다. 부동산이라는 바퀴는 물가, 금리, 환율 등과 같은 경제 바퀴들과 함께 움직인다. 마치 톱니바퀴가 얽히고 얽혀서 함께 돌아가듯, 혼자 나와서 따로 놀 수 없다. 즉 부동산시장은 거시경제를 구성하는 한 부문이고, 거시경제 흐름과 맞물려 부동산시장이 함께 움직일 수밖에 없다. 경제라는 숲을 보고, 부동산이라는 나무를 보아야 한다.

2020~2021년은 완화의 시대였다. 2020년 팬데믹 위기가 왔고, 이를 극복하기 위해서 세계적으로 기준금리*를 급격히 인하했다. 엄청난 유동성이 시장에 공급되었다. 한국뿐만 아니라 세계 거의 모든 나라의 집값이 폭등했다. 그렇게 집값이 많이 올랐다고 생각하는 한국도 OECD 회원국 중 집값 상승률이 낮은 편에 해당할 정도다. 마치 풍선에 바람을 불 듯 말이다. 바람을 분다고 풍선이 무거워지는 것이 아니다. 부피만 커질 뿐이다. 자산 버블이 일어났던 시기였다.

2022~2023년은 긴축의 시대다. 세계 주요 선진국들을 중심으로 제로금리를 벗어나 가파르게 기준금리를 인상하는 시기다. 미국은 빅 스텝과 자이언트 스텝을 연이어 단행했고, 유로존도 역사상 처음으로 자이언트 스텝을 단행했다. 돈의 가치가 급격히 올라가고, 자산가치가 떨어지는 시기다. 마치 부풀어 올랐던 풍선에 바람이 빠지는 모습에 비유할 수 있다.

2023년 하반기 이후 부동산시장의 사이클이 상승세로 전환되었다. 주택담보대출금리가 2022년 10월 4.82% 정점을 기록할 때 아파트 매매가격 상승률이 −0.48%로 바닥을 기록한다. 이후 주택담보대출금리가 2023년 8월 4.28%로 떨어지면서 매매가격 상승률

---

* 금리는 돈의 가치를 뜻한다. 부동산시장을 전망할 때 수요−공급−정책 측면을 다각적으로 분석해야 하지만, 금리는 수요와 공급에 영향을 미치는 선행변수이며, 가격에 직접적인 (역의) 영향을 미치는 요소로서 큰 흐름을 판단하는 가늠자 역할을 한다.

아파트 매매가격상승률과 전세가격상승률 추이

—— 아파트 매매가격상승률　　　—— 아파트 전세가격상승률

자료: KB국민은행, 주간KB주택가격동향
주: 전주 대비 상승률 기준임.

이 플러스로 전환된다. 시중금리가 내려가면 내려갈수록 잠재적 수요층의 구매 의사와 구매 여력이 올라간다. 금리가 내려갈수록 이자상환 부담은 더욱 반감될 것이고, 주택 수요를 증대시킬 것이다. 다주택자나 갭투자자들에게도 이자 부담을 덜어주고, 주택 보유에 따른 불안감이 해소되고, 추가 매수하고자 하는 의사를 부추긴다. 시중금리가 떨어질수록 임차인의 전세 선호현상(월세 대비)이 집중

됨에 따라 전세가격도 함께 상승하기 때문에, 임대인들의 투자 여력이 증대된다.

이처럼 금리와 자산의 관계는 거래 관점에서도 매우 중대한 연결고리가 있다. 통상적으로 집을 매수한다는 것은 일정 부분 부채에 의존한다는 것이고, 금리는 부채를 이용하는 대가(가격, 즉 매월 내야 하는 이자)가 되기 때문이다. 대출금리가 오르면 매수세가 약화된다. 더 많은 이자비용을 지급해야 하므로 매수자의 주택 구매 여력과 구매 의사를 축소시킨다. 한편 대출에 의존해 부동산에 투자한 매수자에게도 이자 부담을 가중시켜 매도성향을 자극한다. 결과적으로 시중금리가 오르면 매수세를 약화시키고 매도세를 촉진하여 부동산 가격을 떨어뜨린다.

절대적인 금리도 중요하지만, 금리에 대한 인식이 더 중요하다. 현재 금리가 높은 것인가? 아니면 낮은 것인가? 금리가 높다고 생각한다면 그 이유는 최근 경험했던 금리가 낮아서다. 2020~2021년 동안 경험했던 금리는 사실상 역사 이래 가장 낮았던 금리였다. 2022~2023년 동안에는 그 이례적으로 낮았던 금리가 비교 기준이 되었기 때문에 높은 금리라고 받아들이지 않았을까? 2024년은 뉴 레짐(new regime)의 시대다. 〈1부 1. 뉴 레짐(new regime)의 시대, '고물가-고금리-저성장' 고착화〉에서 강조했듯이, 고금리 기조가 장기화하다 보니 2022~2023년 최근 경험한 금리가 새로운 비교 기준이 되어버리는 것이다. 더구나 2024년에는 기준금리 인하가 시작될 것이라는 기대감마저 작용해 잠재적 부동산 수요층이 움직이는 것이다.

─ **2024년 부동산시장 전망: '비대칭화(desymmetrization)'** ─

2024년 부동산시장은 어떻게 움직일까? 모든 가격을 전망할 때와 마찬가지로, 주택 매매가격을 결정짓는 수요-공급-정책적 요인에 걸쳐 진단해보자.

부동산 정책은 주택 매매가격에 직접적인 영향을 미치는 요소라기보다, 수요와 공급에 영향을 주어 주택 매매가격을 상승 또는 하락시키는 요인으로 작용한다. (통계학에서는 종속변수인 주택 매매가격에 수요와 공급이 매개변수로서, 정책이 독립변수로서 영향을 미치는 구조로 설명한다.)

첫째, 부동산시장의 수요 측면을 진단해보자. 2023년 하반기 들어 매수세가 서서히 반등하는 모습이다. 2023년 중반부터 주택 매수심리가 반등한 이유는 '향후 집값이 상승할 것이라는 믿음' 때문이다. 2020~2021년 동안 집값이 폭등하면서 투자자뿐만 아니라 상대적 박탈감을 느꼈던 세입자들이 매수심리가 급격히 치솟았다가, 2022년 들어 집값이 조정되고 있다는 뉴스를 접하면서 매도심리가 크게 확대되었다. 당시 가계의 향후 주택 가격에 대한 전망

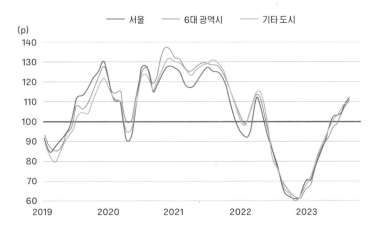

주택가격전망CSI 추이

― 서울   ― 6대 광역시   ― 기타 도시

자료: 한국은행, 소비자동향조사

을 보여주는 주택가격전망CSI*가 통계 작성(2013년 1월) 이래로 최저 수준까지 떨어졌다. 주택가격전망CSI가 바닥을 찍었던 지점이 정확히 시중금리가 정점을 찍었던 지점과도 일치한다. 거시경제 변수들이 톱니바퀴처럼 연동되어 있음을 보여준다. 2023년 6월 들어 주택가격전망CSI는 100을 기록했고, 상승세를 지속하여 9월에는 110에 이르렀다.

구매 의사와 함께 구매 여력을 보아야 한다. 주택가격전망CSI 가 구매 의사를 보여준다면, 가계의 저축액을 보면 구매 여력을 알

---

* 주택가격전망CSI는 현시점의 주택 가격보다 1년 후의 주택 가격이 높다고 생각하면 100을 상회하고, 낮다고 생각하면 100을 하회한다.

수 있다. 한국은행은 2020년 팬데믹 이후 초과저축(Excess Savings)*이 크게 늘어났다고 평가했다. 초과저축 규모는 약 101조 원에 달하는 것으로 추정했다. 2020~2021년 중에는 사회적 거리두기 강화로 대면 서비스를 중심으로 한 소비 감소가 초과저축으로 이어졌고, 정부의 재난지원금 지급도 초과저축의 요인으로 작용했다고 평가했다. 특히 2020~2021년 동안 부동산 매매가격이 급등한 이후, 2022년에 차익 실현 후 매도한 것도 초과저축이 누증된 요인으로 판단된다.

초과저축은 주택시장에서 구매 여력을 보여주고, 수요를 견인하는 방향으로 작동할 수 있다. 골드만삭스(Goldman Sachs)는 가계 초과저축 규모와 주택 가격의 회복력 간에 양의 상관관계가 존재한다고 밝혔다. 한국은행도 초과저축이 유동성이 높은 금융자산으로 축적되어 있어 여건 변화에 따라 부동산시장으로 빠르게 유입될 가능성이 있다고 평가했다. 주택가격전망CSI 추이가 보여주듯, 최근 주택 가격 상승에 대한 기대가 높아지는 가운데 가계 초과저축이 대출과 함께 주택시장에 재접근하는 기회를 제공함으로써 주택 가격 상승요인으로 작용할 것으로 판단된다.

---

* 2023년 7월 한국은행은 보고서 「팬데믹 이후 가계 초과저축 분석 및 평가」를 통해 팬데믹 이전 추세를 상회하는 가계 저축액을 초과저축으로 정의했다. 초과저축은 통상적으로 고용침체 등과 같은 부정적 소득충격에 따라 소비 부진이 발생할 수 있는데, 이때 소비 감소분을 상쇄 혹은 완충하는 방향으로 작용할 수 있다. 한편 향후 부동산시장에 대해 낙관적인 기대가 증대될 때 자산시장으로 유입되면서 부동산 가격 상승 요인으로 작용할 수도 있다.

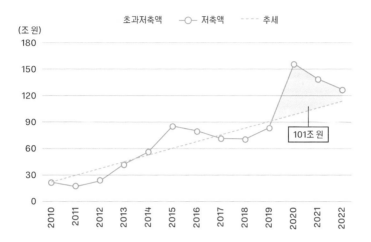

초과저축액 규모 추정

초과저축액 ──○── 저축액 ········ 추세

(조 원)

101조 원

자료: 한국은행(2023.7), 「팬데믹 이후 가계 초과저축 분석 및 평가」

둘째, 부동산시장의 공급 여건을 보자. 보통 신규주택 공급 규모를 전망하기 위해 주택건설 인허가실적을 분석한다. 인허가실적은 주택공급 규모를 결정짓는 선행변수이기 때문이다. 택지 발굴 이후 '인허가 → 착공→ 준공'에 이르기까지 상당한 시간이 소요된다. 규모나 종류 등에 따라 다르지만, 인허가만 1~2년, 착공 후 준공까지 2~3년 정도의 시간이 걸린다.

신규주택 공급이 2024년부터 감소할 전망이다. 주택건설 인허가실적이 2021년부터 3년 연속 감소하고 있다. 인허가실적은 2015년 76.5만 호에서 지속해서 감소해 2019년 48.8만 호를 기록했고, 2020년은 약 45.8만 호에 달했다. 2020~2021년 동안 부동산시

주택건설 인허가실적 추이 및 전망

자료: 국토교통부, 한국경제산업연구원

장이 상당한 호황을 누리며 건설사들의 인허가실적이 다시 반등했다. 2021년 주택건설 인허가실적이 약 54.5만 호로 증가했다. 이후 부동산시장이 다시 침체기로 전환됨에 따라 2년 연속 인허가실적이 감소했고, 2023년에는 약 41.4만 호로 급감할 것으로 전망된다. 인허가 이후 착공 및 준공에 이르기까지 약 2년 이상의 시간이 경과하는 것을 고려하면, 2024년부터 신규주택 공급량이 감소할 것으로 전망된다.

신규주택뿐만 아니라, 기존 주택의 매도세도 점차 감소할 것으로 전망한다. 2024년 중반 들어 기준금리 인하에 대한 기대감이 고조됨에 따라 신규취급액 기준의 시중금리가 다소 하락하고, 이자 부담이 감소하면서 투자자들의 매도심리가 수그러들 것으로 보인다. 2022년 하반기~2023년 상반기에는 급매 물건이 많이 나왔지만, 2023년 중반부터 급매 물건이 더 이상 나오지 않는 상황이다. 경매 물건도 줄어들고 있는 반면, 매각률*과 매각가율**도 상승하는 흐름이다. 전국 아파트 경매 매각률(경매건수 대비 매각건수 비율)이 2022년 12월 22.4%로 최저치를 기록하고, 2023년 8월 28.6%로 상승하고 있다. 이러한 흐름은 급격히 위축되었던 부동산 매매시장 전반에 상승 반전하는 흐름의 시그널임을 보여준다.

셋째, 부동산시장 정책 여건을 보자. 2024년 정부의 부동산 정책은 규제와 세제 완화를 주요 골자로 하고 있다. 청약 대출규제 완화, 전매제한 완화, 간접적인 유동성 공급책을 유지하며, 부동산시장의 투자심리 회복을 유도할 전망이다. 2023년 하반기에 임대차 시장에서 나타날 '역전세난 우려'가 커지면서 대출 완화***로 대응책을 냈고, 2024년 7월 말까지 임대사업자와 개인 모두 대출 한도가 증가하는 효과가 발생할 것이다. 구매 의사가 있는 잠재적 수요를 자극하는 요인이기 때문에, 2024년 부동산시장의 상방 압력으

---

*   매각률=100×매각건수/경매건수

**   매각가율=100×매각가/감정가

***   대출규제 완화는 세입자 보호조치를 전제로 2023년 7월 말부터 2024년 7월 말까지 보증금 차액에 대한 반환목적 대출에 한해 대출규제를 완화하는 정책이다. 구체적으로는 임대사업자의 경우 RTI(임대소득/이자비용)를 하향하고, 개인의 경우 DSR 40% 대신 DTI 60%를 적용하는 것을 주요 골자로 하고 있다.

로 작용할 것으로 판단된다.

주거비 부담을 완화하는 것도 2024년 정부의 정책 방향이다. 2020년의 가격급등 이전 수준으로 부동산의 세 부담 환원을 위해 종합부동산세 공정시장가액비율을 낮추는 정책이다. 또한 재산세 역시 공정시장가액비율을 추가로 인하함으로써 주택 보유에 따른 부담을 완화하는 정책을 지속할 방침이다. 모두 부동산시장 부양책의 성격이 강하다.

주택공급 정책도 멈추지 않으리라고 본다. 3기 신도시 공급을 앞당길 계획이다. 토지보상이 완료된 3기 신도시는 2023년 하반기 중에 착공을 완료하고, 택지지구 지정 및 신규 후보지를 발표할 계획이다. 3기 신도시 및 공공주택지구 공급계획의 구체적인 내용은 다음과 같다. 면적 330만 m^2 이상인 3기 신도시는 남양주 왕숙(5만 4,000호)·왕숙2(1만 4,000호), 하남 교산(3만 3,000호), 인천 계양(1만 7,000호), 고양 창릉(3만 8,000호), 부천 대장(2만 호) 등 5곳으로 모두 17만 6,000호다. 기타 공공주택지구는 과천 과천(7,000호), 안산 장상(1만 5,000호), 인천 구월2(1만 8,000호), 화성 봉담3(1만 7,000호), 광명 시흥(7만 호), 의왕·군포·안산(4만 1,000호), 화성 진안(2만 호) 등 18만 8,000호다. 기타 공공주택지구까지 합치면 총 36만 4,000호 규모다. 3기 신도시 5곳의 입주 예정 시기는 2026~2027년으로 잡고 있다. 수도권을 중심으로 한 부동산 개발 이슈는 2024년 부동산시장의 수도권-비수도권의 '비대칭화(desymmetrization)'를 야기할

3기 신도시 및 공공주택지구 공급계획

3기 신도시 공급 규모

고양 창릉 3.8만
인천 계양 1.7만
부천 대장 2.0만
서부권
인천 구월2 1.8만
광명 시흥 7.0만
안산 장상 1.5만
의왕·군포·안산 4.1만
화성 봉담3 1.7만
화성 진안 2.0만
과천 과천 7천
하남 교산 3.3만
남양주 왕숙2 1.4만
남양주 왕숙 5.4만 호
C노선
GTX A노선
B노선
인천시
서울시
경기도

3기 신도시 5곳 17.6만 호
기타 공공주택지구 18.8만 호

자료: 국토교통부, 연합뉴스

것으로 보인다.

물론 정책만으로 부동산 가격이 움직이는 것은 아니다. 거시경제 여건이 같은 방향으로 움직일 때 가시적인 효과가 나타난다. 즉 부동산 가격 안정화에 초점을 두었던 문재인 정부의 부동산 정책이 과잉유동성에 따른 자산 버블 현상을 잡을 수 없었던 것처럼 말이다.

지방소멸위험지역 현황

명칭		소멸위험지수	범주
소멸저위험		1.5 이상	
정상지역		1.0~1.5 미만	
소멸주의 단계		0.5~1.0 미만	
소멸위험	소멸위험 진입	0.2~0.5 미만	
	소멸고위험	0.2 미민	

자료: 고용정보원(2023.2)

2022년부터 시작된 '거품 수축(Bubble Deflating)'의 시대, 2023년 상반기까지는 윤석열 정부의 어떤 정책을 가동해도 집값 하락을 막는 데 한계가 있었다. 물이 위에서 아래로 흐르는데, 아랫물을 바가지로 퍼서 위로 올리면 물이 거꾸로 흐르겠는가? 정책 기조가 거시경제 및 인구구조 변화 등의 현상과 서로 맞물려 돌아가며 부동산시장의 흐름이 전개될 것으로 보인다.

부동산 공급정책은 수도권에 편중되어 있는데, 지방소멸 현상은 가속화하고 있다. 강원도, 전라도, 경상도의 주요 군소도시들이 지방소멸 고위험 지역으로 선정되고 있다. 인구의 증감보다 인구의 이동이 중요하다. 수도권 지역으로 신도시를 개발하고, 인구는 수도권으로 더 집중될 것이며, 이는 수도권과 비수도권의 강한 '비대칭화(desymmetrization)'를 초래할 것으로 보인다.

2024년 부동산 인사이트

'거품 수축'의 시간이 지나가고 있다. 2020~2021년 동안 형성되었던 자산 버블이 2022~2023년 중반까지 상당 부분 해소되는 기간이었다. '버블 붕괴'라는 표현을 쓰지 않는 이유는 2023년 중반의 집값이 2020년 말 기준 집값보다는 높게 유지될 것으로 보이기 때문이다.

전서 『그레이트 리세션 2023년 경제전망』에서 2023년 부동산 시장을 아래와 같이 전망한 바 있다.

『그레이트 리세션 2023년 경제전망』의 2023년 부동산시장 전망

(pp.189-190) 주택 가격의 조종률의 저점은 시중금리의 고점에서 발생할 가능성이 크다. 물론 금리가 고점에서 한동안 머무는 지점을 지나면서 가격 하락률 폭이 줄어들 것이다. 2023년 중반 이후 미분양주택이 점차 해소되거나, 거래절벽 현상이 다소 완화되면서 주택 거래량이 점차 늘어나는 현상이 나타날 전망이다. 적절한 매수 시점을 잡는 것은 콩나물 평생 깎는 것보다 더 중요한 일이다. 2020년 팬데믹 이후 완화의 시대에 나타났던 대세 상승장이 기대되지는 않는다. 이런 시점의 주된 특징은 오를 곳만 오른다는 것이다. 재건축 수요 등에 힘입어 서울 주요 지역의 상승세는 뚜렷할 것이나, 비수도권의 인구소멸 도시 등은 반등하기 어려울 것으로 보인다.

(p.313) 2023년 부동산시장은 '거품 수축(Bubble Deflating)'의 해다. 2023년 하반기까지 주택 가격이 조종되는 국면이기 때문에, 내 집 마련과 투자관점의 매수 시점을 신중히 진단할 필요가 있겠다. 2023년 중반 이후 미분양주택이 점차 해소되거나, 주택 거래량이 점차 늘어나는 현상이 나타나는 시점에서 매수 시점을 잡을 것을 추천한다. 부동산 정책이 재건축 및 초과증축 규제를 완화하는 방향으로 움직일 것이기 때문에, 수도권 주요 지역들의 기회를 포착하는 것도 중요할 것이다.

자료: 김광석(2022.10), 『그레이트 리세션 2023년 경제전망』.

2024년 부동산시장은 완만한 상승세로 전망한다. 즉 강보합세에 비유될 수 있겠다. 가격은 수요와 공급의 원리에 의해 정해진다. 주택 가격은 주택의 수요와 공급에 의해 정해진다. 미분양주택은 수요와 공급의 결과물이기 때문에 주택 가격을 판단하는 바로미터가

될 수 있을 것이다. 미분양주택 수가 증가하면 공급이 수요를 초과하고 있음을, 감소하면 매수세가 강해지고 있다고 진단할 수 있다. 2020년 미분양주택이 급격히 해소되면서 가격이 급등했고, 2021년 속도가 줄어들면서 가격 상승세가 다소 둔화하였다. 2022년 들어 미분양주택이 늘어나기 시작했고, 2023년 중반 정점을 찍고 해소되기 시작했다.

구체적으로 들여다보자. 전국 미분양주택 수는 평년에 대략 6만 호 수준을 유지하다가 2020~2021년 동안 급격히 해소되어 2021년 9월 1.4만 호 수준까지 줄었다. 2022년 미분양주택이 쌓이기 시작하다가 2022년 12월 6.8만 호를 초과했다. 2023년 2월 전국 미분양주택은 7.5만 호 정점을 기록하고, 이후 추세적으로 감소하기에 이른다. 2023년 8월까지 6번 연속 감소해 6.2만 호에 이르렀고, 위험선을 일컫는 6만~6.5만 수준까지 내려왔다. 실제 그 기점에 전국 평균 아파트 매매가격은 바닥을 찍고 반등세로 전환되었다. 2024년까지 강한 상승세는 어렵지만, 완만 상승세가 나타날 것으로 전망된다.

부동산 정책의 신중함이 요구된다. 부동산 매매가격은 '옳다, 그르다'의 개념이 아니다. 선호의 문제이지 정답이 있는 것이 아니다. 집을 소유한 자는 오르는 것을 선호하고, 집을 소유하지 못한 자는 내리는 것을 선호한다. 특정 집단을 위해, 가격을 올리기 위해 혹은 내리기 위해 정책을 단행해서는 안 된다.

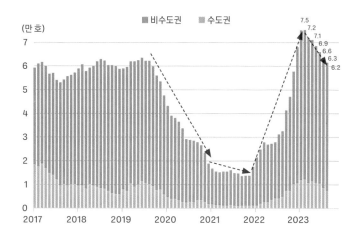

지역별 미분양주택 추이

(만 호)

■ 비수도권 ■ 수도권

7.5
7.2
7.1
6.9
6.6
6.3
6.2

자료: 국토교통부 통계누리

다만 그 부동산시장이 국민경제를 위협할 수준으로 폭등하거나 폭락할 경우 안정화하는 노력은 필요하다고 본다. 부동산시장의 폭등은 극심한 양극화를 초래하고, 중산층 이하 계층의 삶의 질을 극단적으로 떨어뜨릴 수 있다. 부동산시장의 폭락도 위험하다. 부동산PF 부실이 가중되어 건설사의 부도로 연결되는 등 강한 경기침체를 초래할 수 있다. 가게에도 자산가격이 크게 하락하여 대출 규모가 자산가치를 초과할 수 있어 대규모 금융부실로도 연결될 수 있다.

부동산 정책의 목적은 '가격안정'이 아니라 '주거안정'에 있다. 그래서 부동산 정책을 보통 '주거안정 대책'이라고 한다. 주거안정에 집중해보자. 주거안정의 대상은 누구여야 하는가? 즉 주거불안이 가장 심각한 계층은 누구인가? 투자자인가? 자가점유자인가? 임차인인가? 부동산 정책이 '가격안정'에 목적을 두어선 안 된다. 주택공급을 늘려 집값을 안정화하는 데 성공했다고 해보자. 임차인이 어렵게 내 집 마련에 성공했는데, 그 집값이 계속 내려가도 된다는 말인가?

　기업의 대응에도 고심이 깊어지는 시점이다. 금융기관으로부터의 자금 마련이 쉽지 않을 것이고, 전반적으로 공공 발주 예산이 줄어드는 국면이기 때문에 사업기회도 줄어들 것으로 판단된다. 지방 중소건설사의 부실 문제가 온전히 해결되지 않은 채 건설 경기가 지속할 것이기 때문에 매우 신중한 접근이 필요한 시점이다. 다만 신도시 개발 관련 사업기회와 GTX 건설 등의 인프라 건설수요가 있으므로, 이러한 수요에 기민하게 대응하는 움직임이 필요할 것으로 보인다.

　기업 내부적으로는 위험을 관리하는 전략을 마련해야 하겠다. 사업기회를 포착하더라도 자금 마련의 어려움이 있을 수 있어, 자금 조달 계획도 재고해야 한다. 글로벌 인플레이션의 불확실성이 해소되지 않을 것이기 때문에, 건설자재 비용이 부담될 것이다. 안정적으로 건설자재를 조달받도록 하는 체제를 구축하는 것도 중요한 경영전략 방향이 될 것이다. 동남아시아와의 경제교류가 확대됨에 따라 각종 인프라 건설사업 수요도 있을 것이기 때문에, 국내 건설사업에서 해외 건설사업 중심으로 사업재편을 고려하는 것도 요구되는 시점이다.

가계는 내 집 마련의 기회를 포착해야 한다. 물론 부동산시장이 강하게 반등할 만한 여건이 아니므로 성급하거나 무리한 의사결정을 내릴 필요는 없다고 생각한다. 2024년 경제는 경기침체 국면이지, 경제위기(시스템적 붕괴)로 전개될 것으로 판단하지 않는다. 따라서 '경제위기가 오면 부동산시장의 대조정이 있을 것이고, 그때 매수기회를 잡겠다'는 전략이 통하지 않을 수 있다. 내 집 마련과 투자 관점의 매수 시점을 신중히 진단할 필요가 있겠다. 시장에서 콩나물 백번 깎아서 사면 뭐하나? 집값이 사자마자 1억 떨어지고, 팔자마자 1억 오르면 아무 소용없는 일이다.

제롬 파월 연준 의장이 잭슨홀 미팅에서 강조했듯, '2% 목표물가(2 percent goal)'에 도달할 때까지 긴축적 통화정책 행보를 지속할 것이라고 보자. 기준금리는 지금의 고점에서 2024년 중반까지 계속 머물 것으로 보인다. 2022년에 시작되었던 '고금리'에 익숙해지고 오히려 높은 금리가 아니라는 인식이 형성되는 시점이다. 더욱이 시중금리는 이미 2022년 말에 정점을 찍었고, 그 시중금리를 상회하기는 어려울 것으로 보인다. 즉 시중금리는 이미 고점을 기록하고 하락하는 추세다. 더욱이 2024년 중반 이후 기준금리 인하가 시작될 것이라는 경제주체의 믿음은 부동산시장을 움직일 것으로 보인다. 여기에 수도권을 중심으로 한 부동산 정책 기조와 비수도권을 중심으로 한 인구소멸 현상은 2024년 부동산시장의 '비대칭화 (desymmetrization)'를 만들 것으로 보인다.

2024

3부

2024년
산업의 주요 이슈

01

전기차로의 거대한 이동과
배터리 전쟁

1900년 뉴욕 5번가, 도로에는 마차가 가득하다. 숨은그림찾기 하듯 다음의 사진을 관찰하면 한 대의 자동차를 발견할 수 있다. 당시를 연상해보면, 주요 운송수단이 마차였음에는 틀림이 없다. 부유층은 훌륭한 말과 마차를 보유했을 것이고, 말과 마차를 관리하는 사람들을 고용했을 것이다. 약 13년이 지난 뉴욕 5번가의 모습은 전혀 다르다. 거리를 빽빽하게 가득 메운 것은 자동차다. 주요 운송수단이 바뀌었음을 확인할 수 있다. 부유층일수록 더 좋은 자동차를 보유했을 것이고, 자동차를 관리 및 운전하는 사람들을 고용했을 것이다.

1900년 뉴욕 5번가

자료: New York Municipal Archives

　　운송수단의 변화는 사실 많은 것을 바꾸어놓았음을 상상케 해
준다. 말산업이 쇠퇴하고, 자동차 제조업이 성장했을 것이다. 마구
간은 사라지고, 자동차 정비소나 주요소가 등장했을 것이다. 말을
관리하는 인력의 노하우는 더는 쓸모가 없고, 자동차를 수리하고
운전하는 능력을 지닌 인력이 필요해졌을 것이다. 이러한 운송수단
의 거대한 변화가 21세기에도 일어나고 있다.

1913년 뉴욕 5번가

자료: New York Municipal Archives

--------- **글로벌 환경규제 본격화** ---------

세계경제포럼(WEF)[*]은 매년 세계 경제가 마주한 리스크 요인

---

* 세계 저명한 기업인, 경제학자, 저널리스트, 정치인 등이 모여 세계 경제에 대해 토론하고 연구하는 국제민간회의다. 전 세계의 경제 상황을 개선하기 위해 각국의 사업을 연결해 지역사회의 산업 의제를 결정하며 독립적 비영리재단 형태로 운영된다. 본부는 스위스 제네바에 위치하고 있으며, 매년 1~2월 스위스의 고급 휴양지인 다보스에서 회의를 개최하기 때문에 다보스포럼(Davos Forum)이라고도 한다. WEF는 글로벌 위험 보고서, 글로벌 경쟁력 보고서, 글로벌 성별 격차 보고서 등을 공식 발표하고 있으며, 연차총회 외에도 지역별 회의·산업별 회의를 운영함으로써 세계무역기구(WTO)나 선진국 정상회담(G7)에도 많은 영향을 미치고 있다.

10대 글로벌 리스크(향후 10년)

1	**기후변화 대응 실패**(Failure to mitigate climate change)
2	**기후변화 적응 실패**(Failure to climate–change adaptation)
3	**자연재해와 이상기후 현상**(Natural disasters and extreme weather events)
4	**생물 다양성 손실 및 생태계 붕괴**(Biodiversity loss and ecosystem collapse)
5	대규모 비자발적 이주(Large–scale involuntary migration)
6	**천연자원 위기**(Natural resource crisis)
7	사회적 결속력 약화 및 사회적 양극화(Erosion of social cohesion and societal polarization)
8	만연한 사이버 범죄 및 사이버 불안 (Widespread cybercrime and cyber insecurity)
9	지구경제학적 대결 구도(Geoeconomic confrontation)
10	**대규모 환경 피해 사고**(Large–scale environmental damage incidents)

자료: World Economic Forum(2023), "Global Risks Report 2023", 18th Edition
주1: 환경 카테고리로 분류된 리스크는 녹색으로 칠해짐.
주2: 환경 카테고리 외에도 경제, 사회, 기술 및 지정학적 리스크가 있음.

들을 산출하고, 보고서*의 형태로 발표한다. 세계는 향후 10년 동안 다양한 리스크를 만나게 될 것인데, 상위 10개의 리스크 중 5개가 환경 카테고리다. 더욱이 상위 1~4위가 모두 환경적 리스크인 만큼 세계가 당면한 가장 중대한 과제다.

온실가스를 감축하는 노력은 모든 산업과 부문에 걸쳐 집중될 것이지만, 그중에서도 빼놓을 수 없는 부문이 자동차다. 한국의 온실가스 배출량 중 수송부문이 약 14.4%를 차지한다(온실가스정보센터, 2021년 온실가스 잠정 배출량 공개). 내연기관차 판매를 금지하거나

---

* World Economic Forum(2023), "Global Risks Report 2023", 18th Edition.

온실가스 배출 기준을 강화하고, 경량화 등을 통해 연비를 높이거나 차량 온실가스 포집 기술을 확보하는 등의 움직임이 강하게 나타나고 있다.

유럽연합(EU)은 2035년부터 휘발유나 경유와 같은 화석연료로 운행하는, 즉 내연기관 엔진(ICE, Internal Combustion Engine)을 장착한 신차 판매를 금지하기로 확정했다. EU 회원국과 유럽의회, EU 집행위원회는 "기후 위기가 현실로 닥쳤"고, "그 원인을 명백하게 알고 있어 법안을 시행하는 데 합의했다"고 말했다. EU 회원국 중에서도 주요국들은 자체적으로 내연기관차 판매금지를 발표하고 있고, 한국·미국·일본·중국 등의 국가들도 내연기관차 판매금지 의사를 밝히고 있다. 폭스바겐, 메르세데스 벤츠 등과 같은 글로벌 자동차 기업들도 2030~2035년에 내연기관차 판매를 중단할 것을 밝혔다. 현대기아차 역시 2021년 11월 26차 유엔기후변화협약 당사국총회(COP26)에서 2045년부터 내연기관차 판매를 전면 중단키로 발표했다. 현대자동차는 내연기관 개발조직을 해체하고, 디젤엔진

국가별 내연기관 자동차 판매금지 연도

금지 연도	국가
2025	네덜란드, 노르웨이, 프랑스 파리(2024 하계올림픽)
2030	독일, 이스라엘, 인도, 벨기에 브뤼셀(EU 본부)
2035	영국, 중국, 미국 일부 주
2040	프랑스, 스페인, 싱가포르, 대만

자료: 각국 발표

미국 자동차 탄소배출 규제 추이

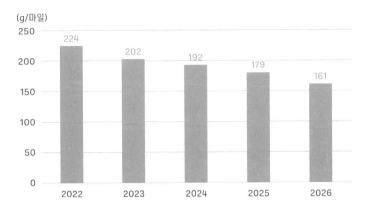

(g/마일)

- 2022: 224
- 2023: 202
- 2024: 192
- 2025: 179
- 2026: 161

자료: 미국 환경보호청

내연기관 판매 중단 시나리오

	현재 정책 시나리오(CPI)	2030 내연기관 판매 중단 시나리오	2035 내연기관 판매 중단 시나리오 (윤석열 대통령 당선인 공약)
2030년 영향	(REF 대비)		
GDP(%)	0.12	0.19	0.12
고용(000s)	17	40	26
석유 수입량 변화(%)	−13.6	−26.0	−16.1
자동차 CO_2 배출 (mtCO_2)	−51	−87	−54
2050년 영향	(REF 대비)		
GDP(%)	0.19	0.27	0.26
고용(000s)	25	59	57
석유 수입량 변화(%)	−19.8	−40.5	−40.2
자동차 CO_2 배출 (mtCO_2)	−494	−932	−801

자료: GreenPeace(2022), "The macroeconomic impact of decarbonising Korea"

개발을 중단하기로 발표했다.

유럽연합은 내연기관차 판매금지 연도를 두고 경쟁하는 듯한 모습이기도 하다. 네덜란드와 노르웨이가 가장 빠른 2025년으로 결정했고, 프랑스 파리는 2024년 하계올림픽을 앞두고 서둘러 이행하기로 계획했다. 유럽연합 회원국이 아닌 영국, 중국 및 미국의 일부 주도 2035년까지 내연기관차 판매금지를 계획했다. 한국의 경우, 윤석열 대통령이 대통령 후보 시절 2035년 내연기관차 판매금지를 공약으로 제시한 상황이다. 그뿐 아니라 세계적으로 자동차 배기가스 규정을 강화하는 추세다. 예를 들어 미 환경보호청(EPA)은 2023년 마일당 202g 수준인 차량의 배기가스 양을 2026년 161g으로 30% 줄이도록 했다.

전기차와 이차전지의 폭발적인 성장

자동차산업의 거대한 이동이 일고 있다. 특히 전기차로의 전환은 기대한 수준 이상으로 빨라지고 있다. 세계적으로 전기차 모델이 확대되고, 자동차 시장에서 전기차가 차지하는 비중도 빠르게 증가하고 있다. 새로운 전기차 모델이 2016~2021년 동안 연평균 34%로 증가해 전 세계적으로 현재 약 450여 종 이상의 전기차가 판매되고 있다. 전 세계 전기차 판매량은 2019년 220만 대 수준에서

세계 주요국의 전기차 시장 변화

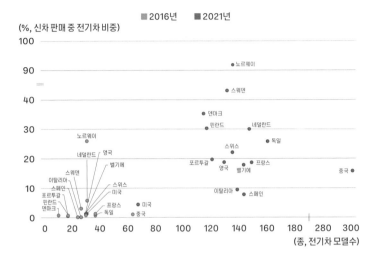

■ 2016년 　■ 2021년

(%, 신차 판매 중 전기차 비중)

자료: IEA, Global EV Outlook 2022
주: EVs = BEVs and PHEVs. Vehicle models do not include the various trim levels.

2020년 300만 대를 돌파하고, 2021년 660만 대, 2022년 780만 대까지 역동적인 성장세를 보였다.* 전 세계 자동차 시장의 10%를 넘어섰다.

노르웨이의 경우 신차 판매 중 전기차가 차지하는 비중이 90%를 넘어섰고, 유럽의 최대 자동차 시장인 독일의 경우에도 신차 판매 4대 중 1대 이상이 전기차다. 2022년 미국의 전기차 판매량은 약 81만 대로 전년 대비 66%나 증가했고, 세계 전기차 판매량 1위를

---

* 2021년까지의 전기차 판매량은 국제에너지기구(IEA)의 조사, 2022년 판매량은 LMC 오토모티브(LMC Automotive, 자동차산업 시장조사기관)의 분석이다.

전기차 수출 추이 및 전망

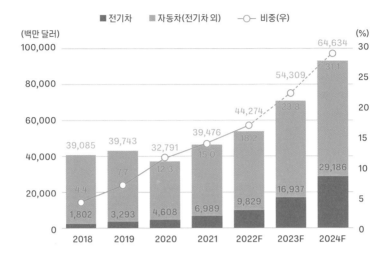

자료: 산업통상자원부, 한국무역협회
주: 2023년과 2024년은 한국경제산업연구원의 추정치

유지하는 중국의 전기차 시장도 폭발적으로 성장하고 있다.

한국도 글로벌 자동차 시장의 핵심 국가로 자리매김했다. 국내 전기차 판매량(신규 등록대수)은 2020년 4만 6,677대, 2021년 10만 402대 판매, 2022년 16만 4,482대로 최근 2년 동안 3.5배 이상 증가했다. 전기차 구매보조금을 조성하고, 완성차 기업들은 가격경쟁력이 있는 신규 전기차 모델들을 출시하고 있으며, 전기차 충전 인프라도 보급이 확대됨에 따라 나타난 현상이다.

내수뿐만 아니라 수출이라는 면에서도 상당한 기회를 찾고 있는 모습이다. 자동차는 한국의 2~4위에 달하는 주력 수출품목이

전 세계 전기차 연간 출하량 및 배터리 수요 추이 및 전망

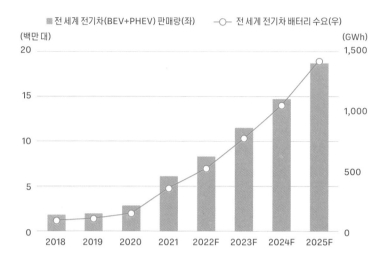

■ 전 세계 전기차(BEV+PHEV) 판매량(좌)　─○─ 전 세계 전기차 배터리 수요(우)

자료: 각사, 하이투자증권

다. 2022년 약 541억 달러에 이르는 자동차 수출액 중 전기차는 약 18.2%를 차지한다. 전기차 수출액은 약 98억 달러에 달하고, 이는 2022년 한 해 가전제품 수출액 80억 달러를 훌쩍 넘는 수준이다. 그만큼 한국 기업들은 전기차 수출에 매우 적극적이고, 몇몇 시장의 경우 전기차에만 집중하는 행보를 보이고 있다. 예를 들어 현대자동차는 노르웨이에 코나 EV와 아니오닉 5를 앞세워 '전기차만' 판매한다고 밝혔다.

전기차로의 전환이 가속화되면서 전기차 배터리 수요가 동반

배터리 용도별 출하량 전망

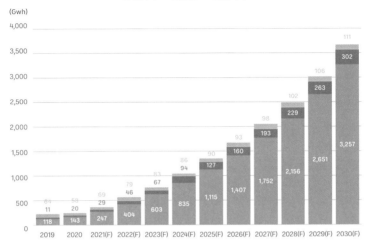

■ 전기차　■ ESS　■ IT기기

(Gwh)

자료: SNE리서치(2021), 「LIB 4대부재 SCM 분석 및 시장 전망」
주: 2021~2030년은 전망치, 성장률은 2020~2030년 연평균 성장률

해 늘고 있다. 이차전지 시장은 전기차용 배터리, ESS*용 및 기타 IT 기기로 구분된다. 현재도 전기차용 배터리가 이차전지 시장에 절대적인 비중(약 65%)을 차지하는데, 2030년에는 89%로 확대될 것으로 전망한다. 시장의 관심이 이차전지에 쏠리는 가운데, 시장점유율을 기준으로 CATL, LG에너지솔루션, 파나소닉(Panasonic) 등과 같은 글로벌 톱 기업들이 기술장벽을 높이며 시장을 지배하려 노력

---

* ESS(Energy Storage System, 에너지저장장치) 에너지 저장은 장치 혹은 물리적 매체를 이용하여 에너지를 저장하는 것을 말한다.

하고 있다. 2022년 한국의 이차전지 수출액은 약 100억 달러 수준으로, 한국의 15대 주력 수출품목 중 하나로 부상했고, 전년 대비 15.2%나 증가했다.

전기차-배터리 산업의 5대 트렌드

첫째, 전기차용 배터리 산업의 두드러지는 트렌드는 중국의 약진이다. CATL과 BYD가 세계 시장점유율을 확대하고 있고, 2022년 기준으로 세계 전기차용 배터리 시장의 50.7%를 차지한다. 중국 전기차 배터리 기업들이 자국의 내수시장을 중심으로 시장 장악력을 확대하고 있다. CATL은 BMW, 테슬라, 토요타, 폭스바겐, 볼보, 등에 리튬이온 배터리를 공급하고 있고, 완성차 기업들의 전기차 생산이 증가하면서 CATL의 약진은 계속되고 있다. BYD는 2021년까지 2위였던 LG에너지솔루션을 제쳤다. BYD는 시가총액 기준 세계 3위 완성차 기업으로 배터리 부문에서도 지위를 다지고 있다. 일본의 파나소닉과 한국 기업의 시장점유율은 둔화하는 추세다.

둘째, 완성차 제조사들의 배터리 생산 내재화다. 폭스바겐, GM, 토요타, 볼보 등 글로벌 자동차 기업들이 전기차 배터리를 직접 만들겠다고 선언했다. 배터리는 전기차 제조원가의 약 35%를 차지한

글로벌 전기차용 배터리 사용량

(단위: GWh)

순위	제조사명	2021. 1~11	2022. 1~11	성장률	2021 점유율	2022 점유율
1	CATL	82.1	165.7	101.8%	32.2%	37.1%
2	BYD	22.6	60.6	168.3%	8.8%	13.6%
3	LG 에너지솔루션	49.9	54.8	9.7%	19.6%	12.3%
4	Panasonic	32.6	34.1	4.7%	12.8%	7.7%
5	SK On	15.2	26.1	72.0%	6.0%	5.9%
6	삼성SDI	12.6	22.1	74.9%	5.0%	5.0%
7	CALB	6.8	17.8	161.3%	2.7%	4.0%
8	Guoxuan	5.5	12.7	131.5%	2.1%	2.8%
9	Sunwoda	1.9	7.5	287.3%	0.8%	1.7%
10	EVE	2.8	5.9	110.3%	1.1%	1.3%
	기타	23.2	38.6	66.5%	9.1%	8.7%
	합계	255.3	446.0	74.7%	100.0%	100.0%

자료: SNE리서치
주: 전기차 판매량이 집계되지 않은 일부 국가가 있으며, 2021년 자료는 집계되지 않은 국가 자료를 제외함.

다. 미래가치라는 관점에서 보면 배터리는 더욱 중요하다. 미래 자동차는 기계가 아니라 SDV(Software Defined Vehicle)로 정의 내리기 때문이다. 즉 자동차 회사들은 하드웨어가 아니라 소프트웨어 플랫폼을 구축하는 데 집중하고 있는데, 배터리를 내재화할 때만이 경쟁력을 확보할 수 있다.

셋째, 후방산업 배터리 경쟁 가속화다. 자동차산업은 전동화(electrification), 무선화(cordless), 친환경화(eco-friendly)라는 거스

전기차용 이차전지 성능 개선

	高성능			低가격	高안전
	에너지 밀도	주행거리	충전 속도		
현재 ↓ 향후	250~300Wh/kg ↓ 350Wh/kg 이상	300~ 400km ↓ 600km 이상	30~40분 ↓ 15분 이내	137$/KWh (2020) ↓ 60$/KWh 이하 (2030)	외부 감지, 발화 지연 ↓ 자가 진단 및 치유

자료: 관계부처 합동(2021.7), 「2030 이차전지 산업(K-Battery) 발전 전략」

를 수 없는 물결 앞에 놓여 있다. 이에 자동차산업의 경쟁력은 얼마나 안전성과 성능을 갖춘 배터리를 쓰느냐에 달려 있다. 즉 배터리는 전기차의 가장 중요한 후방산업*인 만큼, 배터리 기술 고도화는 필연적인 산업의 트렌드가 될 수밖에 없다. 에너지 밀도가 높고, 주행거리를 늘리며, 충전 속도를 짧게 해야 한다. 동시에 가격은 저렴하면서 안전성은 높이는 방향으로 경쟁이 격화하고 있다.

넷째, 차세대 전지 기술 개발에 박차를 가하고 있다. 기존 배터리 시스템은 안정성과 용량에서 한계가 있다. 기존 배터리의 전해질이 액체로 되어 있어 온도 변화에 민감할 뿐만 아니라 충격이 있을 시 누액이 발생해 폭발 위험이 존재한다. 이에 기업들은 전해

---

* 전방산업과 후방산업은 가치사슬상에서 해당 산업의 앞뒤에 위치한 업종을 의미한다. 다시 말해 자사를 기준으로 제품 소재나 원재료 공급 쪽에 가까운 업종을 후방산업, 최종 소비자와 가까운 업종을 전방산업이라고 한다. 예를 들면 자동차산업에 있어서는 부품, 제철산업 등 주로 소재산업이 후방산업이고, 자동차 판매업체는 전방산업이 된다.

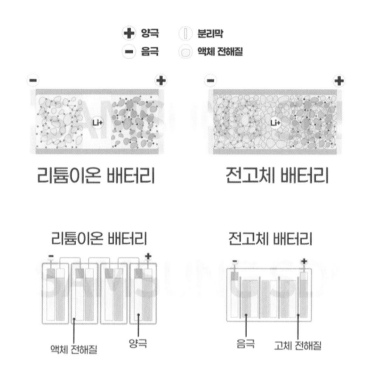

리튬이온 배터리와 전고체 배터리 비교

　➕ 양극　　❙ 분리막
　➖ 음극　　◯ 액체 전해질

리튬이온 배터리　　　　전고체 배터리

리튬이온 배터리　　　전고체 배터리

액체 전해질　　양극　　　　음극　　고체 전해질

자료: 삼성SDI

질을 고체로 만드는 전고체 배터리* 개발에 집중하는 모습이다.
토요타가 전고체 배터리 차량을 선도적으로 상용화하겠다고 발
표했고 LG에너지솔루션, 삼성SDI, CATL 등 배터리 제조사들은

---

* 　리튬이온 배터리는 양극과 음극 사이에 접촉을 방지하는 분리막이 위치하고 액체 전해질이 양
　극·음극·분리막과 함께 있지만, 전고체 배터리는 액체 전해질 대신 고체 전해질이 포함되면서
　고체 전해질이 분리막의 역할까지 대신하고 있다.

미래차 전환에 따른 자동차 부품기업

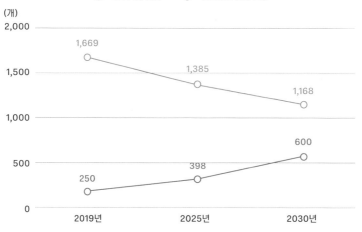

자료: 한국자동차연구원
주: 2025년, 2030년은 추정치

400개 부품사 대상 미래차 준비현황 조사

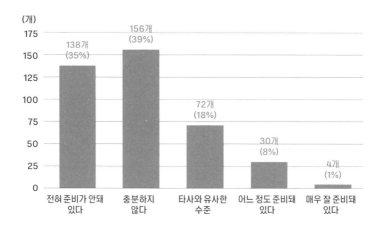

자료: EY한영

리튬이온 이차전지 글로벌 시장 흐름

소형 이차전지 중심		전기차 시대 도래	
1990년대	2000년대	2010년대	2020년~
1991, 日 리튬이온 이차전지 최초 양산 日 소니·산요·파나소닉 중심	스마트폰 보급 확대 한·중 이차전지 기업 성장	(韓) 유럽·미·중 글로벌 수요 (中) 내수 확대로 급성장 (日) 테슬라向 공급	韓中日 + 美 / EU

자료: 관계부처 합동(2021.7), 「2030 이차전지 산업(K-Battery) 발전 전략」

2025~2027년 생산을 목표로 개발 중에 있다.

다섯째, 자동차 생태계의 전환이 일고 있다. 전기차로의 전환은 자동차만 바뀌는 것이 아닐 터이다. 자동차의 속과 밖이 송두리째 바뀐다. 부품산업만 보아도 엔진이나 오일 필터가 퇴출하고, 모터와 충전부품으로 대체될 것이다. 내연기관차에 들어가는 부품은 약 3만 개에 달하지만, 전기차는 1만 8,900개에 달한다(한국자동차연구원). 엔진을 구성하는 6,900개 부품이 사라진다. 전동화 흐름 속에 '전기차 정비' 인프라도 확보해야 한다. 전기차의 노후화 및 교체 시점이 오기 전까지 완성차 업계는 정비 체계를 갖춰야만 경쟁력을 확보할 수 있다. 한편 주유소 또한 충전소로 대체될 것이다. 인류의 이동을 돕는 모빌리티 전반에 걸친 대전환이 이루어지고 있다.

미래 비전을 설정해야 한다. 전기차와 배터리 산업의 글로벌 시장을 확보하기 위해 갖춰야 할 다각적인 요소들이 무엇인지 고민해야 한다. 거스를 수 없는 변화가 일고 있는데 지켜만 볼 수 없다. 환경이 변화하면 '나'도 변화해야 한다. 완성차 제조사들이 배터리 생산을 내재화하거나, 완성차-배터리 업계 협업이 활발히 일어나고 있다. 완성차 기업들은 배터리를 내재화하고, 배터리 기업들도 자동차를 내재화할 방안을 모색해야 한다.

전기차의 경쟁력이 배터리가 됨에 따라 배터리 소재 기술을 고도화하는 움직임이 집중되고 있다. 특히 주요국에 대한 경제제재가 가해지고 탈세계화 및 분절화가 진전되는 국면은 한국 산업구조에 상당한 걸림돌이 될 수 있다. 주요 소재와 원자재를 해외로부터 수입하고 있어, 취약점을 극복하기 위해 국산 소재 개발을 적극적으로 추진해야 한다. 중국보다 기술 우위에 있는 경쟁력 있는 배터리 개발 노력에 박차를 가하고, 차세대 배터리를 선도적으로 확보해야 한다. 아울러 차세대 전지 기술 개발에 박차를 가하는 산업의 움직임을 주시해야 한다. 전기차와 배터리 시장을 장악할 수 있도록 경쟁력 있는 차세대 전지를 선점하기 위한 기술 로드맵을 설정하고 R&D 체계를 설계해야 한다.

기업이 끊임없이 미래 비전을 그릴 때, 정부는 이를 지원해야 한다. 산업 생태계가 급격히 변화하고 있으므로 현재에 안도할 틈이 없다. 규제 완화의 속도가 생태계 전환의 속도와 발걸음을 맞추어야 한다. 금융 인프라를 활용해 유망 산업에 자금이 유입될 수 있도록 유도하고, 유망 기술의 성장에 도움이 되도록 R&D 예산을 집행해야 한다. 산업의 거대한 패러다임 변화 속에 사라질 영역과 생겨날 영역을 가늠하고, 선도적인 인프라를 확보해야 한다. 사라지는 영역에 종사하는 인력들이 새로운 생태계에서 요구되는 교육·훈련을 받아 원활히 재배치될 수 있도록 유도해야 한다. 세계 주요국들이 환경규제를 강화하거나 자국 산업을 보호하기 위한 조치들을 취하고 있어, 외교적 협상력을 발휘하며 글로벌 협력에서 후순위가 되지 않도록 노력해야 한다. 안도하는 것은 현재를 지키는 것이 아니라 미래를 놓치는 것이다.

이차전지란 무엇인가?

이차전지(secondary battery)란 한 번 쓰고 버리는 것이 아니라 충전을 통해 반영구적으로 사용하는 전지를 말한다. 가장 보편적인 전지는 니카드전지(니켈·카드뮴전지)인데, 값이 싸지만 치명적 단점인 메모리 현상이 있다. 메모리 현상은 이차전지 안에 있는 화학 에너지(전기)를 다 쓰지 않고 충전하면 이차전지에 들어갈 수 있는 에너지의 양이 줄어드는 현상을 말한다. 이차전지를 다 쓰지 않고 충전하면 이런 현상이 생긴다.

1차 전지 vs. 2차 전지

1차 전지
한 번 사용 후 폐기
예) 알칼리 전지

2차 전지
충전해서 반복 사용 가능
예) 납축전지, 리튬이온전지

이차전지의 산업적 의미

스마트폰, 태블릿 등의 이동 가능한 IT 기기가 보급되면서 함께 증가하는 게 있다. 화력발전과 같은 중앙집중식에서 태양광과 같은 분산발전으로 전환됨에 따라 함께 증가하는 게 있다. 내연기관차에서 전기차나 수소차로 이동수단이 변화하면서 함께 증가하는 게 있다. 그 밖에도 지능형 로봇, 디지털 헬스케어, 드론 등이 확대되면서 함께 증가하는 게 있다. 바로 이차전지다. 이차전지는 산업의 거대한 이동을 돕는 기반 산업인 것이다.

전기차 제조의 핵심이 배터리다. 배터리 혼자서 전기차 제조원가의 35%나 차지한다. 전기차 제조사가 배터리를 다른 공급사로부터 조달받는 모델로는 한계가 있을 것이다. 이에 전 세계 자동차 제조사들이 배터리 자체 개발에 총력을 다하고 있다. 자동차 기업도 자동차 제조에만 머물 수 없고, 배터리 기업도 배터리 제조에만 머물 수 없다. 배터리 기업과 자동차 기업 간의 전략적 협력과 치열한 경쟁이 공존하고, 서로를 인수하려는 눈치싸움도 긴박하게 전개된다. 배터리 경쟁력을 확보한 전기차 기업들은 ESS(에너지저장장치) 사업에 진출하고 있다. 테슬라가 솔라시티(Solarcity)를 인수해 ESS 사업에 진입한 것이 대표적인 예다.

이차전지 기업들은 불가능에 도전하고 있다. 한 번 충전해 오래갈 수 있고, 소형화하면서 안전성은 높여야 한다. 충전시간은 짧아야 하며, 수명은 길어야 한다. 그러면서도 가격은 낮아야 한다. LG에너지솔루션은 새로운 공법 도입과 배터리 재활용 등의 영역에 도전하고 있다. 전기차용 배터리 세계 1위인 중국의 CATL은 중국 내수에 편중되어 있지만, LG에너지솔루션은 수요처가 글로벌하게 분산되어 있다는 장점이 이 도전을 뒷받침해줄 것이다. 삼성SDI는 배터리 품질을 높일 수 있는 소재를 발굴하고, AI를 도입해 엄격한 품질검사를 진행한다. SK이노베이션은 차세대 전고체 배터리*에 초점을 맞추고 있다. 성능과 안전성을 확보하기 위해 미국 조지아 공대 이승우 교수** 연구팀 등과 협업하고 있다. 기술적으로도 거대한 이동이 일어나고 있다.

---

* 전고체 배터리는 현재 배터리에 적용되는 액체 형태 전해질을 고체로 바꾼 배터리를 말한다. 배터리 용량은 늘리면서 무게, 부피, 화재 위험을 현저히 줄일 수 있어 미래 배터리로 각광을 받고 있다. 아직 개발까지 넘어야 할 난제가 많아 '꿈의 배터리'로 불린다.

** 이승우 교수는 카이스트(KAIST)와 공동으로 혁신적인 고무 형태 고분자 고체 전해질을 개발해 세계적인 학술지인 《네이처》에 2022년 1월 13일 논문이 소개되는 등 해당 분야 석학이다.

02

반도체 전쟁과
초격차 전략

편자의 못(horseshoe nail). 못을 잃으면 모든 것을 잃게 된다는 서양의 속담이다. 벤저민 프랭클린*은 이런 격언을 남기기도 했다. "못(nail)을 잃으면 편자(horseshoe)를 잃어버리고, 편자를 잃으면 말을 잃는다. 말이 없으면 기수를 잃는다." 편자는 말발굽에 대는 U자형 쇠붙이를 가리키고, 말 전용 신발이라고 할 수 있다. 편자를 말발굽에 부착하기 위해 못을 박는데, 못 하나를 잃으면 큰 재난이 초

---

* 벤저민 프랭클린(Benjamin Franklin)은 '미국 건국의 아버지' 중 한 명이다. 그는 특별한 공적 지위에 오르지 않았지만, 프랑스군과의 동맹에서 중요한 역할을 했고, 미국의 독립에도 기여했다. 그는 계몽사상가 중 한 명으로, 유럽 과학자들에게 영향을 받았으며 피뢰침, 다초점 렌즈 등을 발명하였다.

래될 수 있음을 강조하는 표현이다.

　2021년 바이든 미국 대통령이 반도체를 '21세기 편자의 못'에 비유했다. 사실 21세기 지금 반도체가 없으면 할 수 있는 게 아무것도 없다고 해도 과언이 아니다. 장난감, 가전제품, 컴퓨터, 스마트폰, 자동차, 군사 무기, 우주선에 이르기까지 반도체가 들어가지 않은 것을 찾기가 힘들 정도다. 반도체를 현대사회의 '산업의 쌀'이라고 부르는 이유도 여기에 있다.

반도체의 경제적 의미

　현재도 중요하지만, 미래사회에는 반도체가 더욱 중요해질 것임을 강조하지 않을 수 없다. 소비자는 TV, PC, 휴대전화, 자동차 등과 같은 완제품을 구매하지만, 완제품을 만드는 제조사들은 부품인 반도체를 조달받는다. 사람이 기기를 이용(기기의 버튼을 누름 등)하기 위해서는 정보(data)를 아날로그에서 디지털로 혹은 그 반대로 전환해주어야 한다. 이러한 정보의 처리를 반도체가 한다. 그뿐 아니라 정보를 저장하고 동작을 제어하는 역할도 반도체가 한다. 인간의 삶이 전자기기에 대한 의존도가 높아지고, 수많은 기기가 ICT 기술들과 융합하면서 반도체의 수요는 더욱 늘어날 것이다.

　대표적인 예가 자동차다. 내연기관 자동차에는 약 200~300개의 반도체가 들어가지만, 전기차에는 약 700~1,000개의 반도체가, 자율주행 전기차에는 약 3,000여 개의 반도체가 필요하다. 전기차로의 전환은 〈3부 1. 전기차로의 거대한 이동과 배터리 전쟁〉에서 집중적으로 다루고 있으니, 참조해주길 바란다. 데이터의 양이 방대해지고, 아날로그에서 디지털로 전환이 일고 있고, 챗GPT를 비롯한 인공지능과 로봇의 보급이 확대되는 미래에 반도체는 더욱 절대적인 의미를 갖게 될 것이다.

반도체와 한국 경제

반도체는 한국 경제의 주력산업이다. 반도체가 가지는 경제적 의미는 세계 어떤 나라보다 크다고 할 수 있다. 반도체 수출은 한국의 총수출에서 약 20%를 차지한다. 2022년 반도체 경기가 둔화하고, 중국의 코로나19 셧다운 등이 영향을 미쳐 18.9%로 떨어졌지만, 자동차가 7.9%, 무선통신기기(스마트폰 포함)가 2.5%, 가전제품이 1.2%를 차지하는 것과 비교하면 그 비중은 실로 어마어마하다. 더욱이 자동차, 스마트폰, 가전제품 등과 같은 나머지 주력 수출품목들도 반도체가 이미 부품으로 사용된 상품이니, 반도체가 한국 경제에 주는 의미는 더욱 크다고 할 수 있다.

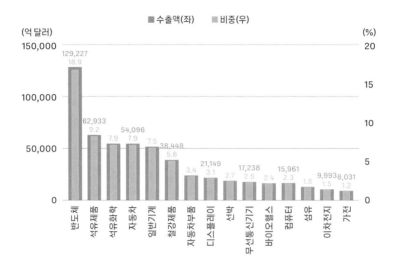

주력 수출품목의 수출액 및 비중(2022년 기준)

■ 수출액(좌)　■ 비중(우)

(억 달러)

150,000

100,000

50,000

0

반도체 129,227 / 18.9
석유제품 62,933 / 9.2
석유화학 54,096 / 7.9
자동차 54,096 / 7.9
일반기계 / 7.5
철강제품 38,448 / 5.6
자동차부품 / 3.4
디스플레이 21,149 / 3.1
선박 / 2.7
무선통신기기 17,238 / 2.5
바이오헬스 / 2.4
컴퓨터 15,961 / 2.3
섬유 / 1.8
이차전지 9,993 / 1.5
가전 8,031 / 1.2

(%)

20

15

10

5

0

자료: 산업통상자원부, 한국무역협회

반도체산업의 삼중고

반도체산업이 세 가지 어려움에 부닥쳐 있다. 첫째, 반도체 실적 악화다. 글로벌 경기는 2022년부터 둔화하기 시작해서 2023년 침체 국면에 진입했다. 반도체는 완제품이 아니고, 부품이다. 내구재나 생산상비 등에 늘어가는 부품의 성격이 강하기 때문에 반도체 실적은 경기 순환 사이클을 선행해서 움직이는 경향이 강하다. 즉 경기가 나빠질 것을 먼저 보여주는 지표라 할 수 있다.

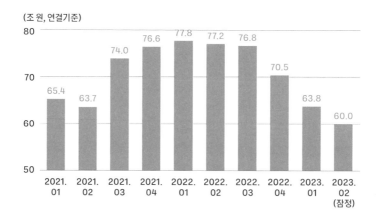

삼성전자 분기별 매출액 추이

(조 원, 연결기준)

자료: 금융감독원, 삼성전자

『그레이트 리세션 2023년 경제전망』을 통해 강조한 것처럼, 경기침체 국면에서는 필수소비재의 소비는 큰 영향이 없지만 자동차나 가전제품 등과 같은 내구재 소비는 큰 영향을 받는다. 내구재를 생산하는 제조기업들은 이를 사전에 진단하고, 제품의 생산량이나 생산설비 용량을 줄이는 결정을 하기 마련이다. 기업들은 이런 결정을 반도체 구매 조달 계획에 선반영하고, 이에 따라 반도체 수요가 감소한다. 따라서 글로벌 경기침체는 2023년 본격화하지만, 반도체 경기는 2022년부터 실적 악화가 시작되었다.

D램 시장의 45%, 낸드플래시의 34%를 점유한 삼성전자는 실적 악화 현상을 고스란히 보여준다. 삼성전자의 매출액은 2022년

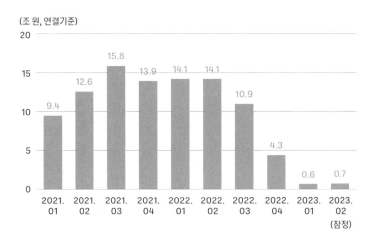

삼성전자 분기별 영업이익 추이

(조 원, 연결기준)

2021.01	9.4
2021.02	12.6
2021.03	15.8
2021.04	13.9
2022.01	14.1
2022.02	14.1
2022.03	10.9
2022.04	4.3
2023.01	0.6
2023.02 (잠정)	0.7

자료: 금융감독원, 삼성전자

1분기 약 77.8조 원을 기록하고, 점차 감소해 2023년 1분기 63.8조 원, 2분기 60조 원(잠정치)을 기록했다. 반도체 수요 둔화에도 공급량을 줄이지 않았기 때문에 가격이 내려가고 영업이익은 매출 감소 속도보다 더 가파르게 떨어졌다. 영업이익은 2023년 1분기 약 6,001억 원, 2분기 잠정 약 6,700억 원 수준으로 급감했다. 삼성전자의 영업이익이 1조 원 밑으로 떨어진 것은 글로벌 금융위기의 여파인 2009년 1분기(5,900억 원) 이후 14년 만이다.

둘째, 반도체 재고 누증이다. 반도체 재고 증가세가 2023년 상반기까지 두드러지게 나타났다. 2023년 4월의 반도체 재고율은 263.3%까지 치솟았고, 2022년 하반기에 비해서도 크게 차이가 난

반도체 재고율과 제조업 재고율 추이

■ 반도체 재고율(좌)　─○─ 제조업 재고율(우)

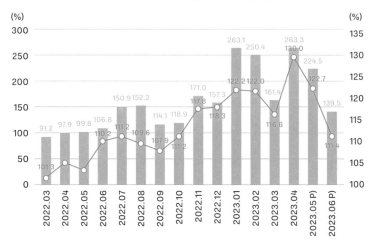

자료: 통계청, 「광업제조업동향조사」; 통계청, 「산업활동동향」
주1: 제조업 재고율 = (계절조정재고지수 / 계절조정출하지수) × 100
주2: 반도체 재고율 = (계절조정반도체재고지수 / 계절조정반도체출하지수) × 100

다. 제조업에서 재고율이 2023년 4월 130.0%로 높은 수준을 기록했던 현상도 상당 부분 반도체의 영향이 반영되어 있음을 유추해 볼 수 있다. 통계청에 따르면, 2023년 4월 반도체 재고율은 IMF 외환위기가 발생하기 직전인 1996년 8월 389.0%를 기록한 이후 최고치다. 한동안 조업을 쉬어도 될 정도다.

　모든 가격은 수요와 공급에 의해 결정된다. 미분양 주택이 쌓이면 주택 가격은 내려가는 법이고, OPEC+가 원유 감산 합의를 이행하면 국제유가가 오르는 법이다. 삼성전자 DS 부문에 재고자산 부

장기 반도체 재고율 추이

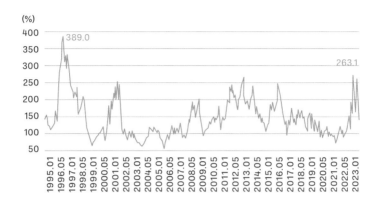

자료: 통계청, 「광업제조업동향조사」
주: 반도체 재고율 = (계절조정반도체재고지수 / 계절조정반도체출하지수) × 100

담이 29조 원 규모로 쌓였다. 건전한 재고 수준이 5주 치인데, D램 재고는 21주 치나 쌓였다. '재고 평가 손실'이 불어나 삼성전자 가치에도 부정적으로 작용한다. 특히 반도체 재고가 쌓이면 반도체 가격이 내려간다. 글로벌 반도체 수요가 감소하고, 중국 경기회복이 미진한 탓이다. 삼성전자 매출 감소폭보다 영업이익 감소폭이 더 큰 이유가 여기에 있다.

셋째, 반도체 지원법*의 후폭풍이다. 가뜩이나 경기적인 요인으로 반도체산업이 부진한데, 미중 갈등과 미국의 반도체 지원법은

---

* 반도체 칩과 과학법(CHIPS and Science Act)은 미국이 반도체산업 분야에서 중국에 대한 기술적 우위를 강화하기 위한 반도체 생태계 육성법안이다. 반도체와 과학 산업에 2,800억 달러(약 370조 원)를 투자하는 것을 골자로 한다. '미국 반도체 지원법'으로도 불린다.

업계와 정부에 골칫덩어리가 되고 있다. 반도체 생산공정을 미국에 두는 기업에 보조금*을 주겠다는 내용의 이 법은 상당한 독소조항들을 포함하고 있다. '초과이익공유'라는 조항은 기업의 경영 및 재무 정보를 제공하도록 되어 있기 때문에 경영권을 흔들고 사업기밀 보안에 위협을 줄 수 있다. '반도체 시설 접근권'을 부여해야 하는 조항도 기술격차가 최우선인 기업에 기술탈취를 야기하는 위협적인 조건이 될 수 있다. 삼성전자는 사내에 '성과보다 보안'이라는 문구가 쓰여 있을 만큼 보안에 막대한 비용과 노력을 기울이고 있는데, 미국 국방 장비에 반도체를 공급할 수 있는 당근 뒤에 기술 보안을 위협하는 채찍이 마련되어 있다.

반도체 지원법이 주는 위협은 무엇보다 '중국 투자 확대 제한'이라는 조건에 있다. 초과이익공유와 반도체 시설 접근권은 어쩌면 조심하면 될 일이라지만, 미래의 중국 시장을 포기해야 함을 내포하는 이 조항은 사실상의 독 그 자체다. 보조금을 받을 경우, 향후 10년간 중국 내 생산능력**을 늘리지 못한다. 삼성전자는 낸드플래시의 40%, SK하이닉스는 D램의 40%, 낸드플래시의 20%를 중국에서 생산하고 있다. 반도체산업 특성상 지속적인 투자와 업그레이

드, 개발, 증설이 이루어지지 않는다면 경쟁력을 잃을 수밖에 없고, 중국 시장을 놓치게 될 것이 뻔하다.

반도체산업, 바닥인가 바닥 아닌가?

2023년 글로벌 경기침체가 진전되면서 세계반도체시장통계 기구(WSTS)는 세계 반도체 시장이 2022년 약 5,801억 달러에서 2023년 약 5,566억 달러 규모로 감소할 것으로 전망한다. 글로벌 리세션이 얼마나 장기화할지에 따라서 반도체 수요 침체 기간이 결정

세계 반도체 시장 전망

자료: WSTS(2022.11), 한국경제산업연구원(2023.4)
주: 2019~2023년 시장규모 실적과 전망치는 WSTS의 2022년 11월 기준 전망치이고, 2024년은 한국경제산업연구원이 WSTS와 OMDIA 각각의 연평균 증가율을 반영하여 추산한 전망치임.

될 수 있다. IMF, OECD, 세계은행 등과 같은 국제기구나 주요 연구기관들은 2023년의 경기침체 국면이 지나면 2024년 완만하게 수요가 반등할 것으로 전망하고 있다. 따라서 2024년 경기 반등에 앞서 2023년 반도체 시장 여건은 상반기 중에 저점을 찍고 하반기부터 반등할 것으로 보인다. 2024년에는 세계 반도체 시장규모가 8.3% 성장할 것으로 전망된다.

반도체 사이클을 결정짓는 중요한 요소는 수급 상황이다. 2020~2021년에는 반도체 공급이 부족했었고, 2022~2023년은 과잉공급이었다. 2023년 4월 7일 삼성전자는 "메모리 반도체 공급 충분한 제품 위주로 의미 있는 수준까지 생산량 하향 조정"할 것을 공식적으로 발표했다. SK하이닉스나 글로벌 주요 반도체 기업들은 이미 생산용량 감축에 들어갔다. 2023년 하반기 들어서는 수요가 회복되고, 재고는 소진되며, 공급이 적정하게 조절되면서 업황이 개선될 것으로 판단된다.

반도체산업의 초격차 전략

주력산업을 지키기 위한 전략은 첫째도 기술력, 둘째도 기술력이다. 글로벌 반도체 전쟁 속에서 주도권을 놓치지 않기 위해서는 기술적 격차를 벌려놓아야 한다. 정부가 계획한 용인 반도체 클러스터를 활용해 시스템 반도체 경쟁력을 확보해야 한다. 인공지능, 로봇, 우주항공 등에 활용될 미래형 첨단 반도체 시장을 장악해나가야 한다. 나아가 반도체 벨류체인의 전·후방 산업으로의 진출도 요구된다. 반도체 설계, 반도체 소재 및 장비 등과 같은 해외에 의존하고 있는 산업들을 용인 클러스터로 유치하고 적극적인 기술이전을 추진해야 한다.

반도체 사이클을 관리해야 한다. 시장의 흐름을 읽고 반도체 수급조절 능력을 확보해야 한다. 2020~2021년에는 반도체 공급 부족으로 대란을 겪었고, 2022~2023년에는 과잉공급에 따른 역풍을 경험했다. 반도체는 한국의 주력산업인 만큼 전담 수요예측기구를 설치하는 등 수급을 관리하는 보다 적극적인 준비가 필요하다.

그 어느 때보다 외교적인 역량이 요구되는 때다. 탈세계화가 가속화되고 있다. 미국과 중국의 대립 구도가 더욱 격화되고 있다. 외교·안보적으로는 미국과 동맹국으로서의 관계를 형성하고 있지만, 경제적으로는 중국에 더욱 의존적인 상황이다. 반도체산업을 둘러싼 문제를 마치 수학 공식처럼 풀 수 있다면 좋겠지만, 국제정치적으로 복잡하게 얽혀 있는 과제다. 미국과의 관계를 돈독히 하면서 중국과의 경제적 교류를 유지하는 '전략적 모호성(Strategic Ambiguity)'이 필요하다. 외교는 분명 수학이 아니라 예술이 가깝다. 어려운 요구일지 모르지만, 그 어려운 일을 해내야 하는 것이 바로 대한민국 정부다.

반도체의 개념과 산업구조

반도체(semiconductor)는 전기가 잘 통하는 도체와 통하지 않는 부도체의 중간 성질을 갖는 물질을 말한다. 반도체는 원래 전기가 거의 통하지 않지만 필요시 빛, 열, 불순물 등을 가하여 전기를 통하게 함으로써 전기 신호를 제어하거나 증폭시키는 전자부품이다. 컴퓨터, 통신기기, 서버, 자동차, 가전제품 등 대부분의 전자제품에 활용되고 있다.

반도체는 크게 메모리 반도체(memory semiconductor)와 비메모리 반도체(non-memory semiconductor)로 분류된다. 국가별로 반도체를 분류하는 기준이 다르다. 한국은 주로 메모리 반도체를 생산하고 있어서 위와 같은 분류체계를 갖고 있다. 메모리 반도체는 정보를 저장하는 용도로 사용된다. 메모리 반도체는 표준 제품의 대량생산에 필요한 생산기술이 경쟁력의 핵심 요인으로 작용하며, 공급측 요인이 수급 불균형으로 연결되는 특징을 지닌다. 정보를 저장하는 용도로 사용되는 메모리 반도체와 달리, 비메모리 반도체는 정보처리를 목적으로 제작된다. 비메모리 반도체의 절대적인 비중을 차지하는 시스템 반도체(system semiconductor)는 논리와 연산, 제어 기능 등을 수행한다. 시스템 운용에 필요한 설계기술이 해당 시장 점유에 관건으로 작용하고 있으며, 활용 분야가 다양하다.

반도체산업은 반도체 제조를 중심으로 전·후 공정으로 구분할 수 있다. 반도체 제조 부문은 웨이퍼 제조/가공, 회로설계, 조립 등의 공정 과정을 거쳐 칩을 제조하고 조립하는 생산의 영역이다. 칩의 설계만 전문으로 하는 팹리스(Fabless) 기업들은 파운드리 업체에 위탁생산을 맡기는 구조다. 메모리 반도체는 자체적으로 조립하지만, 비메모리 반도체는 다양한 제품을 패키지 전문업체에 위탁하고, 다양한 칩을 전수 검사하기 위해 고가의 검사장비를 갖출 수 없어 테스트 전문업체에 위탁하고 있다. 칩 설계에서 제조 및 테스트까지 일관 공정체제를 구축하는 기업들은 IDM으로 분류된다. 이러한 전·후 공정이 이루어질 수 있도록 설계기술 R&D 전문인 칩리스(Chipless) 기업들이 IP(intellectual property)를 제공하고, 공정 장비 기업들이 반도체 제조 장비를 개발 및 생산한다.

시스템 반도체와 메모리 반도체 비교

	시스템 반도체	메모리 반도체
시장구조	• 응용 분야별 특화 시장 • 유무선 통신, 정보기기, 자동차 등 용도별로 다양한 품목 존재 • 경기 변동에 상대적으로 둔감	• 범용 양산 시장 • DRAM, SRAM 등 표준 제품 중심 • 경기 변동에 민감
생산구조	• 다품종 소량생산	• 소품종 대량생산
핵심 경쟁력	• 설계기술 및 우수인력 • 설계 및 소프트웨어 기술을 통한 시스템 기능 • 타 업체와 성능 및 기능 위주 경쟁	• 설비투자 및 자본력 • 미세공정 등 하드웨어 양산 기술을 통한 가격경쟁력 • 선행기술 개발 및 시장 선점
사업구조	• 중소기업, 벤처기업형	• 대기업형
참여업체 수	• 다수 　– 비교적 위험부담이 낮아 참여업체의 수가 많고 종류가 다양	• 소수 　– 높은 위험부담으로 인해 참여업체의 수가 제한적

자료: KDB산업은행

반도체산업의 제조공정별 구조

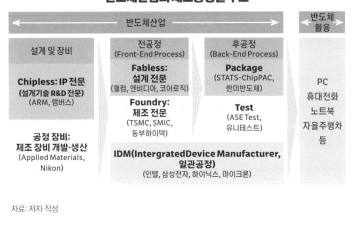

자료: 저자 작성

한국은 메모리 반도체 시장에서 글로벌 시장점유율 1위를 기록하고 있으나, 시스템 반도체 시장의 점유율은 매우 낮은 상황이다. 한국은 삼성전자, SK하이닉스 등 메모리 반도체 제조에서 시장을 선도하는 대표적 기업들을 보유하고 있다. 국내 기업들은 반도체 공정기술에 뛰어난 경쟁력을 보유하고 있다. 공정기술이 핵심인 메모리 반도체의 경우 한국이 전 세계 시장의 50% 이상을 점유하고 있다.

반도체산업 구조

자료: 삼정KPMG경제연구원

03

비욘드 디지털(Beyond Digital), 금융서비스 제2의 진화

지난 한 달 동안 은행을 몇 번 다녀왔는가? 필자는 은행 지점을 다녀온 적이 없다. 아니 지난 1년을 두고 생각해보아도 은행 지점 방문 횟수는 손가락으로 꼽히는 수준이다. 소비자들의 은행 방문 횟수만 줄어드는 것이 아니라 은행 지점도 점차 사라지고 있다. 어디 은행뿐이던가? 비디오 가게도, 음반 가게도, 사진 현상소도 온데간데없이 사라졌다.

많은 것이 사라져도 그것을 이용하지 않는 것은 아니다. 은행 지점에 가지 않을 뿐이지, 하루에도 여러 번 은행 서비스를 이용하고 있다. 비디오 가게에 가지 않고 음반 가게에 가지 않을 뿐이지,

우리는 영화와 음악을 감상하고 있다. 사진 현상소에 가지 않고 앨범에 간직하지 않을 뿐이지, 어쩌면 더 많은 사진을 찍고 SNS 공간에 간직하고 있는지 모른다. 과거에 이용하던 많은 서비스를 이용하지 않는 것이 아니라 이용하는 방법이 바뀌었을 뿐이다. 흔히 이러한 변화를 디지털 전환 혹은 디지털 트랜스포메이션(Digital Transformation)이라고 칭한다.

금융산업의 디지털 트랜스포메이션

금융산업의 변화가 일고 있다. 은행, 보험, 증권 전산업에 걸쳐 변화가 전개되고 있다. 국내은행 영업점포는 2015년 7,325개에서 점차 감소해 2023년 1분기 기준으로 5,974개를 기록하고 있다. 생명보험, 손해보험 점포도 지속해서 감소하고 있고, 증권사 국내지점도 2016년 이후 감소세가 이어지고 있다.

금융산업의 오프라인 지점이 줄어들고 있다고 해서 금융산업의 규모가 줄어드는 것은 아니다. 금융산업의 총생산액은 꾸준히 증가하고 있고, 심지어 2008년 금융위기나 2020년 팬데믹 경제위기 때도 특별한 역풍 없이 산업이 크게 성장해왔다. 2022년 금융 및 보험업 총생산액은 123조 원을 초과하는 것으로 추산되고, 2000년 약 36조 원, 2010년 약 69조 원, 2020년 약 112조 원 규모로 금융산

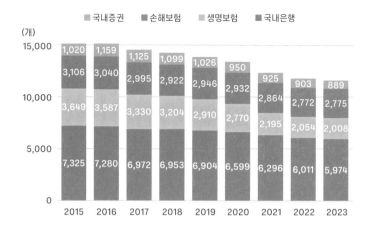

주요 금융사 영업 점포 현황

■ 국내증권 ■ 손해보험 ■ 생명보험 ■ 국내은행

(개)

	2015	2016	2017	2018	2019	2020	2021	2022	2023
국내증권	1,020	1,159	1,125	1,099	1,026	950	925	903	889
손해보험	3,106	3,040	2,995	2,922	2,946	2,932	2,864	2,772	2,775
생명보험	3,649	3,587	3,330	3,204	2,910	2,770	2,195	2,054	2,008
국내은행	7,325	7,280	6,972	6,953	6,904	6,599	6,296	6,011	5,974

자료: 금융감독원, 금융통계정보시스템
주: 2023년 통계는 1분기 기준임.

업의 성장세가 매우 뚜렷하다.

2020년 팬데믹 경제위기 당시에는 세계적으로 기준금리를 인하하면서 금융사의 대출수요가 증가했고, 2022년에는 세계적으로 시중금리가 가파르게 상승하면서 이자수익이 늘었다. 국내 5대 은행*의 2022년 1~3분기 누적 이자 이익은 약 41조 원으로 전년 동기 대비 약 7조 원 증가했고, 이는 역대 최대 규모였다.

오프라인 영업장이 축소되는 과정에서도 금융산업의 규모가 지속해서 증가하는 이유가 금융서비스의 디지털 트랜스포메이션이

---

* KB국민은행, 신한은행, 하나은행, 우리은행, NH농협은행을 가리킨다.

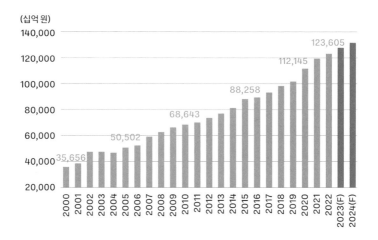

금융 및 보험업 총생산액 추이

(십억 원)

자료: 한국은행, 국민계정
주: GDP 원계열 실질 기준임.

다. 대면 금융서비스는 축소되고, 모바일 기반의 비대면 금융서비스가 확대되고 있다. 금융소비자는 비대면 금융서비스를 선호하고, 금융사들도 디지털 기술과 플랫폼을 확보하는 데 집중하고 있어 언택트 금융환경이 빠르게 구축되고 있는 모습이다.

소비자의 은행 서비스 이용 행태를 보면, 입출금 거래 시 대면 거래를 이용하는 비중이 2005년 26.3%에서 2023년 1분기 4.8%로 줄었고, 텔레뱅킹이나 CD/ATM에 대한 의존도 역시 매우 빠른 속도로 축소되고 있다. 반면 인터넷뱅킹에 대한 의존도는 같은 기간 18.6%에서 79.8%로 가파르게 증대되었다. 즉 은행 서비스를 이용하지 않는 것이 아니라 은행 서비스의 이용 방법이 비대면으로 전환되

입출금 거래의 채널별 업무 처리 비중

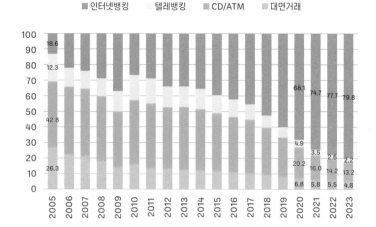

자료: 한국은행, 지급결제(전자금융통계)
주: 2023년은 1분기 기준임.

고 있는 것이다.

────── 금융서비스 제2의 진화 ──────

아날로그에서 디지털로의 전환, 즉 '디지털 트랜스포메이션'이
제1의 진화였다. 디지털을 넘어 그 이상의 서비스로 진화하는 것, 즉
'비욘드 디지털(Beyond Digital)'은 제2의 진화다. 웹3.0, 인공지능,
블록체인, 메타버스, 빅데이터 등과 같은 혁신 기술들이 금융산업
전반에 적용되면서 차원이 다른 금융서비스가 등장하고 있다.

신한은행의 메타버스 플랫폼 '시나몬'

자료: 신한은행

첫 번째 주목할 만한 진화는 '가상은행(Virtual Bank)'이다. 금융 메타버스 제작 전문 스타트업 핏펀즈(fitfuns)는 CES 2023에서 신한은행의 메타버스 플랫폼 '시나몬'*을 선보였다. 세계 최초의 은행 메타버스 플랫폼이다. 소비자는 메타버스 공간에서 게임하듯 재미있게 금융서비스를 이용할 수 있게 되는 것이다. 금융서비스가 오프라인에서 온라인을 넘어 가상공간으로 또 한 번의 전환이 시작된 것이다. KB국민은행이 가상공간에 만든 KB광야점, 독도에 가상지점을 낸 NH농협은행, 기업은행의 금융서비스와 상품 체험이 가능

---

* 신한(Shinhan)과 나(Na)는 메타버스(Metaverse)에서 만난다(On)라는 의미를 담은 '시나몬(Shinamon)'은 전 세계 최초로 은행 시스템과 연계된 메타버스 플랫폼이다. 시나몬에서는 가상 재화인 '츄러스'로 대출, 적금, 펀드 등 다양한 금융상품을 운용할 수 있다. 은행이 보유한 다른 플랫폼이나 서비스, 금융 데이터 등과 연계할 수 있는 것도 시나몬의 장점이다.

프로그레시브의 '스냅샷'

자료: Progressive

한 IBK 도토리은행 등 메타버스에 관한 관심이 집중되고 있다.

둘째, 인슈어테크*가 부상하고 있다. 보험산업에 혁신 기술이 도입되는 현상을 특히 인슈어테크로 정의할 수 있다. 보험산업에도 디지털 기술의 접목이 기하급수적으로 늘고 있다. 미국의 자동차 보험회사 프로그레시브(Progressive)는 '스냅샷(Snapshopt)'이라는 자

---

* 핀테크(금융과 정보기술의 결합)의 한 영역인 인슈어테크(InsuroTooh)는 인공지능(AI), 사물인터넷(IoT), 빅데이터 등의 IT 기술을 활용한 혁신적인 보험 서비스를 일컫는다. 인슈어테크가 도입되면 기존의 운영방식이나 상품 개발 및 고객 관리 등이 전면적으로 재설계되어 보다 고차원적인 관리 및 서비스가 이뤄진다. 예를 들면 전체 가입자에게 동일하게 적용하던 보험료율을 빅데이터 분석을 통해 다르게 적용하거나 사고 후 보상 개념인 기존 보험과 달리 사고 전 위험관리 차원으로 접근하는 서비스가 가능하다. 또 보험 상담 업무도 로봇이 대행할 수 있고, 빅데이터 관리를 통한 보다 효과적인 영업과 블록체인 등을 이용한 안전한 결제 시스템 등을 구축할 수 있다.

마이크로프로텍트의 리턴즈 실손의료비 자동청구 서비스

	microprotect	InsurTech	보험사	보유 내역
의료비 데이터	○	×	○	최근 3년 이상 고객의 의료비 사용 내역
건강검진 데이터	○	×	×	검진 결과 Raw Data 건강검진 분석 결과
보장분석	○	○	○	과거~현재 보험 계약 내용 전 연령별 성별/담보별 평균 가입 금액
위험률 모델링	○	×	×	고객 의료비 지출 내역에 대한 빅데이터 분석
무심사 상품 추천	○	×	×	국내 보험사 대부분 미활용

자료: 마이크로프로텍트

동차의 주행거리뿐만 아니라 급가속이나 급제동 등과 같은 운전습관 정보를 수집하고 맞춤화된 보험료를 책정하는 서비스를 제공하고 있다. 종전까지만 해도 스냅샷이라는 사물인터넷 기반의 데이터 수집장치를 이용해 데이터를 수집하는 방식을 취했으나, 최근에는 모바일 애플리케이션으로 전환했다.

　마이크로프로텍트의 자회사 마이크로프로텍트 인슈코어는 최근 3년간의 의료비 데이터와 건강검진 데이터 등을 활용해 실손의료비를 자동으로 청구해주는 서비스 '리턴즈'를 출시했다. 실시간으로 축적하는 빅데이터는 소비자에게는 맞춤형 보험 상품을 추천해주고, 보험회사에는 개인별 위험률 등을 분석해 솔루션을 제공해준다.

'Pay Ring' 서비스

자료: Quantic Bank

셋째, 지급결제 서비스의 혁신이 일어나고 있다. 현금을 주고받는 아날로그 방식에서 신용카드, 간편결제, 키오스크, 디지털 화폐와 같은 새로운 방식이 등장하고 있다. 미국의 퀀틱뱅크(Quantic Bank)는 손가락에 낀 반지를 통해 결제하는 '페이 링(Pay Ring)' 서비스를 시작했고, 중국의 알리페이는 안면인식 기술을 활용해 결제하는 '스마일 투 페이(Smile to Pay)' 서비스를 개시했다.

오프라인 공간의 키오스크(kiosk)*에서 '모바일 오더(Mobile

---

* 공공장소에 설치된 무인 정보 단말기. 주로 정부 기관이나 은행, 백화점, 전시장 등에 설치되어 있으며 대체로 터치스크린 방식을 사용한다.

'Smile to Pay' 서비스

자료: 알리페이

Order)'로의 전환이 시작되었다. 2022년까지 오프라인 유통매장, 식당, 커피숍 등에 걸쳐 키오스크가 확산되고, 키오스크는 비대면 무인 결제 시스템의 주역이 되어왔다. 이제 키오스크마저 점차 대체될 것으로 보인다. 한 스타트업은 모바일 기반의 주문/결제 서비스 '테이블로(Tablero)'를 다양한 프랜차이즈, 백화점, 유통매장 등을 중심으로 확산시켜나가고 있다. 키오스크 앞에서 길게 줄을 설 필요가 없고, 공간을 확보하며 비싼 장비를 놓을 필요도 없어진다. 더욱이 소비자의 실시간 소비 빅데이터를 확보할 수 있어 놀라운 가치를 제공할 것으로 보인다. 테이블로의 장하일 대표는 필자와의 대담에서 "포스사 및 밴사와 제휴를 맺고 기술적으로 결합해 테이블로

디지털 화폐

화폐의 개념이 급격히 변화하고 있다. 아날로그 경제에서 지폐나 동전이 가장 유용했던 결제수단이었다면, 디지털 경제에서 가장 유용한 디지털 화폐가 등장할 시점이다. 2022년은 전통적인 화폐가 교환의 수단으로서 역할을 하지 못하고, 디지털 화폐로의 전환이 성큼성큼 이루어지는 임계점이 될 전망이다. 2021년에 이미 세계 주요국 중앙은행들이 디지털 화폐를 발행하기 시작했다.

디지털 화폐(Digital Currency)란 금전적 가치가 전자적 형태로 저장, 이전 또는 거래될 수 있는 통화를 의미한다. 최근 블록체인, 빅데이터 등의 기술들이 발전하고 다양한 영역에 걸쳐 적용되는 과정에서 다양한 디지털 화폐가 발행되고 있다. 아날로그식 현금에서 디지털 기반의 화폐로의 전환이 일어나고 있는 것이다.

디지털 화폐는 크게 암호화폐(Cryptocurrency), 스테이블 코인(Stable Coin), 중앙은행 디지털 화폐(CBDC, Central Bank Digital Currency)로 구분된다. 암호화폐는 블록체인을 기반으로 분산 환경에서 암호화 기술을 사용해 만든 일종의 디지털 자산이다. 암호화폐는 가격변동성이 매우 커 화폐를 대체하기 어렵다는 등의 단점이 있다. 스테이블 코인은 암호화폐의 단점을 보완해 민간기업들이 가격변동성을 최소화하고 통화와의 일정한 교환비율을 설정했다. 보통 1코인이 1달러의 가치를 갖도록 설계되었다. 다만 그 정보의 주체가 민간이 된다는 점에서 정책적으로 통제가 어렵다는 단점이 있다.

CBDC는 중앙은행 내 지준예치금이나 결제성 예금과는 별도로 중앙은행이 전자적 형태로 발행하는 새로운 화폐*를 가리킨다. 중앙은행에서 발행하고 정부가 직접 관리감독 한다는 면에서 안정성이 높다. 암호화폐는 익명성이 보장되어 있어 자금세탁, 탈세 등과 같은 불법적 용도로 활용될 수 있다는 단점이 있으나, CBDC는 통제가 가능하다. 즉 거래의 익명성을 보장할 수도 있으나, 필요에 따라 익명성을 제한하는 것도 가능하다. 특히 기존의 화폐를 대신할 수 있어 '현금 없는 사회'로

---

* "A CBDC is a digital form of central bank money that is different from balances in traditional reserve or settlement accounts." – BIS(2018.3), 「Central Bank Digital Currencies」

의 이행을 가속화할 수 있고, 물가안정 등과 같은 통화정책의 수단으로 활용될 수 있다.

디지털 화폐의 분류와 특징

	암호화폐	스테이블 코인	CBDC
발행 주체	없음(탈중앙화)	민간기업	중앙은행
감독 방식	명확한 감독관리 기관 없음	여러 국가가 감독관리에 관여	정부 직접 감독관리
특징	익명성		익명성 제어 가능
가치	불안정 – 수요공급에 의해 정해짐	안정 – 통화가치와 연동	안정 – 통화가치와 연동
사례	비트코인(Bitcoin)	리브라(Libra), 테더(Tether), JPM Coin	중국의 DCEP, 바하마의 샌드달러(Sand Dollar)

스티커만 매장에 붙이면 1분 안에 포스기와 연동되어 주문 및 결제가 가능하다"라며 혁신성·시장성 측면에서 강한 자신감을 밝힌 바 있다.

넷째, 사이버 보안(Cyber Security)이다. 디지털 세상에서의 핵심은 데이터다. 금융, 의료, 라이프스타일 등에 관한 소비자의 데이터는 기업에 엄청난 가치를 제공해주는 만큼 데이터 보안에 실패할 때 엄청난 가치의 손실이 발생하기도 한다. 소비자로서도 민감한 데이터를 철저히 관리하는 능력이 있는지는 기업과 제품의 선택 여부를 결정짓는 요소(Key Buying Factors)가 될 것이다. 2023년 CES에

모바일 주문/결제 서비스 '테이블로'

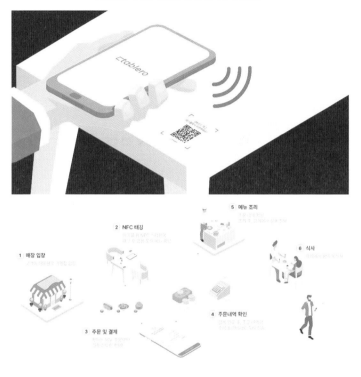

자료: 테이블로

서 삼성전자는 데이터 보안과 관련된 영역에서 최고혁신상을 받았다. 삼성전자는 카드에 탑재하던 하드웨어 보안칩, 지문 센서, 보안 프로세서를 업계 최초로 하나의 IC칩에 통합해 지문인증 IC를 개발했다. 위조 지문의 접근을 사전에 방지해 정보가 빠져나가지 않게 하고, 정보를 암호화하여 안전하게 저장할 수 있어 보안 수준이 매우 높다. 지문인증을 통해 본인만 결제할 수 있으므로 카드 도난 및 비밀번호 분실 등에 따른 문제를 방지할 수 있다. 학생증, 출입 카드 등에 다양하게 확대적용 할 수 있다는 점에서 미래가치는 배가될 것으로 판단된다.

─────── 비욘드 디지털, 새로운 판 ───────

금융사들은 '비욘드 디지털' 전략을 마련해야 한다. 오프라인 영업점포를 줄이고, 디지털 금융으로의 전환에만 머무르면 안 된다. 디지털을 넘어 혁신 기술들을 포착하고, 차원이 다른 서비스를 제공할 수 있어야 한다. 여기서 서비스는 금융서비스에 국한되어서는 안 된다. 비욘드 디지털의 핵심은 경계를 허무는 것이다. 산업의 경계를 없애고 사고를 확장해야 한다. 미래 금융의 모습을 그리고, 유통·교육·의료·운송 등 전 영역에 걸쳐 시너지를 내야 한다.

금융사는 미래 금융산업의 특성에 맞게 경영전략을 전환해나가야 한다. 전통적인 금융사가 디지털 금융 플랫폼으로 탈바꿈한 사례들을 검토하고, 새롭게 갖춰야 할 것이 무엇인지를 지속해서 고민해야 한다. 미국 신용조합인 WCU(Workers Credit Union)는 오프라인 공간에 홀로그램 안내원(hologram greeter)을 도입해 상품에 대한 정보 전달과 고객 요청사항을 안내하고 있다. 이처럼 비대면 금융환경에서 소비자가 보다 편리하게 서비스를 이용할 수 있도록 방법을 탐구해야 한다. 공공 빅데이터와 소비 빅데이터를 수집하고 활용하여 소비자의 라이프스타일을 이해하고 실시간으로 다양한 금융 니즈를 파악할 수 있어야 한다.

급변하는 환경 속에서 경쟁력을 확보하기 위해 다음과 같은 몇 가지 적극적인 대응이 필요한 상황이다. 첫째, 비즈니스 리모델링이다. 은행사는 비은행 사업과의 시너지를 확보하는 방향으로 사업영역을 확대하는 시도가 요구된다. 증권·보험·자산운용 등 비은행 사업과의 시너지 확보도 요구되고, 유통·문화서비스·정보서비스 등 비금융 사업과의 연계도 필요하다. 둘째, 온-오프라인 연계성을 강화해야 한다. 오프라인 영업점포를 줄여나가는 과정에서 그 역할을 재정의하고, 온라인 접점과의 연계성을 강화하는 노력이 요구된다. 셋째, 디지털 플랫폼을 확보하고, 해외 진출을 모색할 필요가 있다. 디지털 플랫폼에 기초한 금융은 지역 및 국경 간의 격차를 축소하고 있어 포화된 국내시장에서 벗어나 부상하는 해외 금융수요를 포착할 기회를 주고 있다.

산업의 패러다임이 변화하고 있다는 것은 인력 구성이나 인재상에도 변화가 필요함을 의미한다. 대면 서비스에 집중했던 금융서비스는 오프라인 지점에 특화된 역량을 중심으로 교육·훈련해왔지만, 디지털 플랫폼을 기반으로 한 비대면 금융서비스는 소프트웨어 개발자를 필요로 한다. 금융산업에 특화된 기술인재를 확보하기 위해 대학과 연계한 교육 프로그램을 조성하는 것도 검토되어야 한다. 풍부한 경험과 노하우를 보유한 기존의 인력들이 디지털 역량을 확보할 수 있도록 업스킬(Up-Skill)과 리스킬(Re-Skill) 차원의 인력개발 전략이 집중되어야 한다.

정책적 대응책에서도 새로운 판을 짜야만 한다. 산업은 이미 디지털을 넘어 새로운 판으로 건너가고 있는데, 정책·제도적 기반은 낡은 아날로그에 머무는 경향이 있다. 기업은 디지털 계약(Digital Contract)과 페이퍼리스(Paperless) 방식으로 이미 전환되었는데, 정부는 두껍고 낡은 양식의 인쇄 문서에 머물고 있는 것은 아닌지부터 돌아봐야 한다. 기업들이 새로운 판에서 비즈니스를 벌이려면 새로운 제도적 환경이 마련되어야 하는데, 과거의 낡은 규제가 이를 가로막아서는 안 된다. 정부가 기업보다 더 먼 미래의 금융을 내다보고, 선제적으로 미래 금융환경을 조성해야 한다. 정책이 필요한 이유는 막아서기 위함이 아니라 지원하기 위함이다.

04

일상 속으로 들어온
로봇

SF 영화가 바뀌어야 할 때다. SF 영화의 단골 소재가 로봇인데, 로봇은 이미 공상이 아니다. 로봇은 미래가 아니고, 이미 현실이고 일상으로 들어왔다. 공항이나 호텔, 백화점뿐만 아니라 식당이나 가게에 이르기까지 로봇을 만나는 것이 특이한 일이 아닌 삶이 되었다.

국내 주요 기업들은 로봇산업의 가능성을 알고 진작부터 분주하게 준비해왔다. 현대차그룹의 로봇 브랜드 엑스블(X-ble)은 의료용 착용 로봇 멕스(MEX)를 출시했고, 삼성전자는 봇핏(Bot Fit)이라는 이름의 보행 보조 로봇을 출시할 계획이다. LG그룹도 서비스 로

삼성전자 '봇핏' 특허 및 출시 일정

2019년 1월	美 'CES 2019'서 보행보조 로봇 'EX1(젬스힙)' 첫선
2022년 4월	美 FDA에 젬스힙에 대한 '시판 전 신고(Premarket Notification)'
2023년 2월	'착용형 장치 및 이의 동작 방법' 특허 출원
2023년 3월	'봇핏(Bot Fit)' 상표권 등록 '보행보조 방법 및 이를 수행하는 장치들' 특허 출원 한종희 삼성전자 부회장 "올해 출시될 EX1 제품 준비 중"
2023년 5월	'보행 보조 장치 및 그 동작 방법' 특허 출원

자료: 삼성전자

봇 'LG 클로이'를 출시하고, 사업 확대를 추진하고 있다. 네이버는 인간에게 주는 불편함을 로봇을 통해 최소화하겠다는 포부를 밝히며 로봇기업으로의 변신을 추진하고 있다.

세계 열강은 로봇산업을 점유하기 위해 기술 로드맵을 설정하고, 산업 진흥정책들을 구축해왔다. 미국은 2021년 로봇공학과 자율주행차를 포함한 첨단기술 연구에 2,000억 달러 투자 계획을 발표했고, 중국은 2025년까지 로봇에 2조 달러를, EU는 2021년부터 2027년까지 로봇과 AI에 1,000억 유로를 투자할 계획이다. 세계 로봇산업을 전망해보고, 주요 로봇 유형별로 기술 개발 및 상용화가 어디까지 전개되고 있는지를 진단해볼 필요가 있다. 한국의 로봇산업을 돌아보고 어떤 방향으로 나아가야 할지 고민해봐야 할 시점이다.

서비스 로봇 시장 전망

로봇은 크게 제조 로봇(industrial robot)[*]과 서비스 로봇 (service robot)으로 분류된다. 서비스 로봇은 다시 전문 서비스 로봇(professional service robot)과 개인 서비스 로봇(personal service robot)으로 구분되기도 한다. 서비스 로봇은 생산공정 등에 주로 사용되는 제조 로봇과 구분 지어 물류/유통, 의료, 국방, 농업, 가정용 등과 같이 제조업 이외의 분야로 응용 분야가 확장된 로봇을 말한다. 본서에서는 서비스 로봇에 한정해 기술하겠다.

세계 서비스 로봇 시장은 2023년 현재 약 401.8억 달러에 달하는 것으로 추산한다. 향후 세계 서비스 로봇 시장은 2024년 487.5억 달러, 2025년 591.5억 달러 규모로 급성장할 것으로 전망한다. 서비스 로봇으로 가장 많은 비중을 차지하는 것이 물류로봇으로 45%를 차지하고, 서빙로봇이 18%로 두 번째로 많이 보급된 유형이다. 그밖에도 의료로봇(13%), 청소로봇(12%), 농업로봇(7%), 점검로봇(5%) 등으로 구성된다.

---

[*]   산업통상부는 「대한민국 로봇산업 기술로드맵」을 통해 제조 로봇을 다음과 같이 정의했다. 제조 로봇은 각 산업제조현장에서 제품생산에서 출하까지 공정 내 작업을 수행하기 위한 로봇으로 자동 제어되고, 재프로그램이 가능하며, 다목적인 3축 또는 그 이상의 축을 가진 자동조정장치다. 주로 자동차, 전기/전자, 금속/기계, 플라스틱/화학, 식품/음료 등과 같은 제조업에 걸쳐 활용되고 있다.

세계 서비스 로봇 시장 전망

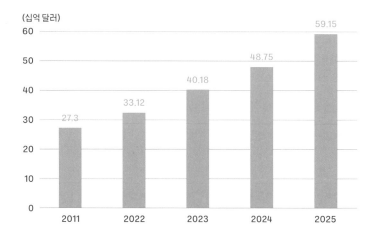

(십억 달러)

자료: Precedence Research

6대 서비스 로봇 보급 현황

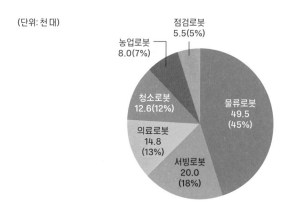

(단위: 천 대)

자료: IFR(International Federation of Robotics)

6대 서비스 로봇, 어디까지 와 있나?

첫째, 물류로봇(Transportation & Logistics)은 서비스 로봇의 가장 범용화되는 영역이다. 물류창고는 이미 로봇에 의해 점령된 지 오래다. 온라인 쇼핑이 급격히 증가하면서 물류센터에서의 물류로봇 채택이 늘어나고 있다. SSG닷컴은 GTP(Goods To Person) 시스템을 도입했다. 직원이 물건을 가지러 가는 것이 아니라 물건이 직원을 찾아오는 방식이다. 과거에는 주문이 들어오면 직원이 넓은 물류센터를 헤매면서 제품을 찾아야 했다. 이제 직원이 모니터를 통해 배송물품을 확인하면 물건이 담긴 바구니가 자동으로 직원 앞으로 온다. KT는 AI 기술을 활용해 최적의 운송경로를 제공하고, 화주와 차주를 실시간으로 매칭하는 솔루션을 경쟁력으로 물류산업의 디지털 전환을 주도할 계획이다.

둘째, 서빙로봇(Hospitality)은 사람이 가장 친숙하게 만나는 로

물류로봇

자료: IFR(International Federation of Robotics)

서빙로봇

자료: IFR(International Federation of Robotics)

봇 중 하나다. 환대, 접객, 주문, 요리 등의 일을 하므로 소비자를 직접 대면하는 역할을 수행한다. AI 로봇커피로 유명한 비트코포레이션이 가장 대표적인 예다. 최근 무인 매장 운영 시스템 '아이매드'를 상용화하고, 솔루션을 구독서비스로 제시하는 RaaS(서비스형 로봇) 비즈니스로 확대하고 있다. KT Enterprise는 다양한 외식업 매장에서 안정적인 서빙이 가능한 AI 서빙로봇을 제공하고 있다. 자율주행 기술을 내재하고 있어 좁은 테이블 사이를 여러 대의 로봇과 충돌 없이 주행할 수 있고, 음성인식 기술도 탑재하고 있어 직원이나 소비자와 실시간 소통도 가능하다. 서빙로봇은 매우 광범위한 영역에서 급속도로 도입되고 있다. ㈜대보유통은 고속도로 휴게소에 라면이나 우동 등을 조리하는 로봇과 무인결제시스템 테이블로를 도입할 계획이다.

셋째, 의료로봇(Medical/Healthcare)은 인류를 건강하게 만들

의료로봇

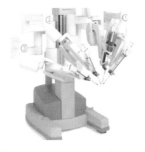 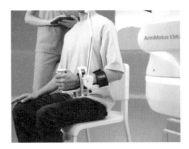

자료: IFR(International Federation of Robotics)

것이다. 특히 수술로봇은 의료로봇 시장에서 약 60%를 차지하는데, 다빈치(da Vinci) 수술로봇은 독점적으로 시장을 점유하고 있다. 무엇보다 정교함이 특징인데, 사람의 능력으로는 한계가 있는 최소절개 수술을 가능케 한다는 점을 주목해볼 만하다. 대형 절개가 아니라 2.5cm 미만의 절개로 통증이 적고, 흉터가 거의 없는 정밀 수술이 가능하다. 한편 로봇 재활치료도 빠르게 보급되고 있는데, 질병이나 사고에 의해 발생한 문제를 회복시켜주도록 재활로봇이 활용되고 있다.

넷째, 청소로봇(Professional Cleaning)은 사람이 가장 꺼리는 일을 대신에 해준다. 청소로봇은 주거, 상업 및 산업 분야의 청소를 목적으로 설계된 로봇이다. 물론 집마다 로봇청소기가 침대 밑이나 소파 밑까지 돌아다니며 깨끗하게 청소해주며 사람의 일을 대신해주고 있기도 하지만, 가정용 외에도 청소산업이라고 일컬어지는 영

청소로봇

자료: IFR(International Federation of Robotics)

역에서의 전문 청소로봇에 집중해볼 필요가 있다. 호텔, 사무용 빌딩, 도로 등에 걸쳐 청소로봇이 본격적으로 도입되고 있다. 바닥뿐만 아니라 건물 창이나 외벽, 저수조·탱크 청소에 이르기까지 청소로봇이 도입되고 있다. 최근에는 태양광이 많이 보급됨에 따라 태양광 패널 경사면이나 수직면 전방위로 움직이며 조류 배설물 등을 청소하는 클라이밍 로봇(climbing) 시장도 빠르게 성장하고 있다.

농업로봇

자료: IFR(International Federation of Robotics)

다섯째, 농업로봇(Agriculture)은 농업을 진화시킨다. 파밍(farming)과 로봇(robot)의 합성어로 팜봇(Farmbot)이라고도 한다. 부족한 농촌 일손을 대신하고 생산성을 높인다. 밭 갈고, 씨 뿌리고, 모를 심는 작업을 수행한다. 밭을 가는 자율주행 트랙터, 과수원의 잡초를 제거해주는 제초로봇, 병충해 방제 로봇 등에 걸쳐 범위가 확대되고 있다. 존 디어(John Deere)는 CES 2023에서 자율주행 트랙터로 최우수혁신상을 받았다. 현대로템과 현대자동차도 농업용 웨어러블 로봇 등 농업 분야에 적용하는 로봇 기술 개발에 투자하고 있다. 농업로봇은 식량부족이나 인구감소에 따른 노동력 부족 등의 농업 관련 문제를 해결하는 대안이 될 것이다.

여섯째, 점검로봇(Maintenance and Inspection)은 사람의 안전을 책임진다. 사람이 접근하기 어려운 곳에서 작업을 수행기 때문에 그 의미가 크다. 영하 40도의 극한 지역에 있는 전력시설이나 산간에 있는 고압전선을 점검하는 로봇이 도입되고 있다. 케이블 로봇이 케

점검로봇

자료: IFR(International Federation of Robotics)

이블의 코팅 두께를 측정하거나 내부 부식을 진단하는 역할을 수행한다. 터널 등과 같은 지하 공간의 균열을 점검하거나 시설물을 유지 관리하는 데도 로봇이 활용되고 있다. 3차원 센서와 GPS를 기반으로 균열이나 콘크리트의 열화, 녹 등을 검사한다. 그 밖에도 댐 수중검사, 배관검사, 도로 유지관리, 건물 외벽 진단 등 다양한 영역에 걸쳐 사람이 접근하기 어려운 곳에서 점검로봇이 사람의 안전을 책임지고 있다.

로봇산업, 무엇을 준비해야 하는가?

첫째, 로봇에 대한 국민의 올바른 공감대 형성이 필요하다. 로봇은 인간을 짓밟기보다는 돕는 존재임을 명확히 할 필요가 있다. 6대 서비스 로봇의 활용 및 보급 동향을 보면 이는 더욱 명확해진다. 로봇은 사람이 하기 싫어하거나 어려운 일을 대신하거나 사람의 능력을 넘어 물류, 의료, 농업, 청소 등의 서비스를 제공한다. 각종 매체도 '사라질 직업'에 대해서만 집중 조명하고, 로봇이 사람의 삶을 어떻게 윤택하게 만드는지나 사람은 어떤 역량을 갖추어나가야 하는지 등에 대해서는 소홀하지 않은지 반성이 필요하다. 특히 고령화 및 생산가능인구 감소라는 엄청난 숙제가 주어진 한국 사회는 '로봇의 도움'이 절대적으로 필요함을 인식할 필요가 있다.

둘째, 국가 차원의 로봇산업에 관한 비전을 선포하고, 기술 개발 로드맵을 구축해야 한다. 장기적이고 지속적인 투자가 진행될 수 있도록 방향성을 선정해 로봇산업의 경쟁력을 확보해야 한다. 대학의 원천기술 연구와 정부출연연구소의 차세대 기술 개발 및 기업의 기술 상용화 등이 어우러질 수 있는 로봇산업 생태계를 조성해야 한다. 우리나라는 로봇산업을 성장시킬 수 있는 IT 인프라와 반도체 및 소프트웨어 역량을 갖추고 있다. 다만 각각의 독립된 조직 차원에서 구축한 역량을 로봇 생태계 전반에 공용화할 수 있도록 시스템화한다면, 다양한 서비스 영역에서 로봇산업의 성장을 이끄는 데 디딤돌이 될 것이다.

셋째, 로봇 전문인력 육성을 위한 청사진도 마련해 기술 주도권을 확보해야 한다. 로봇에 의해 인간의 노동력이 대체되는 영역도 있지만, 부상하는 로봇산업에서 함께 성장할 많은 인재가 필요하다. 해외 유망 기업들을 M&A하고, 해외 전문인력과 기술교류할 수 있는 장을 마련하는 것도 도움이 되겠다. 차세대 로봇 시스템을 개발할 연구인력을 양성하고, 융복합적 사고를 기반으로 다양한 서비스 분야에서 활용될 아이디어를 제안하는 트렌드 세터(trend setter)를 길러내야 한다.

05

지구의 복수,
산업의 지각변동

    중소 제조업체들이 문을 닫는다. 기후변화와 전기료의 무게를 견디지 못해서다. 이상기후는 공장의 전기 사용을 늘리게 만드는 동시에 전기요금을 인상하게 만드는 요인*이다. 폭염이나 혹한과 같은 이상기후는 공장 설비를 유지하는 데 비용이 가중된다. 중소기업들은 탄소배출량 감축을 위한 에너지 전환과 산업구조 변화에 대응하는 게 문제가 아니라 기후변화 자체에 쓰러지는 것이다.

---

* 전기요금에는 연료비 조정 요금과 기후환경 요금 등을 포함한다. 먼저, 연료비 조정 요금은 석탄, 천연가스, 유류와 같은 수입 연료의 가격변동분을 주기적으로 반영한 요금인데, 기후변화는 세계 연료 수요를 증가시켜 수입 연료 가격을 상승시키는 요인이 될 것이다. 한편 기후환경 요금은 신재생에너지 의무이행 비용, 온실가스 배출권 거래 비용을 포함하고 있고, 이상기후 현상이 더해질수록 해당 비용은 가중될 것이다.

최근 정수기에 들어가는 플라스틱 부품을 생산하는 한 제조업체가 폐업했다. 제조업체들이 합격품을 생산하려면 24시간 공장을 가동해야 하고, 일정한 온도를 유지해야만 한다. 이상기후는 공장 가동에 들어가는 전기 사용량을 폭증하게 만드는데, 엎친 데 덮친 격으로 전기요금 인상이 맞물려 어려움을 겪을 수밖에 없다. 20년간 활성탄을 제조하는 중소기업도 최근 폐업했다. 재료들을 건조 및 열처리하기까지 200~300℃의 온도를 유지하려면 전기요금이 만만치 않게 들고, 경기침체로 매출마저 줄어든 상태에서 사업을 이어나갈 수 없었다.

기후변화로 인한 산업의 지각변동

산업 자체의 지각변동이 일기도 한다. 산업의 지각변동은 상당한 영역에 걸쳐 일어날 것으로 보인다. 첫째, 주변에서 가장 현실적으로 체감하는 대표적인 산업이 자동차산업이다. 세계 각국이 자동차 배기가스 기준을 강화하고, 자동차 기업들은 분주하게 전기차 모델을 앞다퉈 출시하고 있다. 경유차 소비는 줄고, 전기차 비중은 급격히 늘고 있다. 이차전지 산업도 함께 부상하고, 차량 경량화 소재 개발이나 자동차 충전설비에도 산업적 관심이 집중되고 있다. 한편 기존 화석연료 자동차를 생산하는 데 들어가는 엔진 및 관련 부품산업 등은 중장기적으로 사양산업이 되고 있는 게 사실이다. 자동차산업에 관한 논의는 〈3부 1. 전기차로의 거대한 이동과 배터리 전쟁〉 편에서 상세하게 다루었다. 이를 참고하기 바란다.

둘째, 자동차산업 못지않게 기후변화에 따라 두드러지는 변화를 목격할 수 있는 영역이 에너지산업이다. 에너지산업도 기존의 화석연료 기반의 에너지 체계에서 재생에너지 체계로의 지각변동이 가속화할 전망이다. 재생에너지는 기후변화 대응을 위해 필연적으로 부상하는 산업이다. 화석연료 기반의 발전에서 재생에너지로의 전환은 매우 강력한 지각변동이라고 볼 수 있다. 특히 2023년 이후 태양광발전(계통형과 분산형 포함)이 전 세계 재생에너지 전력 발전량의 약 64% 이상을 차지하고, 향후 보급 속도도 가장 빠를 것으로 판단된다. 그 밖에도 육상 및 해상 풍력과 수력 및 바이오에너지 등으로 구성된 재생에너지 믹스가 미래의 주된 전력 공급원으로 성장할 것으로 전망된다.[*]

셋째, 기상관측의 필요성이 증대되고, 기상장비업이나 기상컨설팅업 등과 같은 기상산업이 주목받을 것으로 판단된다. 국가의 기상관측 역량이 해운업, 건축·토목, 유통업, 레저업, 에너지업, 농업, 보험업 등에 직간접적인 영향을 미친다. 따라서 기상산업은 기

---

[*] 재생에너지로의 전환에 관해서는 전서 『한 권으로 먼저 보는 2020년 경제 전망』, 『포스트 코로나 2021년 경제전망』, 『위드 코로나 2022년 경제전망』, 『그레이트 리세션 2023년 경제전망』을 통해 지속적으로 강조해왔다.

세계 재생에너지 전력 발전량 추이 및 전망

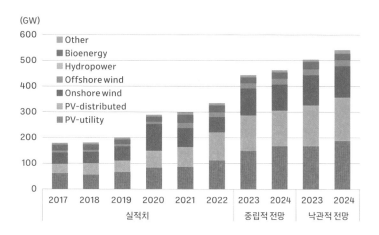

자료: IEA(2023.6), Renewable Energy Market Update, Outlook for 2023 and 2024
주: PV-utility=태양광발전 계통형, PV-distributed=태양광발전 분산형, Onshore wind=육상풍력, Offshore wind=해상풍력, Hydropower=수력, Bioenergy=바이오에너지

후변화에 적응하고, 이상기후나 재난에 대비하기 위한 노력으로서 국가 전략산업으로 성장할 가능성이 높다. 이에 기상청은 2023년 국정과제로 '기상산업 육성'을 내걸었다.

국내 기상산업 매출액은 2017년 약 4,077억 원에서 꾸준히 증가해 2021년 약 8,218억 원을 기록했다. 매년 기상산업 시장규모는 증가하는 추세로 2021년 매출액은 전년 대비 35.1% 증가했고, 2022~2024년 연평균 약 15% 성장할 것으로 전망된다. 특히 기상산업 수출액이 2020년 약 149억 원에서 2021년 약 222억 원으로 증가한 반면, 같은 기간 수입액은 약 218억 원에서 약 135억 원으로

기상산업 부문별 매출액 추이

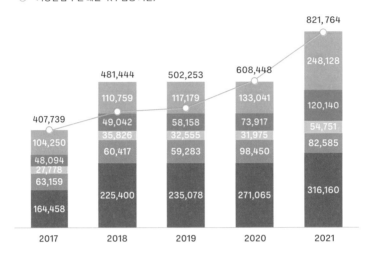

■ 기타 기상 관련 산업
■ 기상 관련 정보 및 소프트웨어 서비스업
■ 기상 관련 전문, 기술 서비스업
■ 기상기기, 장치 및 관련 제품 도소매업
■ 기상기기, 장치 및 관련 제품 제조업
—○— 기상산업 부문 매출액(주업종 기준)

(단위: 백만 원)

자료: 기상청(2022.11), 「2022년 기상산업 실태조사 및 분석 결과 보고서」

감소해 한국 기업들이 국내외 시장을 동시에 확대해나가고 있음을
가늠할 수 있다. 향후 기상기기, 장치 및 소프트웨어 수출이 유망할
것으로 판단된다.

넷째, 건축산업의 패러다임이 크게 전환될 것으로 전망된다. 건
축은 환경을 파괴하는 산업이라는 인식이 강하다. 실제 건설현장에
서 건설 폐기물을 배출하거나, 녹지와 산림을 훼손하기도 하고, 시

기상 관련 상품을 제조·공급하거나 용역을 공급하는 산업을 말한다. 좀 더 넓은 의미로 본다면 기상재해 예방 및 복구산업, 기후변화 감시 및 예측사업, 온실가스 감축을 위한 기후변화 대응사업, 기상 영향평가 사업 등도 포함된다. 기상산업은 기상예보업, 기상감정업, 기상컨설팅업, 기상장비업으로 구성되며, 맞춤형 날씨 정보와 기업 경쟁력을 높일 수 있는 다양한 날씨 상품을 서비스하는 데 주력하고 있다. 세계 경제의 80%가 날씨의 직간접적인 영향을 받고 있으며, 이 중 GDP의 10%가량(국내 GDP로 환산 시 106조 원, 2009년 기준)이 날씨의 직접적인 영향으로 분석되고 있다. 또한 기후변화로 인한 기상재해가 빈번하게 발생함에 따라 기상 정보의 전략적 활용이 국가 및 기업 경쟁력 제고의 중요 요인으로 떠오르고 있다.

기상산업의 구조

자료: 한국기상산업기술원

공 및 운용 과정에서 많은 에너지를 사용하기 때문이다. 기후변화 시대에는 건축산업도 변화해야만 한다. 건축산업의 경우 친환경 건축사재의 수요가 늘어나고, 건물 자체적으로 에너지를 조달하거나 다른 건물과 에너지를 거래하는 분산전력망이 보급될 것이며, 물 부족 대응 및 물 절약을 위한 재활용수 시스템*에 대한 수요도 집중될 것이다. 대표적으로 제로 에너지 하우스**와 같은 친환경 건축물 보급이 확대될 전망이다.

다섯째, 기후변화에 대응하기 위해 식품산업도 변모할 것으로 보인다. 농업은 기후변화, 자연재해, 병충해 등에 가장 민감하게 영향을 받는 산업이면서 인류에게 필수재를 공급하는 산업이기 때문에 변화의 잠재력이 큰 영역이다. 세계 최대 식품박람회인 독일 쾰른식품박람회(Anuga 2023)에서 '미트 모어 미트리스(Meet More Meatless)'라는 주제의 특별행사를 개최했는데, 식물성 대체육의 가능성에 업계의 이목이 쏠리고 있음을 확인할 수 있었다. 식물성 대체육과 같은 식료품제조업계의 상품뿐만 아니라 도시농업, 식품안전관리업, 음식쓰레기 처리 산업이 부상할 것으로 전망된다. 특히 도시농업은 녹지 확충 등의 탄소중립 실현뿐만 아니라 식량안보에도 기여하는 것으로 평가되고 있고, 농림축산식품부는 '제3차 (2023~2027) 도시농업 육성 5개년 계획'을 발표하며 이를 확산하기 위해 노력하고 있다.

마지막으로, 금융산업에서는 풍수해 보험, 농작물 보험, 날씨

---

* 물산업에 관한 논의는 〈3부 6. 물 부족 위기와 물산업 기회〉 편에서 상세하게 다루었다. 이를 참고하기 바란다.
** 제로 에너지 하우스(Zero Energy House)는 재생에너지와 고효율 단열 기술을 이용하여 건물에 에너지가 투입되지 않아도 되도록 설계된 주택이다. 단열 기술 및 에너지 소비의 효율화를 달성하여 외부에서 전기나 가스 등의 에너지 공급을 최소화하고 기본적인 난방이나 조명 등을 해결할 수 있게 한다.

파생상품에 관한 관심이 고조될 전망이다. 기후변화라는 불확실성이 고조되는 국면이기 때문에 리스크 헤징(risk hedging)을 위한 수단으로 보험산업이 성장할 수 있다. 지구온난화 현상으로 폭우, 폭설, 폭염, 산사태, 지진, 해일 등의 재난이 더욱 빈번하게 발생할 수 있고, 이에 풍수해 보험이나 농작물 보험의 수요가 증가할 것으로 전망된다. 날씨 파생상품(weather derivatives) 거래도 늘어날 것으로 보인다. 기업은 예상치 못한 날씨로 손실을 볼 수 있고, 이러한 리스크를 헤징하기 위해 파생상품 거래가 확대될 수 있다. 예를 들어 냉방지수(CDD, Cooling Degree Day), 난방지수(HDD, Heating Degree Day), 곡물 가격 등을 지표로 하는 금융상품 거래가 빈번해질 수 있다.

기후변화 적응 및 대응 유망 산업

산업 구분	유망 분야
기상산업	기상장비업, 기상컨설팅업, 기상감정업
건축산업	제로 에너지 하우스, 건축자재업, 분산전력망, 재활용수 시스템
식품산업	식물성 대체육, 도시농업, 식품안전관리업, 음식쓰레기 처리산업
금융산업	풍수해 보험, 농작물 보험, 날씨 파생상품
자동차산업	전기차, 이차전지, 차량 경량화 소재, 자동차충전설비
에너지산업	재생에너지(풍력, 태양광 등), 스마트 그리드, 에너지저장시스템(CSS)

자료: 한국경제산업연구원, 녹색성장위원회, 한국환경정책평가연구원[*]

---

[*] 한국환경정책평가연구원(2012), 「기후변화 적응 관련 유망 산업 발굴 및 활성화 방안 연구」

기후변화에 대응하는 방법은 스스로 변화하는 것밖에 없다. 기후변화 대응은 선택의 과제가 아니다. 누구도 거스를 수 없다. 기후변화가 몰고 올 산업의 지각변동을 관찰하고, 관련 및 비관련 산업으로 다각화하는 대응이 필요하다. 특히 리더는 중장기적인 미래 변화를 관찰하고 어떻게 대응할지를 고민해야 하고, 오늘내일의 고민에 갇혀 변화를 게을리하는 일이 없도록 해야 한다. 예를 들어 건설사라고 한다면 친환경 건축자재를 개발하고, 저탄소 건설공법을 적용하며, 미래형 친환경 건축에 필요한 역량을 갖춘 인재를 육성하는 등의 노력이 필요할 것이다.

정부는 가계와 기업이 성공적으로 기후변화에 대응할 수 있도록 정책 및 제도적 환경을 구축하는 데 총력을 다해야 할 것이다. 몇몇 섹터의 경우 구조적 변화를 단행해야 하지만, 당장 변화하기에는 수익성이 담보되지 않아 망설여지는 경우가 많다. 혹은 기존의 인력과 시설투자를 고려할 때 선뜻 파괴적 변화를 추진하기가 쉽지 않기도 하겠다. 정부는 이러한 빈틈을 포착해 빈틈을 메꾸는 정책을 가동해야 하겠다. R&D 예산을 편성하고, 기업들의 기존 인력들이 기후변화에 대응하는 데 필요한 역량을 갖출 수 있도록 지원하는 노력도 필요하겠다. 기후변화 대응이라는 변화를 충분히 인식하지 못한 중소기업들이 있다면 충분히 자각할 수 있도록 안내자 역할도 게을리할 수 없다.

경제의 3대 주체로서 가계도 함께 대응해나가야 할 것들이 한둘이 아니다. 각 산업에 걸쳐 기후변화 대응에 필요한 역량이 무엇인지를 포착하고, 그러한 역량을 갖추어나감으로써 다른 인력과 구분되는 인재가 될 수 있을 것이다. 직장인이라 한다면, 속해 있는 기업이 어떤 방향으로 사업 전략을 취해야 하고 사업재편을 추진해야 할지 적극적으로 아이디어를 제언해야 하겠다. 투자 관점에서도 기후변화라는 거스를 수 없는 흐름에 부합하는 투자상품은 무엇인지 고민하고, 장기적인 안목으로 그 변화를 이끄는 기업이나 파생상품에 직간접적인 투자를 고려할 수 있겠다.

06

물 부족 위기와
물산업 기회

돈은 찍어낼 수 있지만, 물은 찍어낼 수 없다. 돈의 중요성은 인식하며 살지만, 물의 중요성은 잊고 지내는 듯하다. 우리 몸의 70%를 구성하는 것, 지구 표면의 70%를 차지하는 것, 바로 물이다*. 물이 없으면 살 수 없다. 물이 없으면 어떤 생명체도 존재할 수 없다. 그런데 그 물이 부족해지고 있다.

---

* 지구 표면의 70%를 액상의 물이 차지하고 있고, 빙하가 10%를 덮고 있기 때문에 엄격히 지구 표면의 80%가 물 성분으로 덮여 있다고 볼 수 있다. 물의 97%는 바닷물이고, 담수는 고작 3% 미만인데, 2%는 남극과 북극에 얼음으로 갇혀 있다.

세계 물 부족 현상

20세기가 석유의 시대였다면, 21세기는 물의 시대다. 기후변화, 산업화 및 수질오염으로 지구의 물 부족 현상이 확산되고, 안전한 물을 확보하기 위한 인류의 여정이 시작되었다. 물 부족 국가에서 하루 동안 사용할 물을 구하는 데 걸리는 시간이 5시간이다. 20초마다 수인성 질병으로 1명의 어린이가 사망하고 있다. 갠지스강과 파라나강 등 세계 곳곳에서 물 분쟁이 일어나고 있다. OECD는 2025년에는 52개국 30억 명이 심각한 물 부족에 직면할 것이라고 경고했다.

최근 세계는 전례 없는 가뭄과 물 부족 사태를 경험했다. 프랑스는 수십 개의 원전 가동을 중단한 바 있다. 냉각수로 쓸 강물이 부족해서였다. 독일에서는 라인강이 말라붙기도 했다. 독일 물류의 6%를 책임지는 라인강 수운이 멈추고 바스프(BASF) 등과 같은 세계적 화학기업들이 원유 수급에 차질이 빚기도 했다. 이탈리아 시칠리아섬에는 폭염과 가뭄이 덮쳤고, 포도 수확량과 와인 생산에 큰 타격을 주었다. 미국의 최대 곡창지대 팜 벨트는 물 부족으로 옥수수가 너무 말라 이삭이 빠지고, 콩 꼬투리는 작아지고 있다. 세계 쌀 무역의 약 40%를 차지하는 인도에서는 강우량이 부족해 모내기가 축소되기도 했다. 중국에서는 양쯔강이 마르면서 싼샤댐을 통해 전기를 제공받는 CATL의 배터리 공장뿐만 아니라 자동차나 반도체 기업들의 공장도 가동을 멈춰야 했다.

세계는 이미 물로 고충을 겪고 있다. 물 부족 현상뿐만 아니라 물 자원을 확보하기 위해 큰 비용을 지불하고 있다. UN은 물 스트레스 수준(Level of Physical Water Stress)을 조사해 발표하고 있는데 제조업 공업용수, 산업용수 및 가정용수 등의 물 수요가 증가함에 따라 상하수도 관리나 해수 담수화 등과 같은 비용이 증가하고 있다고 판단하고 있다.

OECD는 세계적으로 물 스트레스 수준이 증대되고 있고, 극심

국가별 물 스트레스 수준

- ■ >70%
- ■ 25-70%
- ■ 10-25%
- ■ 0-10%
- ■ 해당사항 없음
- ■ 알 수 없음(데이터 부족)

자료: UN(2019), "World Water Development Report 2019"
주1: 이용 가능한 수자원 중 환경적 물 요구사항을 고려한 후 주요 경제 부문에서 사용된 취수량의 비율로서, 연간 총취수량(TWW, total freshwater withdrawn)을 이용 가능한 총수자원(TRWR, total renewable freshwater resources)과 환경적 물 요구량(EWR, environmental water requirements)의 차이로 나눈 값에 100을 곱한 값으로 계산됨.
주2: Water stress levels: Below 10% = no stress; 10%–20% = low stress; 20%–40% = medium stress; above 40%: Severe stress.

한 물 부족 현상이 나타날 것이라고 분석했다. OECD 회원국 중에서 한국을 물 스트레스 수준이 가장 높은 국가로 판단했다. 한국의 물 스트레스(가용 가능한 수자원 대비 물 수요의 비율)가 40%로 2위 벨기에나 3위 스페인 등에 비해서도 월등히 높다.

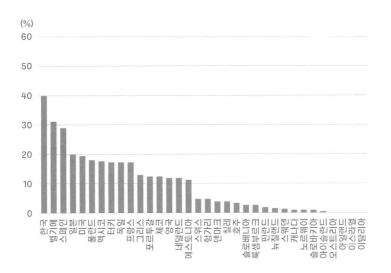

OECD 국가별 물 스트레스 수준

자료: OECD Environmental Outlook to 2050
주1: 이용 가능한 수자원 중 환경적 물 요구사항을 고려한 후 주요 경제 부문에서 사용된 취수량의 비율로서. 연간 총취수량(TWW, total freshwater withdrawn)을 이용 가능한 총수자원(TRWR, total renewable freshwater resources)과 환경적 물 요구량(EWR, environmental water requirements)의 차이로 나눈 값에 100을 곱한 값으로 계산됨.
주2: Water stress levels: Below 10% = no stress: 10%~20% = low stress: 20%~40% = medium stress: above 40%: Severe stress.

'블루 골드' 물산업의 부상

물 문제가 커질수록 물산업은 부상할 수밖에 없다. 세계 인구는 늘어나고 산업이 성장하면서 물 수요는 늘어나는데, 물 공급은 이를 따라가지 못하고 있다. 실제 세계적으로 재생 가능한 담수량이 줄어들고 있다. 1인당 재생 가능한 담수량(Renewable freshwater resources per capita)이 1962년 1만 3,407m^3에서 2018년 5,658m^3로 감소했다. 한국의 1인당 재생 가능한 담수량도 같은 기간 2,446m^3에서 1,257m^3로 감소했다.

'블루 골드(Blue Gold)'라는 표현이 어색하지 않다. 과거 석유를 가리켜 '블랙 골드(Black Gold)'라고 칭했다면, 21세기에는 물의 산업적 가치를 평가하는 용어로 블루 골드가 등장했다. 실제 물산업은 국내총생산의 약 2.4%를 차지한다(2020년 기준).[*] 전기장비 제조업이 1.6%, 토목건설업이 0.8%, 숙박 및 음식점업이 2.0%, 통신업이 0.9%를 차지하는 것과 비교하면 이미 매우 큰 산업 규모를 차지하고 있다. 국내 물산업 사업체 수가 1만 6,990개에 달하고, 19만 7,863명의 근로자가 물산업에 종사하고 있다. 해외 진출 사업체도 400개에 달한다.

물산업은 세계적으로도 부상하고 있다. 영국에 본사를 둔 세계

---

[*] 환경부(2022), 「2021년 기준 물산업 통계조사 보고서」

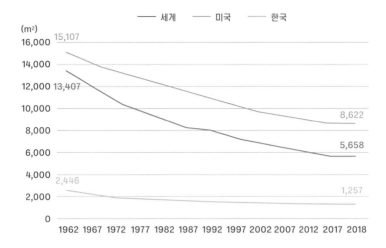

1인당 재생 가능한 담수량 추이

― 세계　― 미국　― 한국

(m²)

15,107	
13,407	
	8,622
	5,658
2,446	1,257

1962　1967　1972　1977　1982　1987　1992　1997　2002　2007　2012　2017　2018

자료: FAO

적 물 전문 조사기관인 GWI(Global Water Intelligence)는 세계 물산업이 2016년 6,824억 달러에서 2021년 8,060억 달러로 성장해왔으며, 2024년 9,221억 달러 규모로 성장세를 지속할 것으로 전망했다.

물 산업

상수도	• 생활, 공업, 농업용수의 생산 공급 서비스 • 상수도 플랜트 설계, 건설
하수도	• 하수·폐수의 처리 • 하수도 플랜트 설계, 건설
연관 산업	• 먹는 샘물, 정수기 등 • 중수도·하·폐수 재이용 등 • 기자재·약품·측정기기 등 제조업
수자원개발	• 용수용 댐, 지하수 개발 • 해수담수화, 해양 심층수 등

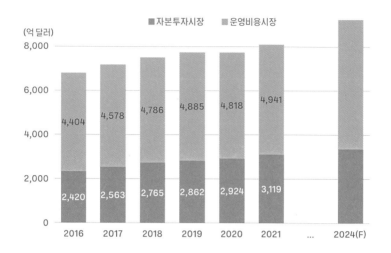

세계 물산업 시장규모 추이 및 전망

■ 자본투자시장　■ 운영비용시장

(억 달러)

연도	운영비용시장	자본투자시장
2016	4,404	2,420
2017	4,578	2,563
2018	4,786	2,765
2019	4,885	2,862
2020	4,818	2,924
2021	4,941	3,119

자료: GWI, Waterdata(2022.4), 한국수자원공사(2022.5)

물산업은 크게 자본투자 시장과 운영비용 시장으로 구분되고, 고른 성장을 지속하고 있다. 구체적으로는 상수도, 하수도, 수자원개발, 연관 산업이 있다. 첫째, 상수도는 생활용수, 공업용수, 농업용수를 공급하고, 상수도 플랜트를 설계·건설하는 산업이다. 둘째, 하수도는 하수·폐수를 처리하고 하수도 플랜트를 설계·건설하는 산업이다. 셋째, 수자원개발은 용수용 댐과 지하수를 개발하고, 해수담수화* 및 해양 심층수 개발을 포함한다. 넷째, 연관 산업에는 기자재,

---

* 해수담수화란 바닷물에서 소금기를 제거해 마실 수 있는 물로 만드는 것을 말한다.

화학약품, 수처리 필터 등이 있다.

물 부족 위기의 해결사들

화학기업들이 수처리산업에 뛰어들었다. 과거 수처리산업은 설비와 시공을 전문으로 했던 건설사나 중공업 기업들의 영역이었다. 근래 들어 LG화학이나 롯데케미칼과 같은 화학기업들이 수처리 필터를 생산하면서 물산업에 진출했다. 핵심 소재인 필터 제작 기술을 보유하고 있는 휴비스, 효성, 코오롱 등의 석유화학 기업들도 수처리 시장에 진출하고, 사업 확장의 가능성을 살피고 있다.

해결사들은 해외시장으로 뻗어나가고 있다. 프랑스와 스페인의 기업들이 19세기부터 세계 주요 물 관련 사업을 장악해왔다. 프랑스의 수에즈(Suez)와 스페인의 악시오나(Acciona)가 대표적이다. 한국 기업이 21세기 세계 물산업의 해결사가 되어야 한다. 원자력 기업 두산에너지빌리티는 이미 1970년대 해수담수화 플랜트 사업에 진입했고, 2000년대 들어 대규모 중동 사업을 수주했다. 2022년에도 사우디아라비아에서 8,400억 원 규모의 담수화 플랜트 사업을 수주했다. GS건설은 2013년에 스페인 수처리 기업 이니마(Inima)를 인수했고, GS이니마는 스페인 폐수 처리 시설 운영권을 지속해서 확대하고 있다. 2021년 칠레에서 1,200억 원 규모의 해수담수화 플랜트를 준공한 경험을 바탕으로 세계 물 부족 문제의 해결사로 부상하고 있다.

첨단 필터 기술을 보유한 한국의 중견기업 웰크론 그룹의 행보가 주목된다. 웰크론 그룹의 자회사인 웰크론한텍은 산업용 플랜트 전문 기업으로 2010년대 수처리 전문 기업을 인수하면서 물산업에 본격 진출했다. 웰크론 그룹 이영규 회장은 필자와의 대담에서 "정수와 폐수처리기술을 모두 보유한 몇 안 되는 기업"임을 강조했고, "소형 상하수도 공정 분야를 선도해나갈 계획"을 밝혔다. 에너지 공급 방식이 중앙집중식에서 분산형으로 전환되는 과정에서 웰크론이 물 부족 시대의 해결사로 자리매김할 것으로 기대된다.

물산업, 미래의 반도체로 육성하라

세계 물산업의 기회를 포착할 수 있도록 중장기 국가 로드맵을 구축해야 한다. 핵심기술 연구개발 분야를 선정하고, 기술 인재를 집중적으로 육성함으로써 국가 기술경쟁력을 확보해야 한다. 특히 물산업 R&D가 공공재적 성격이 강하고, 중소·중견기업이 투자를 진행하기에 부담이 큰 연구영역임을 고려해 정책자금 지원을 확대할 필요가 있다. 나아가 기업 간의 기술교류를 장려하고, 정부출연 연구소·대학과 협력사업의 기회를 마련해야 한다.

기업도 해외시장 분석을 통해 중점 육성 분야를 진단하고, 타깃 분야와 지역을 선정해야 한다. 사우디아라비아의 네옴시티 등과 같은 세계 각지의 도시건설 사업기회를 선제적으로 탐색해야 한다. 나아가 에너지 절감 효과를 극대화하는 한편, 다른 인프라들과의 연결성을 높이고 원격으로 통제가 가능한 디지털 수처리 기술을 확보하는 것도 미래의 첨단 물산업을 선점하는 데 매우 중요한 요소다. 한국의 물산업이 세계의 표준이 될 수 있도록 독보적인 경쟁력을 확보할 수 있는 방향을 마련해야 한다.

2024

4부

2024년
경제전망과 대응전략

01

경제전망의
주요 전제

2023년 세계 경제는 리세션(경기침체)의 초입에 들어섰다. 2022년 본격화한 글로벌 인플레이션 현상은 세계 경제를 긴축의 시대로 몰아넣었다. 2022~2023년 동안 세계 각국은 고물가에 대응하기 위해 앞다투어 기준금리 인상을 단행했다. 고물가와 고금리의 역습이 시작된 2023년 세계 경제가 경기침체에 직면했다.

2024년 세계 경제는 고물가-고금리-저성장의 시대다. 즉 스태그플레이션(Stagflation)의 시대다. 2023년까지 고물가라는 숙제를 해결하지 못한 채 2024년에 들어서게 될 것으로 보인다. IMF는 「경제전망 보고서」에 "Persistent Challenges"라는 부제를 이용해 다

IMF「경제전망 보고서」표지
(2023.7)

OECD「경제전망 보고서」표지
(2023.9)

자료: IMF(2023.7)

자료: OECD(2023.9)

양한 도전과제에 직면하게 될 수 있음을 경고한 바 있다. OECD 는「경제전망 보고서」의 부제를 "Confronting Inflation and Low Growth"로 선정해 2024년 한 해에도 고물가가 쉽게 해결되지 못하고, 저성장 기조로 굳어질 것이라고 강조했다.

2024년은 더 어려운 경제가 될 것이다. 2023년*도 어려운 경제였는데, 2024년은 더하면 더했지 덜하지 않을 것으로 보인다. 2023년 한 해는 경제주체를 어렵게 만들었던 고물가-고금리가 상

---

* 전서 『그레이트 리세션 2023년 경제전망』에서 2023년 경제를 '내핍점(point of austerity)'이라고 정의했듯, 모두가 어렵다고 느끼는 '내핍'의 시대가 온다고 전망했다. 내핍(austerity, 耐乏)은 물자가 없는 것을 참고 견딤을 뜻한다. 궁핍(needy, 窮乏)과도 유사한 표현이지만 이는 몹시 가난한 상황을 말하고, 내핍은 가난한 상황을 인내하는 모습을 의미한다.

처였다면, 2024년에는 그 상처의 흔적, 즉 흉터가 남는 듯하다. 그런 의미에서 2024년 경제를 '상흔점(Point of scarring)'으로 규명했다. 세계 주요국들의 물가상승률이 다소 떨어지겠지만, 여전히 고물가에 따른 부담이 가중된다. 기준금리 인상을 멈추고 한두 차례의 금리 인하를 점차 단행할 수 있지만, 여전히 부담스러운 수준의 고금리가 지속될 것이다. 세계 주요국들이 저성장의 늪에서 빠져나오기가 쉽지 않을 것이다. 그렇기 때문에 2024년 경제의 성격을 제대로 알고 대응책을 강구해야만 한다. 2024년 경제가 어떻게 전개될 것

경제전망에 대한 기초 설명

한국이라는 '배'는 세계라는 '바다'를 먼저 보아야 알 수 있다. 배가 아무리 튼튼히 지어지고, 연료를 충분히 보유하며, 성실한 선원들을 확보하고 있을지라도, 폭풍을 동반한 파도를 만나면 움직일 수 없다. 더욱이 대외의존도가 높은 한국 경제의 구조적 특징들로 인해 세계 경제라는 바다를 먼저 들여다봐야 한다. 즉 한국 경제를 전망하는 일은 세계 경제의 흐름을 어떻게 바라보고 있는지에 대한 전제가 선행될 필요가 있다.

한국 경제는 세계 경제의 흐름과 크게 역행한 적이 없다. 일반적으로 경제전망을 수행하는 국내 주요 연구기관들은 세계 경제, 주요국 경제, 국제무역, 국제유가, 환율 등에 대해서 IMF(국제통화기금, International Monetary Fund), 세계은행(World Bank), UN(국제연합, United Nations), WTO(세계무역기구, World Trade Organization), OECD(경제협력개발기구), BIS(국제결제은행, Bank for International Settlements), EIA(U.S. Energy Information Administration) 등의 국제기구 전망치를 전제로 한다. 즉 한국 경제를 전망할 때, 세계 경제의 주요 변수들은 국제기구의 전망치에 의존하는 것으로 전제하는 것이다.

인지를 들여다보는 일은 '준비된 나'를 만드는 첫 단계가 될 것이다.

먼저 2020~2023년의 세계 경제를 회고한다. 다음으로 2024년 세계 경제를 전망하는데, 세계 경제, 주요국 경제, 국제유가 등과 같은 대외변수들을 판단한다. 이러한 대외변수들은 국제기구들의 전망치를 기준으로 하고, 이를 전제로 한국 경제를 전망하는 순서를 갖는다.

2020~2023년 세계 경제 회고

2020년의 변수는 코로나19였고, 2021년의 변수는 백신이었다. 2020년 코로나19로 팬데믹 경제위기가 찾아왔고, 세계 경제는 1930년 대공황 이후 가장 충격적인 상황에 놓였다. 세계 경제성장률은 −2.8%를 기록했고, 모든 것을 뒤집어놓았다. 세계 주요국들은 마치 인공호흡하듯 유동성을 급격히 공급하고 기준금리를 제로금리로 끌어내리며 경기를 부양시키는 데 총력을 다했다. 과도하게 풀려나간 유동성은 자산가치를 급등시켰고, 이른바 자산 버블을 가져왔다. 더욱이 2021년 백신이 보급되면서 경제가 코로나19 이전 수준으로 회복되어갔다. 2020~2021년 주식이나 부동산 시장은 이른바 대세 상승장이었다.

2022년의 변수는 전쟁이었다. 2021년 백신의 보급으로 선진국들의 경제가 매우 탄탄하게 회복되기 시작했고, 이는 자동차, 스마트폰, 가전제품 등과 같은 내구재 수요뿐만 아니라 외식, 스포츠, 여행 서비스 수요를 폭발적으로 끌어올렸다. 백신 보급 속도가 더뎠던 신흥개도국들로부터 원자재나 부품을 원활히 수급받을 수 없었던 수준으로 수요가 넘쳐났고, 이는 공급망 병목현상을 초래했다. 인플레이션 현상이 나타나던 터에 러시아-우크라이나 전쟁이라는 변수가 등장했고 인플레이션 압력을 엄청나게 가중했다. 미국을 비롯한 선진국들은 인플레이션과의 전쟁(Inflation fighting)을 선언했고, 빅 스텝과 자이언트 스텝을 단행하며 기준금리를 빠르게 인상해나갔다. 2020~2021년 동안의 자산 버블은 2022년 들어 빠르게 수축되기 시작했다. 주식 가치가 하락하고, 부동산시장도 급격히 위축되기 시작했다. 유례없는 수준의 강달러 기조가 나타나 외환시장과 세계 교역을 급격히 불안하게 만들었다.

2023년의 변수는 금리였다. 기대와 오해가 반복된 한 해다. 2023년 내내 시장은 통화정책에 대해 헛된 기대를 품었고, FOMC 결과를 발표하며 파월 연준 의장은 그 기대가 오해였음을 확인케 해주는 일이 반복되었다. 시장은 '물가 잡혔고, 금리 인상 끝났다'라고 기대했다. 금융기관들은 물가상승률이 발표되기 전 기대치를 발표하고 언론은 물가가 안정화되고 있다는 식으로 보도했다. 시장은 금리 인상 속도가 둔화할 것이라 믿었지만, 발표된 물가상승률은 시장의 기대치보다 높았고, 그 믿음이 오해였음을 확인케 해주었다.

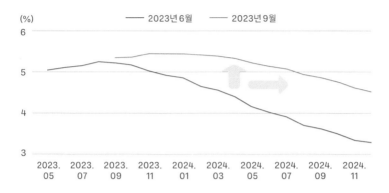

미국 기준금리 기조에 대한 기대

(%)
—— 2023년 6월 —— 2023년 9월

자료: BIS(2023.9), Resilient risk-taking in financial markets

2023년 연초에는 '금리 인상 다 끝나 간다'라고 믿었고, '곧 금리 인하 있을 것'이라 기대했다. 그러나 시간이 가면 갈수록 기준금리 인상은 더 남았고, 금리 인하는 당분간 어렵다는 것을 깨달았다. 기대감에 자본시장에 돈이 유입되었지만, 오해임을 깨달으며 주가가 다시 무너졌다.

──────── **2024년 세계 경제 전망** ────────

2024년 세계 경제는 '상흔점(point of scarring)'이다. 2022~2023년 동안 고물가-고금리라는 상처가 있었고, 2024년에는 스태그플레이션이라는 상흔, 즉 상처의 흔적이 남는다.

IMF*, 세계은행,** BIS,*** OECD,**** WTO*****와 같은 국제 기구들은 한목소리를 내고 있다. IMF는 '경제 기반에 균열이 생겼다(Cracks in the Foundation)'라고 표현했고, 세계은행은 성장 속도가 둔화(Decelerate)하고 있다고 진단했다. BIS는 세계 경제가 장단기적으로 두 가지 위험(Near- and longer-term hazards)에 대응해야 함을 지적했는데, 하나는 물가를 원상복구하는 것이고 다른 하나는 금융불안을 해소(restoring price stability and managing any financial risks)하는 것이다. OECD는 꼬여 있는 실타래를 푸는 긴 여정(A long unwiding road)에 비유하기도 했다. WTO는 완고하게 높은 인플레이션, 더욱 긴축적인 통화정책, 그리고 금융 불안정(stubbornly high inflation, tighter monetary policy and financial uncertainty)이 세계 경제의 회복세를 더디게 만들고 세계 교역을 위험하게 만든다고 분석했다.

IMF는 2024년 세계 경제성장률을 3.0%로 전망했다. 이는 지난 2023년 7월의 전망치고, 2022년 10월 기준 3.2%에서 2023년 1월 들어 3.1%로 하향 조정한 이후 추가적으로 하향 조정한 결과치다.

---

*   IMF(2023.4.), Global Financial Stability Report.

**   World Bank(2023.6), Global Economic Forecast.

***   BIS(2023.6), Annual Economic Report 2023.

****   OECD(2023.6), OECD Economic Outlook.

*****   WTO(2023.4), Global Trade Outlook and Statistics.

글로벌 리스크 워치

순위	리스크 요인	발생 가능성	영향력	전월 대비
1	高인플레이션 재연	★★★	★★★	⇧
2	통화긴축 강화	★★★	★★★	⇩
3	신용위험	★★★	★★	−
4	경기침체	★★	★★★	−
5	자산가격 조정	★★	★★	−
6	중국 내수위축	★★	★	신규
7	미국 신용등급 강등 파장	★	★★	신규

자료: KCIF(국제금융센터)
주1: 발생 가능성과 영향력을 기준으로 3단계 상대 평가('매우 높음'★★★, '높음'★★, '낮음'★)
주2: 전월 대비 변화는 발생 가능성과 영향력을 동시에 반영한 순위의 증감

2023년 7월 이후 국제유가 상승에 따른 고물가 압력이 고조되고, 금리 인상 기조가 강화되었으며, 중국 부동산 리스크와 미국의 셧다운 리스크 등과 같은 악재가 더해졌기 때문에, 2023년 10월 발표하는 IMF의 세계 경제성장률 전망치는 추가적으로 하향 조정될 것으로 판단된다.* 그만큼 세계 경제는 이전보다 부정적 시그널들이 많아지는 양상이다. 예를 들어 미국 연준(Fed)은 9월 FOMC 회의에서 2023년 미국의 물가상승률(PCE 기준)을 3.3%로 전망했고, 이는 6월 FOMC 회의에서의 전망치(3.2%)보다 0.1%p 상향 조정한 결과다. 고물가가 지속되는 만큼 2024년 기준금리 전망치는 4.6%에서

---

* IMF 보고서는 발표되지 않은 상황이지만, 2023년 7월 이후 인플레이션 압력과 금리 인상 기조가 고조되었으며 이를 중요한 조건으로 판단하고 있는 IMF 총재 및 수석 부총재의 주요 연설과 발언을 바탕으로 추가적인 하향 조정이 있을 것으로 추론이 가능하다.

IMF의 2024년 세계 경제전망

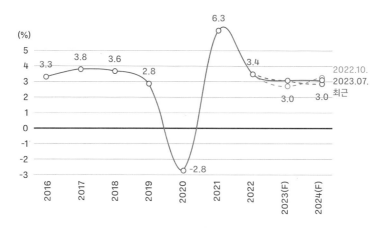

자료: IMF(2023.7), World Economic Outlook Update
주: 2022년 10월 전망은 점선으로, 2023년 7월 전망은 실선으로 표시함.

5.1%로 상향 조정했다. 즉 인플레이션이 지속됨에 따라 기준금리 인하의 시점도 멀어지는 것으로 전망한 것이다.

2024년 세계 경제성장률을 보면 '2023년에도 어려웠는데, 2024년에도 여전히 어렵겠구나' 하는 생각이 든다. 세계 경제의 평년 성장률이 3.5% 수준이라는 것을 고려하면, 2022년 경기침체의 초입에 진입해 2024년까지 'L자형 침체'가 장기화하는 국면임을 암시해준다. 그렇다고 해서 2008년 글로벌 금융위기나 2020년 팬데믹 경제위기와 같은 마이너스 성장세를 보이는 위기 상황은 아니지만, 매우 녹록지 않은 부진한 경기 흐름이 장기화할 것을 의미한다. 2020년처럼 소나기와 폭풍이 일고 나서 맑게 개는 흐름이라기보다,

먹구름이 가득한 뿌연 하늘이 마음을 더욱 무겁게 만드는 느낌이다. 경기부진이 장기화하다 보니 '차라리 경제위기가 낫지 않느냐?'라는 경제주체의 고충 섞인 표현들을 자주 듣게 될 것이다.

2024년 주요국별 전망

선진국 권역이 신흥개도국보다 경기 하방압력이 더 높을 것으로 보인다. 러시아-우크라이나 전쟁 이전부터 미국과 유럽의 물가상승세가 두드러졌고, 전쟁 이후 러시아 경제제재에 따른 에너지 및 식료품 가격이 급등한 것도 주로 선진국이었다. 미국, 영국, 유로존과 같은 선진국들이 상대적으로 더 높은 물가 압력이 작용했고, 이에 대응하기 위해 강도 높게 기준금리 인상을 단행했다. 고물가-고금리 부담은 경기 하방압력으로 작용해 선진국 경제를 크게 둔화시킬 전망이다. 선진국 권역은 2022년 2.5%, 2023년 1.5%, 2024년 1.4%로 둔화할 전망이다.

2024년 신흥개도국 권역은 상대적으로 완만한 성장을 보일 전망이다. 물론 아르헨티나, 튀르키예 등과 같은 경제위기에 처한 취약 신흥국들의 경우 심각한 상황에 부닥칠 것이지만, 펀더멘털을 지켜온 국가들은 나름의 탄탄한 경제 흐름을 유지할 것으로 전망한다. 신흥개도국 권역은 2022년 4.0%, 2023년 4.0%에서 2024년 4.1%로

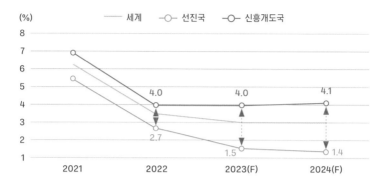

IMF의 선진국과 신흥개도국 경기 흐름

(%)   ── 세계   ─○─ 선진국   ─○─ 신흥개도국

자료: IMF(2023.7), World Economic Outlook Update

개선세를 유지할 전망이다. 선진국들의 급격한 둔화 속에서도 '나름의 버티는 모습'이라고 비유할 수 있을 법하다. 특히 중국이 누렸던 '세계의 공장'으로서의 지위를 인도, 인도네시아, 베트남 등이 점차 점유해나가는 행보가 매우 주목될 만하다.

주요국별로 살펴보자. 미국과 유로지역(Euro Zone)의 경기둔화는 2024년에도 눈에 띄게 나타날 전망이다. 인플레이션과 싸우는 과정에서 상당한 수준의 경기침체를 수용하는 국면이 될 것이다. 미국과 유럽은 인플레이션의 장기화에 따른 서민 부담이 가중되고, 높은 금리가 상당 기간 지속함에 따라 기업의 투자심리나 가계의 소비심리가 위축될 것으로 보인다. 특히 미국 정부의 셧다운과 국가 신용등급 강등 우려가 내수 경제를 더욱 어렵게 만들 것이다.

일본은 2023년 한 해 상대적으로 물가상승 압력이 높지 않았고, 오히려 디플레이션의 늪에서 빠져나오는 모양새였다. 따라서 일본은 통화정책을 긴축적으로 운용할 필요가 상대적으로 적었다고 평가된다. 최근 일본의 물가가 자연스럽게 정상적인 수준으로 돌아왔기 때문에, 경기부양에만 집중하면서 통화정책을 유지할 수 있었다. 다만 일본 경제는 2023년에 일시적으로 성장세를 보이는 듯했으나, 2024년에는 다시 1.0% 수준으로 저성장의 고리에 놓이게 될 것으로 전망된다.

IMF의 2024년 주요국별 경제전망

(%)

| | | | 2019년 | 2020년 | 2021년 | 2022년 | 2023년 (F) | 2024년(F) | |
								2023년 4월 전망	2023년 7월 전망
세계 경제성장률			2.8	−2.8	6.3	3.5	3.0	3.0	3.0
	선진국		1.7	−4.2	5.4	2.7	1.5	1.4	1.4
		미국	2.3	−2.8	5.9	2.1	1.8	1.1	1.0
		유로지역	1.6	−6.1	5.3	3.5	0.9	1.4	1.5
		일본	−0.4	−4.3	2.2	1.0	1.4	1.0	1.0
	신흥개도국		3.6	−1.8	6.8	4.0	4.0	4.2	4.1
		중국	6.0	2.2	8.4	3.0	5.2	4.5	4.5
		인도	3.9	−5.8	9.1	7.2	6.1	6.3	6.3
		브라질	1.2	−3.3	5.0	2.9	2.1	1.5	1.2
		러시아	2.2	−2.7	5.6	−2.1	1.5	1.3	1.3
		ASEAN−5	4.3	−4.4	4.0	5.5	4.6	4.6	4.5
세계 교역증가율			1.0	−7.8	10.7	5.2	2.0	3.5	3.7

자료: IMF(2023.7), World Economic Outlook Update
주: ASEAN−5는 인도네시아, 말레이시아, 필리핀, 태국, 베트남을 가리킴.

중국은 고성장 시대를 마감하고, 중성장 시대에 진입할 것으로 보인다. 2023년 세계 경제가 인플레이션과 싸우는 동안, 중국은 디플레이션이 우려되는 경제였다. 2020년에 발생한 코로나19로 대봉쇄를 경험했고, 2022년에 2차 대봉쇄에 직면하다 보니, 2023년과 2024년까지 상처의 흔적이 많이 남는 모습이다. 부동산 사태와 청년실업난이 완전히 해결되지 못한 채 2024년을 견뎌야 한다. 특히 인구감소와 미중 패권전쟁과 같은 구조적인 문제에도 직면한 중국은 당분간 강한 회복을 기대하기 어려울 것으로 분석된다. 중국은 2023년 5.2%에서 2024년 4.5%로 성장세가 주춤할 것으로 전망한다.

2024년 국제유가 전망

2020~2023년 국제유가는 롤러코스터의 흐름이었다. 국제유가는 2020년 2분기 저점을 기록한 이후 2021년 뚜렷하게 반등했다. 2022년 2분기 러시아-우크라이나 전쟁으로 국제 에너지 가격이 동반해 폭등하면서 108.9달러대의 고점을 기록했다. 이후 소폭 하락세로 전환해 2023년 2분기 73.5달러대의 저점을 기록했지만, 3분기부터 다시 상승세로 전환되었다.

2024년 국제유가는 80달러 수준의 강세 기조가 유지될 것으

주요 국제유가 동향 및 전망

(달러/배럴)

구분	2020	2021	2022	2023					2024(F)				
				1분기	2분기	3분기	4분기	연간	1분기	2분기	3분기	4분기	연간
WTI	39.2	68.2	94.9	76.0	73.5	81.5	87.7	79.7	86.0	83.0	82.0	82.0	83.2
Brent	41.7	70.9	100.9	81.0	78.0	86.1	92.7	84.5	91.0	88.0	87.0	87.0	88.2

자료: EIA(2023.9), STEO(Short-Term Energy Outlook)

로 전망된다. 주요 에너지 기구들은 러시아와 사우디아라비아 등의 산유국들이 감산 조치를 이어나감에 따라 국제유가가 높은 수준에서 유지될 것으로 의견을 모으고 있다. EIA(미국 에너지정보청, U.S. Energy Information Administration)는 서부텍사스산원유(WTI)와 브렌트유(Brent) 가격이 2023년 각각 79.7달러, 84.5달러에서 2024년 각각 83.2달러, 88.2달러 수준으로 상승할 것으로 전망했다.* 단, 러시아-우크라이나 전쟁의 종식 또는 장기화 여부에 따라 국제유가 변동성이 커질 것으로 보이고, OPEC+ 회원국들의 감산 지속 여부에 따른 불확실성이 여전히 존재한다. 나아가 중국의 리오프닝 효과와 미국의 경기침체 정도가 에너지 수요의 변수로 작용할 것으로 보인다.

---

* EIA(2023.9) STEO(Short-Term Energy Outlook).

02

2024년
한국 경제전망과 대응전략

　오르막의 연속이다. 다 올라온 줄 알았는데, 또 오르막이다. 2023년에도 녹록지 않은 경제였는데, 2024년에는 '지칠 대로 지치는 경제'가 될 것으로 보인다. 고물가-고금리-저성장은 기업의 투자도, 가계의 소비도 억누르는 악조건이고, 악조건이 2023년에 이어 상기화하다 보니 지칠 대로 지치게 된다.

　시대를 결정짓는 변수가 있다. 2020년의 변수는 코로나19였고, 2021년의 변수는 백신 보급이었다. 2022년의 변수는 전쟁이었다. 전쟁의 지속 혹은 확전 여부에 따라 경제가 결정되듯 했다. 실제 2022년 국내외 경제는 코로나19 이전 수준으로 회복되는 국면이었는데, 러시아의 우크라이나 침공은 경제의 흐름을 송두리째 뒤바꿔 놓았다. 2023~2024년의 변수는 인플레이션이다. 인플레이션의 정도에 따라 각국의 통화정책 기조가 달라진다. 즉 인플레이션 위협이 해소될 것인지에 따라, 각국 중앙은행은 기준금리 인상/동결/인하의 속도와 정도를 결정할 것이고, 이에 따라 2024년 경제의 시나리오가 짜일 것으로 전망된다.

2024년 한국 경제전망은 다음과 같은 세 가지 시나리오를 전제로 하겠다. 인플레이션 위협이 연내 해소되는지 혹은 걷잡을 수 없는 수준으로 다시 고조되는지 등에 따라서 낙관적 혹은 비관적 전망이 갈릴 것이다.

첫째, 시나리오1은 가장 낙관적인 상황을 전제한다. 물가상승률이 빠르게 둔화해 2024년 상반기 안에 미국을 비롯한 주요국들

2024년 한국 경제전망에 대한 전제

구분	전제 조건	영향
시나리오1	낙관적 시나리오: 인플레이션 위협 해소	• 인플레이션 조기 안정 • 통화정책 긴축→완화 전환
시나리오2(기준)	중립적 시나리오: 인플레이션 위협 지속	• 인플레이션 압력 지속 • 긴축적 통화정책 지속
시나리오3	비관적 시나리오: 인플레이션 위협 고조	• 인플레이션 추가 압력 • 긴축적 통화정책 가속

자료: 김광석(2023.10), 「스태그플레이션 2024년 경제전망」, 이든하우스

이 기준금리를 인하하기 시작할 경우로 가정하겠다. 글로벌 물가가 빠른 속도로 안정화되면, 인플레이션과의 전쟁을 벌여왔던 세계 주요국들의 통화정책 기조가 급격히 전환될 것이다. 물가안정이 과제였던 경제에서 경기부양이라는 과제를 만나게 되는 것이다. 억눌렸던 경기를 부양시키기 위해 기준금리를 인하하는 등의 움직임이 일 것이다. 공격적 투자 성향이 집중되면서, 주식과 부동산 시장으로 돈이 이동함에 따라 자산가치가 급격히 상승하게 될 수 있다. 기업의 신규 투자와 가계의 소비가 증가하고, 대외 경제가 빠른 속도로 안정화하면서 수출 경기도 호조세로 전환할 것이다. 2024년 한국 경제는 2.1% 성장하며 잠재성장률 수준을 지켜낼 것으로 전망한다.

시나리오2는 중립적인 가정을 전제로 한다. 2024년 물가상승률이 좀처럼 떨어지지 않고, 횡보하는 흐름이 전개될 가능성이 크다. 즉 끈적끈적한 고물가(sticky inflation) 현상이 나타날 수 있다. 한 번 오른 가격이 내려가기는 쉽지 않은 성격이 있고, 임금과 공공요금도 지속해 오르면서 물가상승률이 목표물가 2%까지 좀처럼 떨어지지 않는다. 국제유가 상승이나, 기후 문제에 따른 식료품 가격 상승세가 물가를 자극한다. 인플레이션 압력이 지속함에 따라 세계 수요국늘은 상당 기간 긴축적 통화정책을 유지할 것으로 보인다. 2024년 하반기에나 1~2차례 기준금리 인하가 가능할 것이고, 여전히 제약적인 금리가 될 것이다. 고물가와 고금리의 압박은 한국 경제를 저성장 고착화로 몰아넣을 것으로 판단된다. 2024년 한국 경제는 1.7% 성장할 것으로 전망한다. 2023년 극심한 경기침체에 따른 기저효과(High Base Effect)*가 작용해 '숫자상으로' 반등하는 것처럼 보이는 것일 뿐, 체감경기는 전년보다도 못하다.

시나리오3은 가장 비관적인 상황을 전제한다. 인플레이션이 다시 고조되는 일을 상정하지 않을 수 없다. 중국의 리오프닝 효과가 상당한 수준으로 나타나거나, 러시아-우크라이나 전쟁 종식 후 재건사업이 활발히 일어나게 되면 원자재 수요가 급증할 수 있다. 지정학적 리스크가 확대됨에 따라 국제유가가 급등할 수 있고, 슈퍼 엘니뇨에 따라 식료품 가격도 덩달아 급등할 수 있다. 미국을 시작으로 임금 인상을 요구하는 파업이 세계적인 현상으로 자리 잡게 될 경우, 높은 임금상승률이 반영되어 근원물가가 다시 상승할 수 있다. 인플레이션 위협이 다시 고조됨에 따라 주요국들이 기준금리를 추가 인상하게 된다. 미국의 금융시장 불안과 중국발 부동산 사태가 재점화할 경우, 자본시장은 상당한 혼란이 제기될 것이다. 기업들은 허리띠를 졸라매며 투자를 두려워하고, 가계의 소비심리는 더 얼어붙는다. 2024년 한국 경제는 2023년 상황보다 더 악화하고,

---

* 기저효과(Base Effect)는 경제지표를 평가하는 과정에서 기준시점과 비교 시점의 상대적인 수치에 따라 그 결과에 큰 차이가 나타나는 현상을 가리킨다. 즉 불황기의 경제 상황을 기준시점으로 비교하면, 경제지표가 실제보다 많이 부풀려져 나타날 수 있다. 기저효과는 광의의 의미로 저점(Low Base)과 비교해 부풀려지게 나타나는 경우와 고점(High Base)과 비교해 축소되어 나타나는 경우를 모두 포괄한다. 그러나 협의의 의미로 기저효과는 전자의 경우로 한정해 Low Base Effect를 주로 의미하고, 후자를 역기저효과(High Base Effect)로 표현한다.

2024년 한국 경제전망

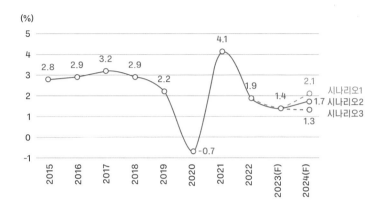

자료: 김광석(2023.10), 「스태그플레이션 2024년 경제전망」, 이든하우스
주1: 2023년 10월 10일 기준 전망치임.
주2: 시나리오2는 기준이 되는 중립적 전제를, 시나리오1은 낙관적 전제를, 시나리오3은 비관적 전제를 의미함.

경기침체가 장기화할 것으로 보인다. 한국 경제는 1.3% 수준으로, 경기침체의 골이 깊어질 것으로 전망한다. 2024년 경제가 경제위기 수준은 아니지만, 1997년 IMF 외환위기, 2008년 글로벌 금융위기, 2020년 팬데믹 경제위기 상황을 제외하면 가장 안 좋은 경제가 될 것이다.

2024년 부문별 한국 경제전망

2024년 한국 경제가 부문별로 어떻게 전개될 것인지를 주목할 만하다. 경제를 구성하는 주요 부문인 소비, 투자, 수출에 걸쳐 고물가-고금리의 하방압력이 있을 것으로 보인다. 주요 부문별로 상세히 들여다보자. 물론 부문별 전망치는 시나리오2를 전제로 한다.

(1) 소비

2024년에도 민간소비는 부진할 것으로 전망한다. 기업들의 투자심리가 위축되니, 고용시장마저 부진하고 가계의 소득이 늘어날 수 없다. 인플레이션이 지속되니, 실질소득이 줄어들고 소비 여력은 쪼그라든다. 고금리에 이자 지급액이 늘어나 가처분소득이 감소하고, 물가는 여전히 비싸니 소비하기가 부담스럽기만 하다. 2023년에

경제성장률에 관한 기초 설명

경제 = GDP

경제성장률 = GDP증가율

경제 = GDP = C + I + G + netEx

(C는 소비, I는 투자, G는 정부지출, netEx는 순수출을 의미)

경제성장률은 경제규모(GDP)가 전년 경제규모에 비해 얼마나 증가했는지를 보여주는 지표다. 경제를 구성하는 항목이 소비(C), 투자(I), 정부지출(G), 순수출(netEx)이기 때문에, 경제성장률은 C, I, G, netEx의 (가중)평균적인 증가율이 되는 것이다. 투자(I)는 건설투자, 설비투자, 지식재산생산물투자로 구분되나, 지식재산생산물투자는 비중이 미미하여 전망의 대상에서 제외한다. 정부지출도 유사한 이유로 전망의 대상에서 제외한다. 국내외 주요 연구기관들도 같은 방법을 취한다.

이어 2024년에도 둔화한 소비가 뚜렷하게 개선될 여건이 많지 않다.

(2) 투자

2024년 투자가 뚜렷하게 개선될 가능성이 희박하다. 먼저, 2024년 건설투자는 감소할 것으로 전망한다. 2022~2023년 부동산 경기가 얼어붙어 건설사들의 인허가 건수가 급격히 줄어들었다. 2023년 하반기부터 부동산시장이 완만한 회복세를 보이기 시작해 건설사들의 기대감이 나타나겠지만, 부동산PF 금융부실의 여파로 자금 마련이 쉽지 않아 건설투자가 단행되기 어려울 것이다. 다만 공공부문의 인프라 건설투자를 중심으로 마이너스를 상쇄할 것으로 분석된다. 정부의 적극적인 공급대책에 의해 신도시 및 택지개발의 효과가 2024년 하반기에 나타날 것으로 예상한다.

설비투자도 마찬가지다. 고금리 상황이 지속하고, 저성장 흐름이 전개됨에 따라, 기업가 정신이 긍정적으로 발휘되거나 신규 투자 열기가 살아나기는 쉽지 않아 보인다. 대내외 경제 여건에 불확실성이 가득해 신사업에 진출하거나 적극적으로 신제품 출시를 추진하기가 부담스럽다. 더욱이 정부의 R&D 예산도 규모가 줄어듦에 따라 매칭 방식으로 투입되는 기업의 예산도 확대되기 어려울 것으로 관난된다. 물본 2023년 설비투자가 마이너스(-3.0%)를 기록해 기저효과에 따라 2024년 설비투자는 플러스로 전환될 것으로 전망한다.

(3) 수출

2024년 수출은 개선세가 나타날 전망이다. 인도, 인도네시아, 베트남, 필리핀 등과 같은 신흥시장을 중심으로 교역을 확대해나감에 따라 2023년에 비해 수출이 회복될 것으로 분석된다. 2022~2023년에는 중국의 2차 팬데믹과 셧다운에 따른 영향으로 대중국 수출이 많이 감소했으나, 2024년에는 중국의 리오프닝 효과가 미약하게나마 나타나 대중 수출이 다소 회복될 것으로 전망한다.

한국의 수출은 글로벌 교역량의 흐름과 동행해서 움직인다. WTO는 세계 상품교역량이 2021년 9.4% 증가한 데 이어, 2022년과 2023년에는 각각 2.7%, 1.7% 수준으로 증가세가 둔화하다가 2024년 3.2%로 반등할 것으로 전망했다.[*] IMF도 세계교역량이 2022년 5.2%, 2023년 2.0%로 둔화하다가 2024년 3.7%로 반등하는 흐름을 나타낼 것으로 전망했다.[**] 세계은행도 세계교역량이 2021년 11.0%에서 2022년 6.0%, 2023년 1.7%로 점차 둔화하다가 2024년과 2025년 각각 2.8%, 3.0%로 반등할 것으로 전망했다.[***] EIA는 국제유가가 2022년의 고점에서 2023년 완만하게 하락하다가 2024년에 완만한 반등세를 보일 것으로 전망[****]했고, 교역량에

---

[*]   WTO(2023.4) Global Trade Outlook and Statistics.
[**]   IMF(2023.7) World Economic Outlook update.
[***]   World Bank(2023.6) Global Economic Prospects.
[****]   EIA(2023.9) STEO(Short-Term Energy Outlook).

2023년 부문별 한국 경제전망

(%, 만 명)

구분		2017년	2018년	2019년	2020년	2021년	2022년	2023년 (F)	2024년 (F)
경제성장률(%)		3.2	2.9	2.2	−0.7	4.3	2.6	1.4	1.7
	민간소비(%)	2.8	3.2	2.1	−4.8	3.6	4.1	2.0	1.9
	건설투자(%)	7.3	−4.6	−1.7	1.5	−1.6	−2.8	0.7	−0.2
	설비투자(%)	16.5	−2.3	−6.6	7.2	9.3	−0.9	−3.0	3.0
수출증가율(%)		15.8	5.4	−10.4	−5.5	25.7	6.1	0.6	2.8
소비자물가(%)		1.9	1.5	0.4	0.5	2.5	5.1	3.6	2.5
실업률(%)		3.7	3.8	3.8	4.0	3.7	2.9	3.0	3.1
취업자수 증감(만 명)		31.6	9.7	30.1	−21.8	36.9	81.6	28.0	17.0

자료: 김광석(2023.10), 「스태그플레이션 2024년 경제전망」, 이든하우스
주1: 2023년 10월 10일 기준 전망치임.
주2: 수출증가율은 재화의 수출(F.O.B)을 기준으로 함.
주3: 시나리오2(중립적 시나리오)를 전제로 전망함.

영향을 크게 미치는 주요 원자재 가격도 소폭 상승할 것으로 판단하고 있다.

──────── **2024년 상흔점, 어떻게 대응해야 하는가?** ────────

움직이지 않으면, 아무것도 바뀌지 않는다. 스태그플레이션이라는 어려운 경제를 그대로 받아들여야 할까? 그대로 받아들이지 말고, 적극적으로 움직여야 할까? 경제를 들여다본다는 것은 움직이기 위한 준비를 하는 것이다.

수영의 역사 속에 1분이라는 마의 장벽이 있었다. 어떤 노력을 해도 배영 100야드(91.44m) 종목에서 1분의 기록을 깰 수 없었다. 당시 수영선수들은 턴을 할 때 손으로 벽을 짚었던 시절이다. 움직이지 않으면, 그 기록이 깨지지 않는다.

하나의 움직임이 일어났고, 그것은 수영의 역사를 바꾸어놓았다. 그 움직임은 바로 플립턴(flip turn)이었다. 1930년대, 수영선수들은 턴을 할 때 손으로 벽을 짚었다. 당시 수영 코치였던 텍스 로버트슨(Tex Robertson)은 기존의 방식에 의문을 품었고, 손이 아닌 발로 턴하는 방법을 도입했다.* 텍스 로버트슨의 제자인 아돌프 키에퍼(Adolph Gustav Kiefer)는 59.8초의 기록으로 배영 100야드 종목에서 1분 기록을 깨뜨린 최초의 선수가 되었다. 당시 16세의 나이였고, 1935년 일리노이 고등학교 선수권 대회에서 세상을 바꾸었다. 1936년 베를린 올림픽에서는 올림픽 신기록을 세우며 금메달을 획득했고, 같은 해 일리노이주 선수권 대회에서는 58.5초, 1940년에는 57.9초의 세계 신기록을 세웠다.

"같은 강물에 두 번 들어갈 수 없다." 고대 그리스 철학자 헤라클레이토스의 말이다. 강물은 계속 흐르고 있으니 같은 강물에 들어갈 수 없는 일이고, 설사 강물이 흐르지 않을지라도 다시 들어간 '나'도 이미 변화했기 때문에 같은 강물에는 두 번 들어갈 수 없다.

---

* 1934년에 알 반데 베게(1936년 베를린 올림픽 은메달리스트)가 처음 개발한 것이라는 주장도 있다.

아돌프 키에퍼의 플립턴

자료: Alchetron

'판타 레이(Panta Rhei)'는 변화한다는 사실을 제외하고는 세상의 모든 것이 변화함을 강조한 그의 대표적인 사상이다.

경제에서도 마찬가지다. 움직이지 않으면, 아무것도 바뀌지 않는다. 고물가-고금리-저성장이 짓누르는 2024년에는 스태그플레이션을 수용하기보다 변화해야 한다. 앞서 2024년 경제를 전망했다면, 어떻게 대응할지를 모색해 2024년의 플립턴을 시도해보자. 2024년을 맞이하는 3대 경제주체(가계, 기업, 정부)가 어떻게 대응해야 할지 제안을 담아본다.

(1) 투자 관점에서 가계의 대응

눈을 감고 운전하는 일이 없도록 해야 한다. 시대를 구분해야만 한다. 시대가 어디서 어디로 가고 있는지를 확인하고, '나'는 지금 어디쯤 와 있는지 알아야만 한다. 그렇지 않으면 당한다. 2020~2021년 완화의 시대, 주식과 부동산 시장의 대세 상승장이 찾아왔다. 투자의 기회가 있음을 모른 채 성실히 열심히 살아온 '월급쟁이 세입자들'은 상대적 박탈감을 느꼈다. 2022년 국면이 바뀌었다. 또 당했다. 국면이 바뀌는 줄 모르고, 뒤늦게 '영끌'해서 투자한 것이다. 금리는 오르고 이자 부담은 가중되고, 투자한 부동산과 주식은 대세 하락장을 만났다. 열심히 일하지 않아서 당한 것이 아니다. 성실하지 않아서가 아니다. 국면의 전환을 몰랐기 때문에 당한 것이다. 2022~2023년은 긴축의 시대다.

2024년은 통화정책 기조가 서서히 바뀌는 국면의 전환기다. 경제는 녹록지 않겠지만, 자산시장은 먼저 회복을 시작할 것이다. 많은 사람이 이렇게 질문한다. "경제의 기초체력이 좋지 못한데, 어떻게 자산시장이 회복될 수 있을까?" 2020년을 떠올려보자. 팬데믹 경제위기 상황이었다. 세계 경제도, 한국 경제도 모두 역성장했다. 경제가 얼마나 어려웠는지를 생각해보라. 그러나 자산시장은 역사적인 수준으로 뜨거웠다. 한국만 뜨거운 것이 아니라, 세계적으로 뜨거웠다. 주식시장만 뜨거운 것이 아니라, 부동산시장도 뜨거웠다.

경제 펀더멘털은 최악이었지만, 역사적인 수준으로 낮은 금리를 도입했고, 매우 가파르게 돈이 자산시장으로 이동했다.

2024년에는 돈의 이동이 서서히 시작될 것이다. 2024년 중반 즈음엔 기준금리 인하에 대한 기대감이 형성될 것이고, 그 기대감만으로도 돈의 이동을 가져오는 데 충분할 것이다. 우물 안에서 종목만을 보는 것이 아니라, 우물 밖의 시장 상황을 보아야 한다. 코끼리 뒷다리에 매달려 발톱만을 바라보지 말라. 산 정상에 올라가 수십 마리의 코끼리가 어디서 어디로 이동하고 있는지를 관찰해야 한다. 돈이 어디서 어디로 이동하는지 지켜봐야 한다.

"변화에 투자하라." 매 경제전망서를 발표할 때마다 강조하는 표현이다. 물론 여기서 투자는 '나 자신에 대한 투자'도 포함된다. 즉 2024년 경제가 어떻게 전개될지를 들여다보고 변화할 환경에 어떻게 대응할지를 고민해야 한다. 금리를 비롯한 글로벌 통화정책의 향방이 바뀌기 시작하고, 돈의 가치가 움직일 수밖에 없다. 돈의 가치가 움직이니 자산가치도 움직인다.

2024년 경제전망에 기초한 투자가 필요하다.『포스트 코로나 2021년 경제전망』에서는 원유선물 ETF 투자를 추천했고(p.273),『위드 코로나 2022년 경제전망』에서는 에너지뿐만 아니라 비철금속 원자재(p.58) 및 탄소배출권 시장을 추종한 ETF 투자(p.157)를 추천한 바 있다.『그레이트 리세션 2023년 경제전망』에서는 구리, 리튬, 니켈, 코발트와 같은 광물자원 가격에 연동된 ETF 투자(p.312)

를 추천했다. 2024년에는 인도와 인도네시아 등과 같은 신흥국의 성장에 투자하는 것을 추천한다. 중국의 대안으로서 부상하는 아시아 신흥국으로 세계의 관심이 집중될 것이다. 제2의 중국이라 생각해도 좋을 것이다.

2024년을 결정지을 주요 산업 트렌드를 반영한 투자도 필요하다. 기후변화라는 거스를 수 없는 흐름에 투자하라. 전기차로의 거대한 이동은 멈추지 않을 것이고, 이차전지에서도 경쟁력을 확보하는 기업들이 시장을 장악해나갈 것이다. 특히 이차전지에 들어가는 핵심 소재를 두고, 광물 확보 경쟁이 전개되고 있는 것은 중요한 관전 포인트가 될 것이다. 기후변화 속에서 산업의 지각변동이 일 것이기 때문에, 기상산업이나 물산업 등이 유망산업으로 부상할 전망이다. 반도체산업도 2023년 2분기를 바닥으로 점차 회복세가 전개될 것이다. 재고가 줄어들고, 가격에 반영될 것이다. 로봇산업이 2024년의 범용화된 산업으로 부상할 것으로 전망된다. 서비스 로봇이 점차 일상화되면서 시장에서도 가치를 인정받게 될 것이다.

2024년 부동산시장에는 '비대칭화(desymmetrization)'가 전개될 것이다. 2022~2023년 상반기까지 주택매매 시장에 조정이 전개되었다. 『그레이트 리세션 2023년 경제전망』을 통해 2023년 상반기까지 거품 수축이 이루어지다가, 2023년 중반부터 점차 매매가격이 반등할 것으로 전망했다(p.313). 2024년까지도 전국 평균 아파트 매매가격은 완만한 상승 흐름을 지속할 것이다. 기준금리 인하의 시점을 앞두고, 시중금리가 먼저 하락하기 시작할 때 부동산시장으로 돈이 더 유입될 것으로 판단된다. 다만 서울과 3기 신도시 및 공공주택지구 개발구역 등을 중심으로 다소 강한 상승 흐름을 보이는 반면, 지방소멸이라는 구조적 과제를 만나면서 지방과의 비대칭화가 나타날 것으로 판단된다. 내 집 마련을 고려하는 가계라면, 이러한 흐름을 고려해 분양 등을 시도할 것을 추천한다.

(2) 기업의 전략적 대응전략

기업은 플립턴을 시도해야 한다. 변화하지 않는 것은 실패를 연습하는 것이다. 기업은 경제환경에 둘러싸여 있고, 그 환경은 끊임없이 변화하고 있다. 물가, 금리, 환율, 국제유가, 원자재 가격 등과 같은 거시경제 변수가 어떻게 움직이는지를 관찰하고, 적절한 구매전략과 판매전략을 짜야만 한다. 대외환경 변화와 지정학적 리스크를 주목하며 수출전략과 신시장 진출 전략을 꾀해야 한다. 산업 트렌드를 주시하며, 유망산업으로의 진출 등의 사업전략과 관련 인재를 확보하는 인사전략을 펼쳐야 할 것이다.

대외 위험이 전이되지 않도록 리스크 관리(risk management)에 무게중심을 두어야 한다. 2023년에는 미국이나 유럽에 은행부실이 전염병처럼 퍼지는 뱅크데믹(Bankdemic) 현상이 일었고, 비구이위안과 헝다 등의 중국 부동산 개발업체들의 연쇄 부실 사태가 일어났다. 몇몇 개발도상국들은 외환위기와 경제위기를 겪었다. 독일과 같은 제조 강국도 역성장을 면치 못했다.* 대외 위험은 실물 및 금융 경로를 통해 한국에 전이될 수 있다. 채무불이행에 처하는 기업들로부터 대금 회수에 차질이 발생하지 않도록 취약국에 대해 실시간 모니터링을 진행해야 할 것이다. 잠재적 위험이 감지될 때 해당국 공급업자나 현지 법인 및 파트너사를 중심으로 위험을 관리함으로써 조기 대응에 나서야 한다.

신시장 확보는 기업이 취해야 할 가장 중요한 움직임이 될 것이다. 2024년 미국은 경기침체 국면에 진입할 것이고, 중국은 중장기적으로 저성장 고착화될 것으로 전망한다. 세계 경제가 'L자형 경기침체'에 놓이고, 미국과 중국이 그러한 흐름에 크게 기여할 것으로 판단된다. 반면 주요 아시아 신흥국들이 뚜렷하게 부상할 것이고, 미중 패권전쟁 속에서 중국을 대체할 생산기지로 주목될 것이다. 특히 반도체, 이차전지, 전기차 등과 같은 주력 신산업에 요구되는 핵심 소재를 수급받는 공급기지를 확보해야 한다. '제2의 한일 무역전쟁'이나 '제2의 요소수 사태'가 있을 수 있음을 감안해야 한다. 원자재 조달이나 제품 수출 등이 특정 국가에 편중되게 의존적이지 않도록 체제를 정비해야 한다.

---

* 독일의 2023년 경제성장률은 IMF(2023.7)와 OECD(2023.9)가 각각 −0.3%, −0.2%로 역성장할 것으로 전망했다.

기업들은 구조적인 변화에 대응해야 한다. 기후변화와 인구구조 변화는 거스를 수 없지만, 이에 따른 산업의 패러다임 변화는 맞부닥쳐야 한다. 구조적 변화 속에 부상하는 산업이 무엇인지를 주목하고, 어떤 새로운 역량을 확보해야 할지를 고민해야 한다. 자동차산업을 보자. 기존 내연기관차에는 약 2만~3만여 개의 부품이 들어간다. 전기차에는 약 1.5만~1.7만여 개의 부품이 필요하다. 수많은 부품이 사라지고, 수많은 부품기업이 사라지며, 수많은 인력이 사라짐을 의미한다. 자동차산업은 예에 불과하다. 모든 산업에 걸쳐 패러다임 변화가 일고 있다. 플립턴을 시도하듯 패러다임 변화를 이끄는 기업이 되어야 하겠다.

(3) 정부의 정책적 대응전략

정부는 스태그플레이션을 좌시하면 안 된다. 고물가와 저성장을 같이 만나는 상황에서는 이렇다 할 대응책도 마땅히 없기에 고민이 깊어진다. 더욱 긴장되게 만드는 것은 인플레이션 현상이 장기화할 것이라는 점이다. 최근까지 인플레이션을 초래한 요인들이 작아지지 않고 있고, 특히 공급망 병목현상이 장기화하면서 원자재 가격을 비롯한 생활 전반의 가격이 치솟을 것이란 전망이 나오고 있다. 초인플레이션 현상은 공급 측면의 요인이기 때문에 쉽게 해결될 과제가 아니다. 심리적으로도 그렇다. 앞서 언급했듯 경제주체들이 향후 물가가 상승할 것으로 판단하면, 실제 물가가 그렇게 반영되어 나타나는 경향이 있다. 물가상승률을 반영해 임금 협상을 추진한다든가, 재룟값이 올라 메뉴 가격을 올린다든가 하는 현상이 그런 것이다. 즉 기대인플레이션율*이 아직도 높게 유지되고 있어서 고물가 현상은 장기화할 것으로 보인다. 2024년 물가안정을 최우선하는 정책을 지속해야 한다. 상반기 내에 물가안정을 이루어 통화정책이 그 밖의 다른 과제(금융불안 해소, 경기부양 등)에 집중할 수 있도록 유도해야 한다.

미국의 긴축은 주변국에 무기가 될 수 있다. 다음 그림은 상당히 인상적인 상황을 시사해준다. 미국 달러 지폐 안의 조지 워싱턴이 아르헨티나 400페소 지폐에 있는 재규어를 사냥한 모습이다. 인플레이션 압력은 특히 미국에 집중되었고, 미국의 금리인상 속도가 격화되기에 이르렀다. 미국의 강한 긴축 기조가 아르헨티나의 돈의 가치를 떨어뜨리고, 심각한 인플레이션을 불러와 경제위기를 초래했음을 강조하는 그림이다. 한국도 예외일 수 없다. 대외 지급결제와 무역결제 등이 대부분 달러화로 이루어지는 기축통화의 가치가 변화할 때 상대국 통화의 가치는 당연히 변화할 수밖에 없다. 한-미

---

* 기대인플레이션(Expected Inflation)은 기업 및 가계 등의 경제주체들이 현재 알고 있는 정보를 바탕으로 예상하는 미래의 물가상승률이다. 기대인플레이션은 임금 협상, 가격 설정 및 투자 결정 등에 영향을 미치면서 최종적으로는 실제 인플레이션에 영향을 주기 때문에 주요한 경제지표 중의 하나로 취급된다.

미국의 긴축은 주변국에 무기가 된다

자료: 연합뉴스

기준금리가 역전된 지 16개월 차가 되었고, 한-미 기준금리 격차가 2.0%p로 역사상 가장 큰 수준이다. 강달러와 자금유출 우려를 지울 수 없다. 외환위기 가능성은 작다 하더라도, 대내외 경제주체나 투자자들의 불안이 해소되지는 않을 것이다. 통화정책 당국은 국민을 충분히 설득하고 소통하며 불안이 확대되지 않도록 세심한 접근이 필요한 시점이다.

한국은 누구나 인정하듯, '수출로 먹고사는 나라'다. 외교정책과 수출정책에 게으름이 있어서는 안 된다. 글로벌 경기의 둔화 과정에서도 성장하는 국가들과의 대외거래를 확대하는 노력을 통해 수출을 진전시켜야 한다. 특히 중소기업들의 유망 품목들을 발굴하고, 주요 신흥국과 신시장에 진출할 수 있도록 시장 정보 및 진출 전략 노하우 등을 공유해야 한다. 미중 패권전쟁과 유럽판 IRA(인플레이션 감축법) 도입에 따라 한국 기업이 피해가 가는 일이 없도록 외교적 노력도 강화해야 한다.

정부는 내일을 살펴야 한다. 가계와 기업이 비록 어제오늘을 놓고 고심이 깊을지라도, 정부는 내일을 놓고 고민해야 한다. 어제의 주력산업이 내일의 유망산업이 아닐 수 있다. 장기적인 R&D 로드맵을 짜고, 경제주체가 흔들림 없이 그 방향으로 갈 수 있도록 다리를 놓아야 한다. 기업들이 유망기술에 투자하고 신상품 개발에 전념할 수 있도록, 가계가 그 유망기술을 확보하는 인재가 될 수 있도록 정부는 큰 나무가 되어 품어야 한다. 낡은 규제로 인해 수년간의 노력이 헛되지 않게 되도록, 기업이 잘못된 제도에 '지쳐 쓰러짐' 없도록 정교한 산업기술정책을 구축해야 한다.

약자를 살피는 일에는 게을리함이 없어야 한다. 스태그플레이션은 특히 저소득층과 취약계층에게 고통이 가중된다. 소득이 불안하니 생활비 마련을 위해 부채에 의존하고, 이자 부담에 허덕이다보니 소비할 수 없다. 스태그플레이션은 취약계층의 삶의 질을 떨어뜨린다. 통화정책은 물가 안정화에 집중하지만, 재정정책은 서민의 체감물가 안정화를 놓고 고심해야 한다. 물가상승률이 떨어져도, 서민의 체감물가는 여전히 치솟을 수 있다. 폭설과 혹한 등으로 식료품 물가가 치솟지 않도록 사전에 관리하고, 필요하다면 필수재 바우처를 제공해야 한다. 양 떼는 먹잇감만을 찾아 풀이 많은 곳으로 움직이지만, 정부는 위험하지 않은 곳으로 양들을 인도해야 한다. 저소득층과 취약계층을 돌보지 않는다면, 정부는 아무것도 하지 않는 것이나 마찬가지다. 끝으로, 경제학의 아버지, 애덤 스미스가 남긴 말을 인용하고자 한다. "국민이 대부분 가난하고 비참하게 사는데 그 나라가 부유하다고 말할 수 없다."

스태그플레이션
2024년 경제전망

1판 1쇄 인쇄 2023년 10월 13일
1판 1쇄 발행 2023년 10월 20일

지은이 김광석
펴낸이 정병철
펴낸곳 ㈜이든하우스출판

출판등록 2021년 5월 7일 제2021-000134호
주소 서울시 마포구 양화로 133 서교타워 1201호
전화 02) 323-1410
팩스 02) 6499-1411
이메일 eden@knomad.co.kr

© 김광석, 2023
ISBN 979-11-976036-6-2 (13320)

㈜이든하우스출판은 여러분의 소중한 원고를 기다립니다.
책에 대한 아이디어와 원고가 있다면 메일 주소 eden@knomad.co.kr로 보내주세요.